河海大学社科精品文库

中国城市女性贫困问题研究

Study on Urban Women of China Living in Poverty

吴 玲○著

图书在版编目（CIP）数据

中国城市女性贫困问题研究/吴玲著.—北京：经济管理出版社，2018.12
ISBN 978-7-5096-6247-2

Ⅰ.①中… Ⅱ.①吴… Ⅲ.①城市—女性—贫困问题—研究—中国 Ⅳ.①D669.68

中国版本图书馆 CIP 数据核字（2018）第 273388 号

组稿编辑：宋　娜
责任编辑：宋　娜　张馨予　杜羽茜
责任印制：黄章平
责任校对：陈晓霞

出版发行：经济管理出版社
　　　　　（北京市海淀区北蜂窝 8 号中雅大厦 A 座 11 层　100038）
网　　址：www.E-mp.com.cn
电　　话：(010) 51915602
印　　刷：三河市延风印装有限公司
经　　销：新华书店
开　　本：720mm×1000mm/16
印　　张：12
字　　数：229 千字
版　　次：2019 年 12 月第 1 版　2019 年 12 月第 1 次印刷
书　　号：ISBN 978-7-5096-6247-2
定　　价：98.00 元

·版权所有　翻印必究·
凡购本社图书，如有印装错误，由本社读者服务部负责调换。
联系地址：北京阜外月坛北小街 2 号
电话：(010) 68022974　邮编：100836

前　言

　　贫困一直是发展经济学的重要研究对象。虽然减缓和消除贫困始终是人类追求社会正义、社会公正、社会平等的理想，但是贫困至今仍在世界上的很多地方普遍存在。城市贫困是中国在现代化转型时期出现的重大社会问题，反贫困是社会正义、社会稳定的要求，也是创建和谐社会的要求。我国和世界上的其他国家一样，在城市贫困问题上呈现出女性化的趋势，而且这种趋势越来越严重，如果不加以重视，必将引发严重的社会问题。研究贫困与性别关系有助于深化人类对于贫困的认识。贫困加剧了性别间的差距，这些差距使女性处于不利地位，限制了她们参与发展和从发展中获益的能力，性别不平等阻碍了女性的发展。研究中国城市女性贫困问题对制定救助我国城市贫困女性的经济政策和社会政策具有重要的理论和现实意义，有利于经济和社会问题的解决。从社会性别视角对城市贫困女性进行研究，具有重要的理论意义和创新性，以期为制定缓解女性贫困的经济政策和社会政策提供新的思路和建议。本书通过研究将社会性别范畴和社会性别分析方法纳入贫困问题的研究与扶贫实践中，推动社会性别的和谐发展；构建我国城市贫困女性的社会安全网；分析和制定缓解城市女性贫困的经济政策和社会政策，增强政策的性别敏感性。

　　本书的研究视角具有学术创新价值。就目前国内研究现状看，贫困理论的研究立足于贫困人口的总体生活形态、贫困产生的整体原因及贫困测量手段和反贫困策略，更加关注贫困的普遍性，这些对于贫困的研究非常有价值。但是学者们对特殊群体尤其是女性群体的贫困研究缺失，对于贫困的性别差异关注较少，存在贫困研究的性别盲视。这也导致了我国贫困救助在微观操作上以家庭户或社区为单位划分贫困人口，长期以来，贫困人口被假设为家庭均质或社区均质的人口群体，性别差异被忽略。因此，在贫困的研究和实践中存在着普遍的性别盲点，缺乏性别意识。本书运用社会性别研究方法，以南京市为例，对我国城市贫困女性进行了研究。将社会性别范畴和社会性别分析方法纳入贫困问题的研究中，消除社会性别的政策盲视，为制定缓解我国城市女性贫困的经济政策和社会政策提供新的思路和建议。本书揭示了被遮蔽的城市贫困女性的贫困及其制度性原因。我国大量与贫困密切相关的数据大都呈现出女性弱势的倾向，本书通过定量研究与定性研究，揭示了城市女性贫困的根源是不平等的社会性别制度，我国经济和社会的转型、社会公共政策的性别盲视、家庭资源分配的性别失衡、社会资本和权利资本的缺失是城市女性贫困的重要原因。

  本书构建了我国城市贫困女性的社会安全网。这个社会安全网包括正式的社会保障制度和非正式的社会支持两个部分。正式的社会保障制度是城市贫困女性社会安全网构成的重要保障，法律和政策的性别平等、经济政策和社会政策性别平等、强化政府责任、社区救助四个方面的作用都不可忽视，特别是强化政府责任成为核心内容，完善最低生活保障制度、健全社会保险、建立个人发展账户、建立性别平等机构、增强政府社会性别敏感、建立性别统计和监测评估机制、制订具有社会性别意识的扶贫计划和性别瞄准机制是政府的当务之急。社区救助介于正式的社会保障制度和非正式的社会支持之间，具有非常重要的意义。在正式的社会保障制度缺失时，非正式的社会支持对于贫困女性具有重要的支持作用，社区救助、非政府组织、家庭保护共同织就了城市贫困女性的社会安全网。本书还提出了救助我国城市贫困女性的经济政策和社会政策建议。我国当前的很多经济政策和社会政策存在社会性别无意识现象，政府要消除就业政策、福利政策的性别盲视，制定社会性别敏感的经济政策和社会政策，以及有利于女性发展的家庭政策，完善公共的托儿设施和服务，以及制定和完善其他相关社会政策。

  由于笔者水平有限，写作时间仓促，所以书中出现错误和不足之处在所难免，恳请广大读者批评指正。

吴玲

2019 年 10 月

目 录

第一章 绪论 ………………………………………………………… 1

  第一节 城市女性贫困问题的研究背景 …………………………… 1
    一、贫困问题研究的国际背景 ……………………………… 2
    二、中国贫困现状 …………………………………………… 3
    三、贫困的女性化 …………………………………………… 10
  第二节 中国城市女性贫困问题的研究价值 ……………………… 19
    一、揭示被遮蔽的女性贫困及其制度性原因 ……………… 19
    二、提供一个分析贫困个体与社会关系的有效视角 ……… 19
    三、对制定具有社会性别的经济社会政策具有理论参考价值 … 20
  第三节 研究意义 …………………………………………………… 20
    一、有助于深化人类对于贫困的认识 ……………………… 20
    二、有利于维护社会正义 …………………………………… 21
    三、有利于社会稳定 ………………………………………… 22
  第四节 研究步骤与技术路线 ……………………………………… 22
  第五节 创新之处 …………………………………………………… 24

第二章 贫困的范式与城市女性贫困的测量 …………………………… 26

  第一节 贫困的范式 ………………………………………………… 26
    一、缺乏论范式 ……………………………………………… 27
    二、社会资源贫困论范式 …………………………………… 29
    三、广义福利剥夺论范式 …………………………………… 29
    四、人类贫困论范式 ………………………………………… 31
    五、能力贫困论范式 ………………………………………… 31
    六、人权侵犯论范式 ………………………………………… 32

第二节　城市女性贫困的界定 …………………………………… 35
第三节　贫困的测量方法 ………………………………………… 38
　一、国内外测算贫困的方法 …………………………………… 40
　二、中国官方的贫困线 ………………………………………… 43
　三、城市女性贫困的测量 ……………………………………… 46

第三章　城市女性贫困状况 …………………………………… 50

第一节　城市贫困女性调查的社会背景 ………………………… 50
第二节　城市贫困女性在家庭教育资源配置中的弱势地位 …… 52
第三节　城市贫困女性的收入、消费 …………………………… 53
　一、为维持家庭生活宁愿放弃自尊 …………………………… 54
　二、在家务劳动中饱尝痛苦和艰辛 …………………………… 55
　三、抑制特用基本生活资源的消费需求 ……………………… 56
　四、孩子消费需求的优先性 …………………………………… 56
第四节　城市贫困女性的健康贫困 ……………………………… 57
第五节　城市贫困女性的社会资本贫困 ………………………… 59

第四章　城市女性贫困的影响 …………………………………… 62

第一节　影响城市女性的健康 …………………………………… 62
　一、对城市女性生理健康的影响 ……………………………… 62
　二、对城市女性心理健康的影响 ……………………………… 64
第二节　影响女性个人发展 ……………………………………… 66
　一、发展是女性的权利 ………………………………………… 67
　二、女性发展的资源要素 ……………………………………… 67
　三、贫困女性时间资源的稀缺 ………………………………… 68
　四、贫困女性休闲资源的稀缺 ………………………………… 70
第三节　对家庭的影响 …………………………………………… 71
　一、贫困导致家庭关系紧张 …………………………………… 71
　二、贫困代际传递影响子女的发展 …………………………… 73
第四节　对经济和社会安全的影响 ……………………………… 75
　一、影响经济安全 ……………………………………………… 75
　二、社会群体冲突加剧 ………………………………………… 76
　三、社会安全遭遇冲击 ………………………………………… 76

第五章　中国城市女性贫困的原因 … 78

第一节　中国经济和社会的转型 … 78
第二节　不平等的社会性别制度 … 82
一、不平等社会性别制度的形成 … 82
二、不平等的社会性别制度是对女性的体制性压迫 … 84
三、分工使不平等的社会性别制度更加畸形 … 86
四、城市贫困女性遭受社会和家庭的双重压迫 … 87

第三节　社会公共政策的性别盲视 … 89
一、中国性别立法与政策制定 … 89
二、中国行政管理者普遍缺乏社会性别意识 … 91
三、社会公共政策缺乏社会性别理念 … 92
四、社会公共政策性别盲视对女性发展的制约 … 94

第四节　家庭资源分配的性别失衡 … 96
一、家庭内部的性别不平等 … 96
二、对家庭事务没有决策权 … 98

第五节　贫困女性社会资本的缺失 … 100
一、贫困与社会资本的恶性循环 … 100
二、社会资本对缓解女性贫困的意义 … 102
三、城市贫困女性的社会资本网络规模相对狭小 … 105
四、城市贫困女性的社会资本质量低 … 106
五、城市贫困女性的社会网络位差小 … 107
六、城市贫困女性可转让或继承的社会资本少 … 108

第六节　贫困女性社会权利的匮乏 … 109
一、女性社会权利的贫困呈现制度化倾向 … 109
二、城市贫困女性人格尊严受到蔑视 … 110
三、救济过程缺乏人文关怀 … 111

第六章　中国城市贫困女性社会安全网的构建 … 113

第一节　城市贫困女性社会安全网的框架 … 113
一、社会安全网的含义 … 113
二、中国社会安全网的缺失 … 114
三、中国城市贫困女性社会安全网的构成框架 … 116

第二节　制定性别平等的法律 … 117

一、中国相关性别平等法律的缺陷 …………………………………… 117
　　二、中国相关性别平等法律的完善 …………………………………… 117
　　三、借鉴国外关于性别平等的立法 …………………………………… 121

第三节　强化政府责任 …………………………………………………………… 124
　　一、改善政府公共投入 ………………………………………………… 125
　　二、完善最低生活保障制度 …………………………………………… 126
　　三、建立性别平等机构 ………………………………………………… 128
　　四、增强政府扶贫的社会性别敏感 …………………………………… 132
　　五、制订社会性别敏感的扶贫计划 …………………………………… 133
　　六、建立性别瞄准机制 ………………………………………………… 134
　　七、建立性别统计和监测评估机制 …………………………………… 136

第四节　社会支持网络的重构 …………………………………………………… 138
　　一、社区救助 …………………………………………………………… 139
　　二、积极发挥非政府组织的作用 ……………………………………… 142

第五节　家庭保护 ………………………………………………………………… 144
　　一、家庭保障的重要功能 ……………………………………………… 144
　　二、家庭资源的平等配置 ……………………………………………… 146
　　三、家庭成员的情感支持 ……………………………………………… 148
　　四、提高个人人力资本禀赋 …………………………………………… 149

第七章　缓解城市女性贫困的经济社会政策 …………………………………… 155

第一节　就业政策 ………………………………………………………………… 155
　　一、就业领域的社会性别不平等 ……………………………………… 155
　　二、消除就业政策的性别盲视 ………………………………………… 160
　　三、制定贫困女性的可持续生计政策 ………………………………… 162
　　四、实行"性别就业调节费"和"自由产假制度" ………………… 163

第二节　福利政策 ………………………………………………………………… 165
　　一、消除养老金制度的性别盲视 ……………………………………… 165
　　二、贫困女性资产建设政策 …………………………………………… 166

第三节　小额信贷等金融政策 …………………………………………………… 168

第四节　社会政策 ………………………………………………………………… 171
　　一、社会政策与社会性别公正 ………………………………………… 171
　　二、中国社会政策对女性解放的推动意义 …………………………… 173
　　三、消除中国经济政策和社会政策的性别盲视 ……………………… 174

第五节 家庭政策 ··· 177
一、鼓励女性参加有报酬的社会生产 ····················· 178
二、公正评价家务劳动的价值 ································ 179
三、完善公共的托儿设施和服务 ···························· 180

后 记 ·· 183

第一章 绪论

第一节 城市女性贫困问题的研究背景

虽然任何经济增长和社会发展都宣称是以全体人民福利的增加为目标的，而且世界经济和社会也在持续发展，但是这个世界性的贫困问题，无论是在发达国家还是在发展中国家都还不同程度地存在着，并且引发了一系列社会问题。特别是随着我国社会的转型和贫富差距的进一步扩大，城市贫困引发的社会问题引起了社会各界的重视。20世纪80年代末到90年代相继召开的联合国环境大会、社会发展大会和第四次妇女大会，把发展的内涵扩展到社会领域。这种全新的发展观念倡导以人为中心的社会经济发展模式，注重消除贫困、减少失业、促进性别平等和社会融合的发展政策。以此为背景的发展经济学研究因而日益关注那些弱势群体。在大多数发展中国家，女性在社会经济、政治、文化活动和家庭生活中还没有取得与男性平等的地位。与男性相比，她们更容易遭到失业的打击，也更容易陷入贫困。因此，对女性生存和发展的研究随着发展观念的演进和发展政策的更新而逐渐深入。世界银行在世纪之交发表的一份研究报告，则极具说服力地论证了性别平等与经济增长的联系。该报告引用亚非发展中国家最近30年的统计数据，说明性别差距消除较快的国家取得了较高的经济增长，性别不平等程度较高的国家则都为性别歧视付出了沉重的代价，那就是经济增长缓慢。虽然增长迟缓使每个社会成员的利益都受到了损害，但女童、妇女和贫困人群受到的损害最为严重。[①]

---

① 朱玲. 性别分析与发展经济学研究 [J]. 读书, 2001 (11): 97.

一、贫困问题研究的国际背景

减缓和消除贫困始终是人类追求社会正义、社会公正、社会平等的理想,然而贫困至今仍在世界上的很多地方普遍存在。尽管人类财富积累成倍增加,科技进步日新月异,但并不是所有国家(特别是发展中国家)都能受益。联合国开发计划署2016年发布的人类发展报告《人类发展为人人》指出在全球发展优先事项中,世界上最边缘化群体仍被遗漏;过去25年,人类发展取得了许多令人瞩目的成就,但仍有许多人被落下,也有许多无法衡量的系统性障碍有待消除。为确保可持续的人类发展惠及每一个人,迫切需要更加重视受排斥群体,并积极采取行动消除这些障碍。联合国开发计划署《2018人类发展指数和指标报告(HDI)》指出,在2018年,在计算人类发展指数的189个国家和地区中,仍有38个国家下降并进入低人类发展指数组。在全球经济愈益繁荣的情况下,虽然5岁以下儿童死亡人数降至新低,与2000年的接近990万人相比,2016年减少至560万人,但5岁以下儿童的死亡比例同期从41%上升至46%。①

人类消除贫困的任务仍然任重道远。尽管各国在联合国千年首脑会议上确立了第一阶段任务,但是贫困现象不断加剧,贫富悬殊不断扩大,直接威胁世界各国的平等、稳定和持续发展。

贫困问题是一个世界性问题,减缓贫困乃至消除贫困始终是世界各国面临的重大主题之一。几乎在每一个国家都有一些群体身处弱势,这些弱势群体面临的挑战往往会相互叠加,加剧弱势情况、拉大代际差距,并让他们越来越难以跟上世界发展的脚步。其中,发达国家也需要解决贫困和社会排斥所带来的挑战。超过3亿的相对贫困人口生活在发达国家,其中逾1/3为儿童。按照人类发展指数衡量,全球所有地区的平均人类发展水平在1990~2015年取得了显著进步,但仍有1/3的人口生活在人类低发展水平。根据《2010年人类发展报告》,全世界70多亿人中,约17.5亿人正经受着贫困。②《2018年世界粮食安全和营养状况》报告显示,饥饿人数在过去3年持续上升,已重回10年前的水平,这种倒退向我们发出了明确的警告。③世界卫生组织的报告指出,5岁以下儿童人数中约45%与营养不良有关,主要发生在中低收入国家。据联合国统计,在发展中国家,6600万名适龄儿童食不果腹,其中仅非洲就有2300万名;世界人口的3/10

---

① 联合国儿童死亡率测算机构间工作组发布《2017年儿童死亡率水平与趋势》最新报告。
② 联合国开发计划署.2010年人类发展报告[EB/OL].[2010-11-04].http://www.un.org/zh/development/hdr/2010/.
③ 联合国粮食及农业组织,国际农业发展基金,联合国儿童基金会,世界粮食计划署,世界卫生组织.2018年世界粮食安全和营养状况[EB/OL].[2018-09-11].http://www.who.int/nutrition/publications/foodsecurity/state-food-security-nutrition-2018/zh/.

无法获取安全管理的饮用水,3/5 无法使用安全管理的卫生设施;在全球范围内,当今世界人口的 1/9(8.15 亿人)营养不良;全世界 1/4 的儿童发育迟缓,在发展中国家,这一比例可能升至 1/3;全球有 6.17 亿名青少年缺乏基本的数学和识字技能。尽管全球贫困率自 2000 年以来已经下降了一半以上,但在发展中国家,仍有 1/10 的人与家人生活在每天 1.90 美元的国际贫困线以下,数百万人的每日收入勉强高于这个水平。东亚和东南亚的许多国家取得了重大进步,但在撒哈拉以南的非洲,仍有 42% 的人生活在贫困线以下。

在经济发达国家,贫困问题也是一个严重的社会问题。"富裕中的贫困"是美国社会的一个显著特征。就是在美国这个世界上最富裕的国家、世界头号经济大国,仍然有数以百万计的人贫困潦倒。1991 年有 3300 万人生活在贫困线以下,占全美总人口的 13%;1993 年有 3900 万人生活在贫困线以下,比 1991 年上升了 18.18%;1994 年虽较 1993 年减少了 100 多万人,但仍有 3800 万贫困人口,占全国总人口的 14.5%。1969~1979 年,美国的贫困率一直控制在 10% 以下,到 1984 年再度突破 10%,达到 11.6%,此后就一直高于 10%。2007 年有 3766 万人生活在贫困线以下,过着入不敷出的生活,占美国人口的 12.5%。① 美国人口普查局的数据显示,2010 年中等收入家庭的年收入中值为 49445 美元,这也是自 1996 年以来的最低水平。②

通过上述资料,可以得知当前研究城市贫困问题处于这样一个背景之下:首先,贫困问题不是一个国家或一个地区独有的社会问题,而是一个世界性问题,反贫困是所有发展中国家和众多发达国家乃至许多国际组织共同的奋斗目标和重要任务。其次,贫困问题不只是一个历史问题,也不只是现阶段的社会问题,贫困问题的解决需要通过长期不懈的努力。贫困不仅仅是一个绝对的概念,它有很强的相对性。随着社会的发展和进步,人们对它的相对性的重视程度会越来越高。

二、中国贫困现状

从中国的情况看,改革开放以来,按政府确定的国家贫困线统计,农村贫困人口从 1978 年的 2.5 亿人下降至 2017 年的 3046 万人;农村贫困人口比例从 31.6% 下降为 3.1%。2012 年底,中国有贫困人口 9899 万人,到 2017 年底还剩 3046 万人,5 年减少贫困人口 6853 万人。③

---

① 王永红. 美国贫困问题与扶贫机制 [M]. 上海:上海人民出版社,2011.
② 杨悦. 美国社会运动的政治过程 [M]. 北京:社会科学文献出版社,2014.
③ 中国减饥经验值得全球借鉴——专访联合国世界粮食计划署执行干事比斯利 [J]. 世界农业,2017(12):243.

但在解决城市贫困问题方面,中国政府的成就并不明显。20世纪90年代以前几乎没有关于城市贫困的官方数字,根据国家统计局确定的以2000年的价格来计算人均纯收入1875元的城市贫困线,1991~2017年中国的城市贫困人口在1000万~1264万人徘徊,国有企业改革后的下岗职工是城市贫困人口的重要构成部分。如果把流动人口纳入城市人口,那么,城市贫困人口数量要远多于上面的数字,约为2倍①。

联合国《2005年人类发展报告》指出,中国的财富增长上升了32位,已经实现了将贫困人口在1990年基础上减半的千年发展目标(Millennium Development Goals,MDGs),但是中国减贫的步伐明显放缓,在1990~2001年期间,超过90%的减贫任务都是在1996年以前完成的。

根据不同的统计和解释方法,2017年中国城市的贫困人口为1264万人左右。根据世界银行的统计,在1990~1999年,全球(不包括中国)人均每天支出不足1美元的贫困人口减少了1.23亿人,而中国减少了1.51亿人,已经减少了40%。如果不包括中国,全球贫困人口则增加了2800万人。同期,全球人均每日支出不足2美元的贫困人口增加了9000万人,而中国减少了1.91亿人,已经减少了23%。如果不包括中国,全球则增加了2.81亿人。正如世界银行原行长沃尔·芬森2002年5月29日在北京大学演讲中所言,中国在减贫方面取得了举世无双的成就,中国应该引以为豪。但是目前中国扶贫的标准还很低,与国际社会尚有较大差距。2015年10月,世界银行按照购买力平价计算,将国际贫困线标准从此前的每人每天生活支出1.25美元上调至1.9美元。参照世界银行上调前的贫困线标准,中国有2亿多人生活在贫困线以下,而按上调后的最新标准衡量,中国的贫困人口将大幅增加。按照2015年人均收入2300元的农村扶贫标准计算,中国仍有7000多万贫困人口。这是一个仅能维持基本生存的贫困标准,也是根据我国政府的扶贫能力所确定的实事求是的工作标准。用这个标准衡量,我国的扶贫事业确实取得了很大成就,但和国际标准对照则有很大差距,因为我国是从国情出发确定的最低生活标准,即维持简单再生产和基本生存的标准。

2003年,我国未解决温饱的贫困人口不但没有比2002年减少,反而增加了80万人。这是改革开放之后扶贫开发历史上首次出现的反弹。有专家认为:"即使是按照中国自己制定的非常之低的贫困线来衡量,目前城乡绝对贫困人口的总量也在1亿人上下,如果按联合国制定的每人每天1美元的贫困线衡量,那么中国的贫困人口总量就将达到2.5亿人的规模。由此可见,如何在经济快速增长的

---

① 亚洲开发银行. 亚洲开发银行与中华人民共和国:共同致力于扶贫事业[EB/OL]. [2004-06-19]. http://www.adb.org/Documents/Translations/Chinese/Working_Together_Reduce_Poverty_cn.pdf.

第一章 绪论

过程中缓解贫困,使每个人都能分享经济增长的成果,保障全体人民特别是贫困群体的基本权利,是21世纪的中国无法回避的重大问题。"① 此外,耕地面积持续减少,2012~2016年耕地面积减少23.75万公顷;2017年末,全国耕地面积为13486.32万公顷,全国因建设占用、灾毁、生态退耕、农业结构调整等减少耕地面积32.04万公顷,通过土地整治、农业结构调整等增加耕地面积25.95万公顷,年内净减少耕地面积6.09万公顷。② 2010年,我国失地农民的数量为7550万人,2020年将高达1.2亿人。③ 这些人陷入"三无"境地——无土地、无工作、无低保,许多人只能靠捡垃圾为生,生活极其困难。

当前,中国的贫富差距问题比较突出,主要表现在:第一,贫富差距问题比较严重,特别是城乡差距相当突出。有专家估计,目前中国城乡的实际收入差距已达到5~6倍,成为世界上城乡差距比较严重的国家之一。第二,贫富差距有逐步扩大的趋势。根据国家统计局的数字,2005年第一季度最高收入10%人群组人均可支配收入的增长率为15%,而最低收入10%人群组人均可支配收入的增长率仅为7.6%。两个人群组的人均可支配收入差距达11.8倍,最高收入10%人群组的人均可支配收入增加额是最低收入10%人群组的近23倍。此外,贫富的消费差距明显。据调查数据显示,20世纪90年代,10%最富有人的年均消费增长是10%最贫困人的5倍左右。

根据《中国统计年鉴》(1979~2017年),中国的基尼系数2010年为0.418,2017年为0.466,已超过国际公认的0.4警戒线,并以每年0.1%的速度在提升,中国贫富差距未来10年还将继续拉大。与此同时,农村劳动力向城镇转移的速度会越来越快。改革开放以来,我国人口经历了持续的大规模的流动,流动人口的规模由1982年的657万人上升到2014年的2.53亿人。2015年、2016年我国流动人口的规模虽然有所下降,但仍分别达到2.47亿人、2.45亿人。

当前中国正处于经济转制、社会转型的特殊时期,尽管政府采取了多种措施缓解贫困,并且取得了举世瞩目的成就,但在历史因素、现实因素与未来发展趋势的交互影响下,贫困问题,特别是日趋严重的城市贫困问题已成为困扰中国社会、经济发展的主要问题之一,并日益呈现出复杂性,已成为一个影响社会稳定与社会发展的重要风险因素。

我国城市贫困人口数量在不断增加。随着国有企业改革的不断深化,城市失

---

① 吴晨光,周密.我国贫困人口出现反弹反思:新贫困人口从何而来[N].南方周末,2004-07-29.
② 中华人民共和国自然资源部.2017中国土地矿产海洋资源统计公报[EB/OL].[2018-05-18]. http://gi.mnr.gov.cn/201805/t20180518_1776792.html.
③ 魏成龙.转型新时期的管理创新研究[M].北京:企业管理出版社,2016.

业和下岗职工规模日益庞大而且继续扩大。从表1-1可以看出，中国城市贫困人口的绝对数在20世纪80年代中期以前有减少的趋势，在80年代中期以后又呈现上升的趋势，特别是90年代以来，城市贫困人口突破千万大关，并在整体上表现出比较明显的增长趋势。从表1-2可以看出，无论是失业人数、低保人数，还是城市贫困发生率都处于上升趋势。

表1-1 改革开放以来中国城市贫困变化状况

年份	贫困线（元）	贫困规模（百万人）	贫困发生率（%）
1981	171	3.9	1.9
1985	215	0.9	0.4
1990	321	1.3	0.4
1995	2107	19.1	5.4
1998	2310	14.8	3.9
1999	2382	13.4	3.5
2000	1875	10.5	2.3
2001	624~3840	11.7	2.6
2002	624~3840	19.6	4.1
2003	—	22.46	4.2
2004	—	22.05	4.0
2005	—	22.34	3.9
2006	—	22.40	3.8
2007	—	22.72	3.747
2008	—	23.34	3.741
2009	—	23.45	3.63
2010	—	23.10	3.44
2011	—	22.76	3.29
2012	—	21.43	3.01
2013	—	20.64	2.82
2014	—	18.76	2.505

资料来源：①洪大用．试论改革以来的中国城市扶贫［J］．中国人民大学学报，2003（1）．②马浩峰．中国城镇化进程中城镇贫困人口规模的短期预测与影响因素研究［D］．贵阳：贵州财经大学，2017．

第一章 绪论

表1-2 城市下岗失业和城市贫困状况

年份	失业人数（万人）	下岗人数（万人）	低保人数（万人）	城市贫困发生率（%）
1996	553	815	—	< 2
1997	577	634	< 200	3.1
1998	571	877	184	< 2
1999	575	937	281	1.2
2000	595	911	402	1.7
2001	690	515	1170	4.7
2002	800	410	2054	7.7
2003	800	—	2246.8	4.2
2004	827	—	2205	4.0
2005	839	—	2234.2	3.9
2006	847	—	2240.1	3.8
2007	830	—	2272.1	3.747
2008	886	—	2334.8	3.741
2009	921	—	2345.6	3.635
2010	908	—	2310.5	3.449
2011	922	—	2276.8	3.295
2012	917	—	2143.5	3.011
2013	926	—	2064	2.82
2014	952	—	1877	2.50
2015	966	—	1701.1	2.149
2016	982	—	1480.2	1.871
2017	972	—	1264	1.60

注：①失业人数为城市登记失业数量；②1999~2002年的城市贫困发生率＝低保人数/（城镇就业职工数量＋低保人数）×100%；③下岗人数为年末人数，1999~2002年下岗人数包括集体企业和其他企业，2001年和2002年数据只包括国有企业下岗人员。

资料来源：①1996~2001年失业人数来自《中国统计年鉴（2002）》，2002年失业人数来自国家统计局《国民经济和社会发展统计公报》；②下岗人数来自劳动和社会保障部、国家统计局相应年份的《国民经济和社会发展统计公报》；③低保人数来自民政部救灾救济司；④城市贫困发生率数据来自亚洲开发银行网；⑤2003~2017年相关数据来自中华人民共和国国家统计局年度数据，2015~2017年城市贫困发生率是笔者根据相关数据计算得出的。

国务院新闻办公室、国家统计局发布的最新数据显示,2017年城镇登记失业人数为972万人,城镇登记失业率为3.9%(见表1-3)。3.9%这个数字是城镇登记失业率,不包括国有企业和集体企业的下岗职工,因为这些人员跟企业的劳动关系还存在,而且有企业保障他们的基本生活,更不包括大量的进城务工的农民工。许多权威专家认为,这些指标虽然明显低于发达国家的同期水平,但是如果考虑到统计口径等问题,我国失业率要远远高于上述指标,即可能达到10%左右的较高水平。① 城镇登记失业率是劳动和社会保障部统计得出的,由于这一指标包括的登记失业率、调查失业率、估计失业率涵盖年龄范围窄(仅包括16~50岁的男性和16~45岁的女性),并且没有把享受下岗生活补贴人员中的失业者以及处于失业状况但并未进行登记的人员包括在内,从而大大低估了中国城镇的真实失业水平。对中国失业数字真实性的怀疑,主要是针对这个指标。②③

表1-3　城镇登记失业情况

年份	城镇登记失业人数(万人)	城镇登记失业率(%)	调查失业率(%)	估计失业率(%)
1999	575	3.1	5.9	5.9
2000	595	3.1	7.6	6.5
2001	681	3.6	5.6	7.0
2002	770	4.0	6.1	7.3
2003	800	4.3	—	—
2004	827	4.2	—	—
2005	839	4.2	—	—
2006	847	4.1	—	—
2007	830	4.0	—	—
2008	886	4.2	—	—
2009	921	4.3	—	—
2010	908	4.1	—	—
2011	922	4.1	—	—
2012	917	4.1	—	—

---

① 崔克亮,柏晶伟. 就业:民生之本,安国之基——当前的就业形势、问题与扩大就业的对策[N]. 中国经济时报,2004-03-18(2).

② 蔡昉,王美艳. 非正规就业与劳动力市场发育——读解中国城镇就业增长[J]. 经济学动态,2004(1):24-28.

③ Solinger D. J. Research Report: Why We Cannot Count the "Unemployed" [J]. China Quarterly, 2001, 167 (167): 671-688.

续表

年份	城镇登记失业人数（万人）	城镇登记失业率（%）	调查失业率（%）	估计失业率（%）
2013	926	4.1	—	—
2014	952	4.1	—	—
2015	966	4.1	—	—
2016	982	4.0	—	—
2017	972	3.9	—	—

注：中华人民共和国国家统计局年度数据：城镇登记失业人数。

城镇登记失业率是利用国家统计局城镇劳动力住户抽样调查数据估计得出的。该调查按照国际上通行的就业定义，可以计算出比较准确的调查失业率。但是，该调查的结果并没有全部公布，因此，也不能获得实际失业率数字。我们利用其提供的信息估计调查失业率，用城镇经济活动人口减去城镇就业人口即可得出失业人口。城镇经济活动人口系用国家统计局提供的城乡加总数减去农村就业人口数得出。由于农村家庭承包制保证每个人拥有一块责任田，农村劳动力要么在非农产业就业，要么被视为农业就业，失业率很低①。所以，在不能获得农村真实失业率的情况下，假设农村经济活动人口的失业率为零，因而把农村就业人口与经济活动人口视为相等，不会产生很大误差。②

1998~2003年，中国国有企业累计下岗职工2818万人，失业1年以上、下岗3年以上者的比例在50%以上。从表1-4可以看出，国有单位、城镇集体单位的职工人数自1999年以来逐年递减，其他单位的职工人数大幅度增加。1997年，我国建立城镇居民最低生活保障制度时进入此范围的人数不超过200万人，1998年为184万人，根据民政部公布的报表，1999年为265.9万人，2000年为402.6万人，2001年为1170.7万人，2002年剧增至2064.7万人，2003年为2246.8万人，2004年为2200.8万人，2005年为2203.8万人，2006年为2240.1万人，2007年为2272.1万人，2008年为2334.8万人，2009年增至2345.6万人，2010年为2310.5万人，2011年为2276.8万人，2012年为2143.5万人，2013年为2064万人，2014年为1877万人，2015年为1701.1万人，2016年为1480.2万人，2017年为1264万人。这些数据表明，我国仍有城市贫困问题需解决。

---

① 根据第五次人口普查数据，可知2000年农村失业率为11.15%（国务院人口普查办公室，国家统计局人口与社会科技司. 中国2000年人口普查资料[M]. 北京：中国统计出版社，2002.）。

② 蔡昉，王美艳. 中国城镇劳动参与率的变化及其政策含义[J]. 中国社会科学，2004（4）：68-79.

表 1-4 我国在岗职工单位分布情况　　　　　　单位：万人

年份	在岗职工人数	国有单位	城镇集体单位	其他单位
1999	11773	8572	1712	1489
2000	11259	8102	1499	1658
2001	10792	7640	1291	1861
2002	10558	7163	1122	2273
2003	10492	6876	1000	2616
2004	10576	6710	897	2969
2005	11403.2	6488.2	810	4105
2006	11713.5	6430.5	764	4519
2007	12023.5	6423.5	718	4882
2008	12193	6447	662	5084
2009	12573.2	6420.2	618	5535
2010	13052.4	6516.4	598	5938
2011	14413.2	6704.2	603	7106
2012	15237	6839	590	7808
2013	18108.1	6365.1	566	11177
2014	18278.3	6312.3	537	11429
2015	18062.3	6208.3	481	11373
2016	17887.8	6169.8	453	11265

资料来源：中华人民共和国国家统计局年度数据：就业人员与工资。

在最低生活保障人群中，收入低或者几乎没有收入的待岗职工和下岗失业的人成了主要构成者。尹志刚教授主持的《北京市城市居民贫困问题调查研究》显示，在造成他们贫困的原因中，工薪收入低和主要劳动力长期下岗失业、工作很难找居前两位，分别是57%和43.5%。

三、贫困的女性化

1. 贫困女性化的提出

"贫困女性化"一词最初是20世纪70年代后期在美国提出的，当时发现贫困率增长最快的家庭结构是女户主家庭，由低收入或贫困的妇女和孩子组成。到20世纪80年代中期，美国全部贫困人口中几乎有一半是以不同年龄的妇女为户主的家庭。1984年，以妇女为户主的家庭，在全部白人家庭中占16%，在全部西班牙裔家庭中占25%，在全部黑人家庭中占53%；同年，白人、西班牙裔和黑人女户主家庭的贫困比例分别为27.1%、53%~54%和51.7%。贫困也影响到年龄较大的妇女，1984年，65岁以上妇女的平均收入是每人每年6020美元，而同一年龄层的男性收入则为10450美元，所有65岁以上妇女中，有15%收入在贫困线以下[①]。

1995年9月在北京召开的世界妇女大会通过的《行动纲领》中提到："当今世界上10亿多人生活在令人无法接受的贫穷状况下，其中大多数是妇女，多数是在发展中国家，而且在过去10年中，生活在贫困中的妇女人数的增加同男子相比不成比例，在发展中国家尤其如此。在转型期经济国家，妇女贫穷人数日增的现象最近也成为一个重要问题，这是政治、经济和社会改革的一个短期后果。"联合国2005年《人类发展报告摘要》指出，性别是世界上表明一个人处于弱势的最强大的标志之一。

联合国发展计划署认为："人类可持续发展寻求为所有人（妇女、男人和儿童，既包括现在的，也包括未来的）扩大选择的机会，同时保护所有生命所依赖的自然系统。可持续发展摆脱了狭隘的以经济为中心的发展途径，将人放在核心位置，既看作发展的手段也看作发展的目标。因而，人类可持续发展的目标就是消除贫困、提升人类尊严和权利以及通过良好的管理向所有人提供公平的机会，从而促进所有人权在经济、社会、文化以及政治方面的实现。"另外，1995年的《北京宣言》强调："在可持续经济增长、社会发展、环境保护和社会公正的基础上消除贫困要求妇女参与经济和社会发展、拥有平等的机会以及妇女和男性全面平等，既作为以人为中心的可持续发展的行动者，也作为受益人。"

2000年的联合国"千年宣言"要求各成员国"促进社会性别平等以推动女性赋权，并以此作为消除贫困、饥饿、疾病的有效办法，刺激真正意义上的可持续性发展"。这样的承诺似乎特别凝重，但类似的陈述在很多国际文书里出现过，不管是有约束力的还是自愿的，由此可以肯定地说，促进社会性别平等是国际社会的共同目标。世界各国政府关于推进男女平等的政治承诺已经被多次强调，比如在1995年北京第四次世界妇女大会上通过的《行动纲领》里，"社会性别主流化"作为一个推进社会性别平等的重要策略被采纳。联合国1997年的经济与社会理事会在其会议结论中一致同意这样定义"主流化"："主流化是评估任何计划行为对两性可能造成的影响的过程，包括各地区各级别的立法、政策和项目等。这一战略的目的是使两性所关注的问题和他们的经历能够成为制定、执行、监控和评估政治经济以及其他社会领域的政策及项目的过程中的一个有机组成部分，从而保证两性能够平等受益。社会性别不平等的状况不会永远存在。最终的

---

① 马元曦. 社会性别与发展译文集[M]. 北京：生活·读书·新知三联书店，2000.

目标是实现社会性别平等。"

正如国际复兴开发银行和世界银行的调查研究所言,人们几乎不知道处于贫困(按收入或消费度量)中的女性和男性的相对数量。一种被广泛引用的估计认为,世界上70%的穷人是妇女①。但是,Marcoux 的一项研究表明,没有合乎情理的人口假设说明这种关于贫穷的性别划分得以成立:70%的估计意味着相对于每一名贫穷的男性有2.3名贫穷的女性这种比率,即全世界有9.2亿贫穷的女性及4亿贫穷的男性,但人口数据并不支持这种论断。

要估计生活于贫困中的男性和女性的数量是非常困难的。因为没有一种可以对男性和女性进行比较的个人福利方面的合适的概括度量方法。最常用的贫困(或当前福利)指标是消费,但大多数基于家庭调查收集的是家庭的消费数据,而不是个人的消费数据。虽然它也许部分地反映了家庭作为经济决策的基本单位这种传统观念,但它也反映了在度量个人消费上的严重困难。例如,家庭成员所消费的许多商品,如住房和耐用消费品,是由家庭成员联合消费的。因而,如果可能的话,把家庭消费的某些成分指定给特定的家庭成员是非常困难的。这就使得在同一家庭的男性和女性成员之间直接比较消费贫困是十分困难的。

从女性户主和男性户主家庭的标准分析中很难得出关于贫困上的性别差异的严格论断。在任何一种社会中,男性户主家庭和女性户主家庭可能极其多种多样,从受过良好教育的年轻单身男性和女性,到双亲核心家庭或扩展家庭,再到单亲家庭和寡妇。虽然以守寡或离婚的女性为户主的家庭贫困的比例可能较大,但其他女性户主的家庭境况也不太好。例如,在城市劳动力市场工作的未婚年轻女性的单人家庭,或丈夫不在家但经常寄钱回来的家庭,也许有相对低的贫困水平。此外,即使是那些关于女性户主家庭和男性户主家庭的复杂研究也只能提供关于女性和男性贫困状况的非常有限的信息,因为,它们对于男性户主家庭中的女性和女性户主家庭中的男性的相对福利状况反映不出什么情况来。只有非常少量的研究分析从个人食物摄取或营养方面的数据来评价女性和男性的相对福利。虽然有大量证据说明持续存在的权利、资源和言论上的性别不平等影响两性参与发展并从中受惠的相对能力,但是说明这种不平等如何转化成贫穷(按消费度量)的证据仍然非常有限。这表明需要努力收集新的数据类型,并开发经验方法,以更好地适合于获取贫穷(如传统定义的那样)的性别差异。同时,各种证据说明,集中注意力于女性和男性福利的各个方面对于理解性别不平等的充分含义是非常重要的②。

---

① UNDP. Human Development 1995 [J]. New York Oxford University Press, 1995, 46 (2): 430.
② 国际复兴开发银行, 世界银行. 通过权利、资源和言论上的性别平等促进发展 [M]. 北京:中国财政经济出版社, 2002: 56 – 58.

据联合国出版的《世界妇女：趋势和统计》所提供的资料，尽管在某种程度上男女的工资差别减少了，但做相同工作，妇女的收入比男性低30%～40%，而且从事低收入工作的妇女人数比男性多得多。妇女正以日益增长的数量进入非传统性的行业，但大部分仍工作在非正规性的部门，劳动条件既没有保障又经常带有危险性；而且她们在这种部门的数量大大超过男性。妇女被无视远远超出了她们的经济地位。按照年人均收入2300元的农村贫困标准计算，2016年全国农村贫困人口为4335万人，比2010年减少1.2亿多人，其中约一半为女性。极端的贫困与歧视，造成了数以百万计的女孩和妇女的死亡，特别是老年妇女的处境明显地趋于恶化。

根据联合国人口基金会（United Nations Population Fund，UNFPA）的调查，女性几乎占国际移民人口的一半，许多家庭的女家长是移民工人。虽然这些女性移民普遍比男性移民汇回家的钱更多，但基于性别、出生地、阶级以及与生俱来的从属地位，她们仍然会遭受三重或是四重的歧视。

贫困的性别差异不仅仅存在于发展中国家，而就是在美国这样的世界超级大国中，贫困的女性化也已成为其新的社会问题。20世纪美国女性一直卓有成效地为改变其政治地位和家庭角色而斗争，在20世纪的前50年里，女性联合起来争取到了一些基本权利，如选举权、财产权和诉讼权，赢得了法律上和社会上的平等地位，大批女性进入就业市场，但是，离婚率、婚内分居和非婚生育的增加，使得相当数量的女性成为美国家庭的户主。1960年，所有贫困家庭中25%的家庭是以单身女性为户主的。1970年，以女性为户主的家庭占到8.7%；到1983年，增长到11.3%。值得说明的是，到1981年，全美18.8%拥有儿童的家庭是以女性为户主的。在黑人中，女性为户主的家庭的比率更高：1970年为30.6%，到1981年，47.5%的有年幼儿童的黑人家庭是以女性为户主的。这样，以女性为户主的家庭和数以百万计的儿童的贫困状况加剧，在1980年，大约40%的单身母亲的经济状况低于全国的贫困线；到1983年，这个数字增加到47%①。

据美国人口普查局2005年4月发表的报告，2004年，美国中等收入女性的年收入为31223美元，而同类男性的年收入是40798美元，女性的年收入是男性的77%。自己创业的女性的收入仅为男性企业所有者的49%②。2004年，美国平等就业机会委员会共收到有关性别歧视的指控24249件，妇女在怀孕期间受到歧视的指控4512件。

---

① Leonard Beeghley. Living Poorly in America [M]. New York：Praeger Publishers，1983.
② Proctor B. D.，Mills R. I. Income, Poverty, and Health Insurance Coverage in the United States [EB/OL]. 2004. http://www.census.gov.

单身母亲的贫困率在美国所有人口中最高。据美国全国贫困中心2005年的统计,2004年,美国有28.4%的单身母亲生活在贫困线以下①。一些城市出现越来越多的妇女和儿童流浪街头的现象。2005年,南加州帕萨迪纳市妇女和儿童流浪街头的总数达到701人,比2003年增长42.7%,占流浪者总数的57.6%,首次超过单身男性,成为最主要的流浪人群②。根据美国劳工统计局2016年底发布的统计报告,2015年,美国女性的平均收入只有男性的81%。女性生存状况差,以单身女性为户主的家庭贫困率显著高于整体贫困率。③

以上统计数字表明,"贫困女性化"已成为美国新的社会问题。

2. 我国贫困女性化的趋势

我国大量与贫困密切相关的数据大都呈现出女性弱势的倾向。

首先,中国性别发展指数的世界排序落后。世界经济论坛发布的《2013年全球性别差距报告》显示,2000~2013年中国性别发展指数的世界排序和分值如表1-5所示。

表1-5 中国性别发展指数的世界排序和分值

年份	性别发展指数的世界排序	性别发展指数的分值
2000	79	0.700
2001	76	—
2002	77	—
2003	83	—
2004	71	0.741
2005	64	0.754
2006	63	0.656
2007	73	0.664
2008	57	0.688
2009	60	0.691
2010	61	0.688

---

① http://www.npc.umich.edu/poverty.
② City of Pasadena 2005 Homeless Count: Final Report [EB/OL]. 2005. http://www.homeless-research.com.
③ Williams S. M. Poverty in the U. S. [M]. Nova Science Publisher, 2011.

续表

年份	性别发展指数的世界排序	性别发展指数的分值
2011	61	0.687
2012	69	0.685
2013	69	0.691

资料来源：刘文. 比较、竞争与合作：中日韩自贸区发展研究报告 [M]. 北京：中国经济出版社，2014.

性别发展指数（Gender-Related Development Index，GDI），指与性别相关的人类发展指数，是对人类发展指数的分性别度量，即根据分性别的出生时预期寿命、成人识字率、大中小学综合毛入学率、估计收入而计算出分值，分值越接近于1，表明人类基本能力的发展中性别差异越小，即男女能力平等发展的程度越高。性别发展指数和性别赋权尺度已经成为每年全球和国别《人类发展报告》中必用的衡量一国性别平等和发展水平，并用于国际比较的主要指标。

根据《2000年人类发展报告》，中国分值为0.700，低于世界和中等收入国家的平均水平，也低于东亚的平均水平（东亚平均分值为0.710，如果不包括中国，东亚的分值则达0.846）。性别发展指数与人类发展指数之差，表明人类基本能力在男女两性之间的发展程度的差异。性别发展指数的排名超过人类发展指数，表明在女性能力建设方面取得进展；如果两者之差是负数，表明女性能力建设落后于男性。中国的性别发展指数与人类发展指数之差先后为7（1995年）、3（2000年）、5（2004年）、3（2005年），表明我国社会在人类发展方面为两性均衡发展所做出的努力还不够持续和稳定。①

其次，女性的工资收入明显低于男性。根据1998年的《人类发展报告》，我国女性的收入份额为38.1%，男性为61.9%。1999年城镇在业女性包括各种收入在内的年均收入为7409.7元，是男性收入的70.1%，2000年男女两性的收入差距比1990年扩大了7.4%，以农林牧渔业为主的女性1999年的年均收入为2368.7元，是男性收入的59.6%，差距比1990年扩大了19.4%。女性在经济结构调整中成为弱势群体中的弱势群体，女性在再就业中面临着不利的职业选择条件和更低的工资待遇。在劳动力市场上，女性比男性就业难，女性比男性下岗

---

① 冯媛. 性别平等：中国在世界上的位置 [EB/OL]. [2005-10-06]. http://column.bokee.com/print.92773.html.

早、退休早，女性的收入约为男性的60％①，因而贫困人口中更多的是女性。

再次，女性就业人数和比例低于男性。《中国的就业状况和政策》白皮书显示，1998～2003年，中国累计有1336万名女性下岗失业，只有972万人实现了创业和再就业。据国家统计局农调总队2003年的统计，我国现有的2820万贫困人口中，仍有60％是女性。女性贫困人口基数大，无论是在城市还是在农村，遭受贫困的深度和广度相对于男性贫困人口都较为严峻。特别是由于产业结构调整和向市场经济转轨的过程中，国家减少福利和公共服务开销使部分女性受到较多负面影响，女性比男性较易陷入贫困，女性的收入总体上少于男性；社会性别平等问题未充分纳入中国扶贫政策的主流。在扶贫政策发展中缺少对城市贫困现象以及妇女与城市贫困问题、农业女性化、劳动力流动中的女性劳动力等问题的关注；缺少有关贫困的分性别数据；扶贫的福利政策往往以户为单位，家庭内部资源分配的不平等问题并没有得到充分关注②。

近年来，我国女性就业人数逐年减少，女性正在成为中国最大的就业弱势群体③。中华人民共和国成立后，我国政府大力推进男女平等，积极倡导和鼓励女性参加工作。因此，中国女性的就业率从全世界来看是非常高的。但是随着市场经济的发展和中国加入WTO，女性在业率下降幅度偏大。2004年国务院新闻办公室发布的《中国的就业状况和政策》白皮书显示，目前中国城镇单位女性从业人员为4156万人，占城镇单位从业人员总数的38％。2000年末，18～64岁的城乡女性在业比例为87.0％，比男性低6.6％。与1990年相比，城镇男女两性的在业率均有下降，与男性相比，女性的下降幅度偏大。18～49岁的城镇青年女性在业率为72.0％，比1990年降低了16.2％。2017年城镇单位女性就业人员为6545万人，占城镇单位就业人员总数的37.1％。④

从在业比例看，女性低于男性。就业是民生之本，也是女性赖以生存发展的基本经济资源。国务院新闻办公室2005年8月24日发表的《中国性别平等与妇女发展状况》白皮书指出，2004年底全国城乡女性就业人员为3.37亿人，占全部就业人员的44.8％；全国城镇单位女性就业人员为4227万人，只占城镇单位就业人员总数的38.1％。2004年底，国有企事业单位专业技术人员中的女性比

---

① 第二期中国妇女社会地位调查课题组. 第二期中国妇女社会地位抽样调查主要数据报告［J］. 妇女研究论丛，2001（5）：4-12.

② 中华全国妇女联合会，中国妇女研究会. 中国非政府妇女组织对中国政府执行《行动纲领》和《成果文件》的评估报告——中国非政府妇女组织《紫皮书》［R］. 北京：中华全国妇女联合会，中国妇女研究会，2005.

③ 吴玲，施国庆. 我国社会性弱势群体发展的五大趋势［J］. 南京社会科学，2005（7）：64-69.

④ 国家统计局. 2017年《中国妇女发展纲要（2011-2020年）》统计监测报告［EB/OL］.［2017-10-27］. http：//www.gov.cn/shuju/2017-10/27/content_5234785.htm.

例达到43.6%，比1995年的37.3%提高了6.3%，其中高、中级职务中的女性比例分别由20.1%和33.4%提高到30.5%和42.0%。2013年，全国女性就业人数为34640万人，占就业总数的45%。最新一期中国妇女社会地位调查显示，女性从事第二、第三产业的比例比10年前提高了25%，各类负责人、专业技术人员、办事人员及有关人员所占比例较10年前提高了13%。2013年，女性中高级专业技术人员达到661万人，占中高级专业技术人员总数的44.1%，比2000年提高了9%。中国女企业家群体不断壮大，女企业家约占企业家总数的1/4。实施"创业创新巾帼行动"，促进女性在新兴产业就业，互联网领域创业者中女性占55%。①

据全国妇联信息中心提供的数据，在1997年底，全国大部分省份的女性非农劳动力失业率高于男性，只有西藏、广西和福建除外。如北京当时统计的失业率女性为1.7%，男性为1.3%；上海女性为4.16%，男性为3.28%；天津女性为4.37%，男性为2.59%。在全社会共同关注的劳动就业问题中，下岗女工再就业难和女毕业生就业难是突出的问题。

近20年来，在改革开放的潮流下，尽管下岗的起因是结构性调整、企业亏损和劳动用工制度的改革，但下岗作为一个劳动力资源重新配置过程依然有性别利益分化问题：仅从数量上说，原有职工中女性比例小，下岗职工中女性比例大，就不能排除就业中的性别歧视因素。下岗女工被推入市场再就业，劳动力市场的性别隔离、性别分化更为突出，女性的就业层次在此过程中明显下沉。

从社会分工看，性别隔离表现明显。从横向看，在某一职业中的性别构成比例与其在全部劳动力人口中的比例不一致；从纵向看，在几乎所有职业中，具有较高的技术、责任、地位、收入和声望的职业中，存在女性所占比例相对于男性不断下降的趋势。随着经济体制改革的不断深化，政府以往用行政手段对女性就业实行的倾斜政策已难以在具有不同经济成分、不同所有制的企业中执行，法律在实际上也难以保障女性婚前的充分就业和婚后的连续就业。

我国的劳动力市场供大于求，用人单位人为地抬高就业门槛、设置性别限制，认为女性的能力不如男性，不仅劳动力成本高，而且还受生育、家庭负担的负面影响，所以，女性在就业竞争中处于不利地位。随着我国经济体制改革的进一步深化、科技进步与创新、经济结构的调整和对劳动力资源的优化配置，在劳动密集型产业和非正规部门就业的女性越来越多，女性就业的职业层次、稳定性及福利保障有下滑的趋向。越来越多的女性流向缺乏合法性和劳动合同的保护、工资水平低、没有固定的上下班时间、没有社会保障做后盾、卫生条件差、生产

---

① 中华人民共和国国务院新闻办公室.中国性别平等与妇女发展［EB/OL］.［2015-09-22］. http://www.nwccw.gov.cn/2017-04/11/content_155757.htm.

效率低下、简单的重复性操作多的岗位。在这样的劳动条件下，女性随时可能被解雇，也享受不到应有的劳动权利和社会福利。女性大量集中于劳动密集型产业，如服装业和纺织业的女工就业人数比重均在六七成以上，而在资本或技术密集型的产业中女性就业人数所占比重相对较小，例如，交通运输设备制造业的女工就业人数比例只有1/4。即使在资本或技术密集型的产业中，女性也大多集中在技术层次低、收入低、简单且重复性的体力劳动部门，而在管理部门和技术部门，女性就业机会很少。由于受教育程度偏低，缺少在职培训，同时由于家务劳动的拖累，女工很难向更高层次的工作岗位流动，而且一旦下岗，到正规部门再就业很困难，只能选择非正规就业，社会福利的保障相对较差①。就连下岗后的女性在自主创业时，也往往选择技术含量低，与家务劳动相关的领域，如商业零售、服装业、鲜花、餐饮业、托老服务等。

最后，女性社会权利的贫困呈现制度化倾向。2013年，村委会成员中的女性比例为22.7%，比2000年提高了7%。② 2013年十二届全国人民代表大会第一次会议女性代表比例为23.4%，2013年全国政协十二届一次会议女性委员比例为17.8%，2013年中央机关及直属机构录用的公务员中女性所占比例为47.8%。③ 然而，全世界议会中女性议员仅占23.7%。在130个有数据的国家中，16个国家达到了联合国世界妇女大会关于30%的标准，其中10个在欧洲，3个在非洲，3个在拉丁美洲，20%~29%的有27个国家，其中7个在亚洲。从女议员的比例看，亚洲在世界各区域中不算低；中国女性立法人员的比例，居于古巴、越南、老挝、巴基斯坦等国之后。

近10年来，虽然我国经济发展迅速，国际妇女运动也取到了较大的发展，但是中国的性别平等形势仍然不容乐观，女性参政比例的世界排名后移；女性就业率下降，就业、再就业困难；女性权益受侵害的问题更加凸显和复杂。

随着阶层分化的发展，在社会分层从"身份"到"契约"的转变过程中，似乎每个人都可以通过自身的努力，在订立和履行契约的过程中实现自由流动，社会成员可以选择改变自身地位的多种途径。这本质上是人的解放，是用法治取代人治、用自由流动取代身份限制、用后天努力取代先赋资格的时代进步与文明的体现。但是也要看到，由于女性逐渐失去行政支持和意识形态的保护，职业和经济收入的性别分化日渐显著，从而进一步拉开男女间的收入差距。一旦女性因

---

① 研究称中国女性就业日益呈现"边缘化"趋向 [N]. 工人日报，2003-10-08.
② 中华人民共和国国务院新闻办公室. 中国性别平等与妇女发展 [EB/OL]. [2015-09-22]. http://www.nwccw.gov.cn/2017-04/11/content_155757.htm.
③ 李昌禹. 全国妇联负责人解读中国性别平等与妇女发展白皮书：我国男女平等达到新水平 [N]. 人民日报，2015-09-23 (16).

丧偶、离婚而单身时在经济上就会遇到极大困难。

女性胎儿的出生权也受到限制。有关研究表明，20世纪90年代中期以来，婴儿出生性别比每年都在增加，根据中国政府于2000年进行的第五次全国人口普查，全国出生人口性别比为117，即在出生的婴儿中，男女比率达到117∶100，比正常值102~107高出很多。据估计，在中国每诞生一个新生命，就有2.5个婴儿被堕胎。每年至少有30000个胎儿因为是女婴而被引产。2015年中国出生人口性别比为113.51，即在出生的婴儿中，男女比率达到113.51∶100，仍然超出正常男女比例。不少女婴还在母胎的时候就遭到了厄运，而男婴则能够顺利来到人间。由此可见，男女之间在出生时就存在出生权不平等的问题，即在不满20岁的人口中，男性比女性多出2000余万人。就是这样一个出生人口性别比的问题，专家、媒体首先想到的不是女性的出生权被剥夺，而是男人找不到老婆①，由此不难看出我国的性别文化、性别观念的改变还任重道远。

这些现象的大量存在难以改变我国贫困女性化的趋势，而且这种趋势越来越严重，如果不加以重视，必将引发严重的社会问题。

第二节 中国城市女性贫困问题的研究价值

一、揭示被遮蔽的女性贫困及其制度性原因

社会性别理论为研究贫困与性别的关系提供了有效的概念工具和分析框架。任何自然人都是有性别的，个人与社会是一个相互建构的动态过程，现在，随着信息技术的发展和社会贫富分化的加剧，个人与社会之间的张力空前紧张。一方面，社会共识与信任匮乏，社会面临失范危机；另一方面，社会转型与分化所造成的隐蔽形态的社会控制使贫困人口的权利得不到保障，社会的分化又导致个人间交往与沟通的困难。因此，研究贫困与性别的关系能够揭示出被遮蔽的女性贫困问题，从而引起社会和学界对于女性贫困问题的研究和进一步关注。

二、提供一个分析贫困个体与社会关系的有效视角

社会性别理论提供了一个分析贫困人口个体与社会关系的有效视角。社会性别（Gender）异于生物性别（Sex），它指向性别的社会构成，是指人们基于两性

---

① 2004年3月，很多报纸、网络刊登了时任全国政协人口资源环境委员会副主任李伟雄就中国人口出生性别日益失调的观点："2020年中国将有3000万到4000万光棍汉找不到老婆，这绝不是危言耸听。"

生物性别属性之上,根据社会关系中男女所处的社会位置分别赋予两性的一系列社会地位和角色期待,从"关注女性"的研究立场出发,致力于两性平等的研究宗旨,侧重通过两性在社会结构中相对位置的比较来寻找男女之间的社会差距,注重从社会建构中挖掘造成两性社会性别差异的根源。社会性别工具作为分析工具和技术,深入分析在社会运行的过程中性别怎样构建贫困,贫困女性与社会是如何相互建构的。同时,作为一种理论和价值选择,通过增强社会性别意识,则可以促进贫困女性与社会关系的和谐,进而促进社会的协调发展。

三、对制定具有社会性别的经济社会政策具有理论参考价值

研究中国城市女性贫困问题对制定救助我国城市贫困女性的经济政策和社会政策具有重要的理论和现实意义。性别平等是人类发展史上最深刻的变革之一,也是中国全面建设小康社会的应有之义,必须应对转型所带来的新的挑战。"因此,把妇女发展问题引入中国经济研究,不仅有助于中国社会经济发展政策的改善,而且还有可能向其他发展中国家和转型国家提供有益的经验,并进一步丰富发展经济学理论。"① 近 10 年来,伴随我国社会主义市场经济体制的建立和国际妇女运动的发展,中国的性别平等形势遭遇新的压力,主要体现在:女性参政徘徊不前,女性参政比例的世界排名后移;女性就业率下降,就业、再就业困难;女性权益受侵害的问题更加凸显和复杂;我国性别发展指数在国际上的排位不断下滑。这些问题无疑应引起各级决策者的关注,否则将会妨碍他们将性别平等纳入政府的工作议程②。目前,我国的反贫困政策不同程度地存在社会性别盲视的情况,将社会性别范畴和社会性别分析方法纳入贫困问题的研究与扶贫实践,有助于对贫困认识的深入和对贫困内涵的扩展,拓宽研究视野,避免性别不平等的加剧,促进女性发展,促进反贫困事业的性别平等,推动社会性别的和谐发展。把握城市女性贫困的规律与特征,对于寻求更加合理的反贫困对策具有重要价值。

第三节 研究意义

一、有助于深化人类对于贫困的认识

一方面,贫困加剧了性别间的差距。无论是根据对资产(如土地或信贷)

---

① 朱玲. 性别分析与发展经济学研究[J]. 读书, 2001 (11): 97.
② 吴晨光. 两百余名高层决策者回答中国男女平等真相[N]. 南方周末, 2004 – 09 – 12.

的支配，还是根据影响发展进程的权力方面来度量，贫困男性的支配权都要比非贫困男性的低，贫困女性的支配权通常最低。这些差距使妇女和女童处于不利地位，限制了她们参与发展和从发展中获益的能力。

另一方面，性别不平等阻碍了发展。自美国《独立宣言》以来，性别平等莫不为现代各国法律所肯定。但是，性别平等只是一项原则，原则上的平等并不等于实际上的平等，无论是从政治意义还是从经济意义上来说，女性的发展都是人类发展的重要组成部分。诚如马克思所言："没有妇女的酵素就不可能有伟大的社会变革。社会的进步可以用女性的社会地位来精确地衡量。"① 从哲学和政治学的立场出发，女性的解放是女权主义运动的一部分，是女性主体性的实现；从管理学的立场出发，基于女性的特质（生理的或心理的、结构的或功能的），提升女性的价值，可以实现更高的组织绩效；从经济学的角度看，将女性视为生产要素的组成部分，通过对现在和未来的一切可能成为生产要素的女性人口的开发，激活女性人力资源，为其开辟更为广阔的参与社会与经济活动的机会，并进而推动社会经济的进一步发展。虽然在基本权利、教育、信贷、就业或参与公共生活的能力方面的不平等使妇女和女童付出最直接的代价，但性别不平等的全部代价最终会伤害到每个人。

二、有利于维护社会正义

公平是人类社会永恒的价值理念和基本的行为准则。现代意义上的公平，首先就表现在生存权、就业权、受教育权和社会保障权等基本权利上。享有充分人权，是人类长期追求的崇高理想，也是人类奋斗的目标之一。公平不但体现为合理的收入分配过程和结果，更重要的体现是发展潜力和机会的平等。邓小平同志曾经指出："社会主义的本质，是解放生产力，发展生产力，消灭剥削，消除两极分化，最终达到共同富裕。"但是，由于我国目前处于转型时期，各种复杂的因素使得人们的财产和社会地位的获得往往不取决于自身因素，更多取决于行业、部门、单位的性质等外在的社会的因素，利益分配严重不均，机会不平等。

城市贫困是中国现代化转型时期出现的重大社会问题。反贫困是社会正义、社会稳定的要求，也是创建和谐社会的要求。我国大量与贫困密切相关的数据大都呈现出女性弱势的倾向，很多研究也证实了城市贫困人口中女性所占比例较高，解决了城市女性的贫困问题将在相当大的程度上缓解城市贫困问题。贫困女性化现象已经成为很多国家学术界和国际发展与援助机构研究和干预的重点之

---

① 马克思，恩格斯. 马克思恩格斯全集（第32卷）[M]. 中共中央马克思恩格斯列宁斯大林著作编译局译. 北京：人民出版社，1975：571.

一。但是，我国的贫困研究和扶贫领域较少见到这方面的成果。目前，我国的扶贫领域中不同程度地存在社会性别盲视的情况，将社会性别范畴和社会性别分析方法纳入贫困问题的研究与扶贫实践，有助于对贫困认识的深入和对贫困内涵的扩展，拓宽研究视野，避免性别不平等的加剧，促进女性发展，促进反贫困事业的性别平等，推动社会性别的和谐发展。

三、有利于社会稳定

历史已经证明，没有社会的稳定就没有经济的发展和社会的进步。欧洲资本主义早期的社会保障制度的发展史能给我们一些启示。当时，随着产业革命的推进，大量农村人口流入城市，在英、法等国形成了大量的城市贫民，随之产生了严重的社会问题。英国和法国虽然先后建立了社会救济制度，但其救济带有"恩赐"性质，在救济城市贫民时，提出了名目繁多的苛刻条件，甚至连他们的人身自由也要剥夺，反而导致问题恶化。为了生存，城市贫民不得不偷盗、抢劫、卖淫、自杀。后来，随着阶级意识的觉醒和马克思主义的诞生，无产阶级成立了各种政治性组织，开展了如火如荼的工人运动，欧洲社会陷入空前的政治危机。面对强大的压力，资产阶级不得不着手建立现代社会保障制度，向社会弱势群体提供基本的生活保障，社会矛盾才得以缓和，资本主义社会才能进一步繁荣。这些国家的社会救济制度改革无疑为我们提供了前车之鉴①。

从性别视角关注城市女性贫困问题，不仅是保护妇女权益的问题，而且是关系到社会稳定和人类的可持续发展的重大问题。女性贫困问题是一个跨管理学、经济学、社会学、女性学、政治学等学科的综合性问题，本书引入社会性别这个工具，分析性别和贫困之间的联系，从社会性别视角对城市贫困女性进行研究，具有重要的理论意义和创新性。

第四节 研究步骤与技术路线

本书的研究步骤是：文献阅读→阶段分析→理论抽象→对策与展望。具体如图1-1所示。

---

① 吴玲，施国庆. 论政府在救助弱势群体中的作用 [J]. 河海大学学报（哲学社会科学版），2005，7（1）：46-49.

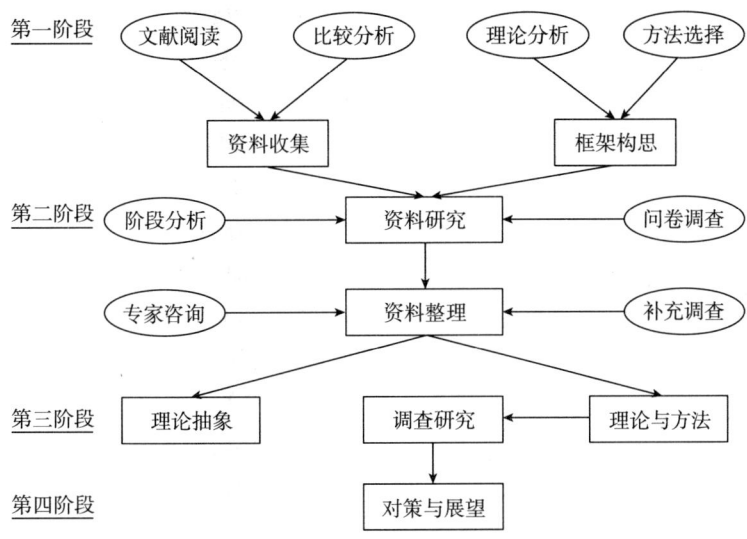

图1-1 本书的研究步骤

本书的技术路线如图1-2所示。

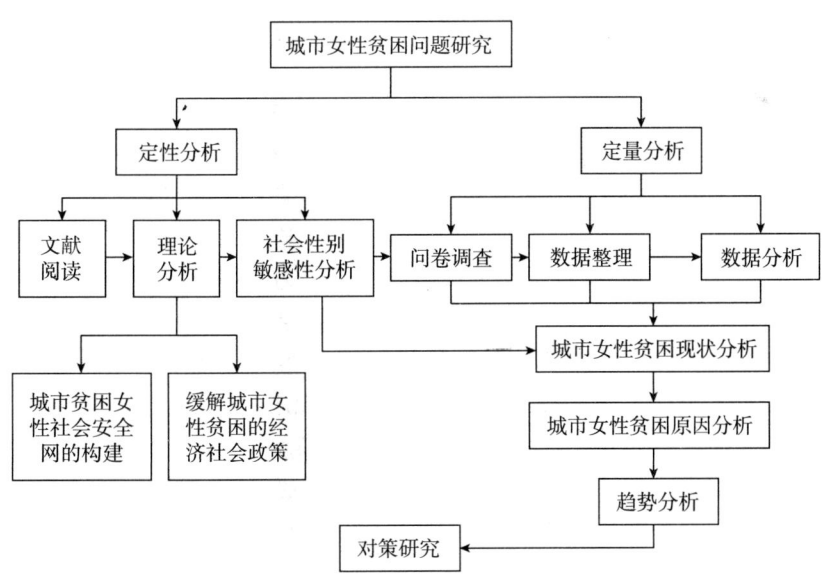

图1-2 本书的技术路线

第五节 创新之处

一是本书的研究视角具有学术创新价值。就目前国内研究现状看,贫困理论的研究立足于贫困人口的总体生活形态、贫困产生的整体原因及贫困测量手段和反贫困策略,更加关注贫困的普遍性,这些对于贫困的研究非常有价值。但是学者们对特殊群体尤其是女性群体的贫困研究缺失,对于贫困的性别差异关注较少,存在贫困研究的性别盲视。这也导致了我国贫困救助在微观操作上以家庭户或社区为单位划分贫困人口,长期以来,贫困人口被假设为家庭均质或社区均质的人口群体,性别差异被忽略。因此,在贫困的研究和实践中存在着普遍的性别盲点,缺乏性别意识。本书运用社会性别研究方法,以南京市为例,对我国城市贫困女性进行了研究。将社会性别范畴和社会性别分析方法纳入贫困问题的研究中,消除社会性别的政策盲视,为制定缓解我国城市女性贫困的经济政策和社会政策提供新的思路和建议。

二是揭示了被遮蔽的城市贫困女性的贫困及其制度性原因。我国大量与贫困密切相关的数据大都呈现出女性弱势的倾向,本书通过定量研究与定性研究,揭示了城市女性贫困的根源是不平等的社会性别制度,我国经济和社会的转型、社会公共政策的性别盲视、家庭资源分配的性别失衡、社会资本和权利资本的缺失是城市女性贫困的重要原因。

三是构建了我国城市贫困女性的社会安全网。这个社会安全网包括正式的社会保障制度和非正式的社会支持两个部分。正式的社会保障制度是城市贫困女性社会安全网构成的重要保障,法律和政策的性别平等、经济政策和社会政策性别平等、强化政府责任、社区救助四个方面的作用都不可忽视,特别是强化政府责任成为核心内容,完善最低生活保障制度、健全社会保险、建立个人发展账户、建立性别平等机构、增强政府社会性别敏感、建立性别统计和监测评估机制、制订具有社会性别意识的扶贫计划和性别瞄准机制是政府的当务之急。社区救助介于正式的社会保障制度和非正式的社会支持之间,具有非常重要的意义。在正式的社会保障制度缺失时,非正式的社会支持对于贫困女性具有重要的支持作用,社区救助、非政府组织、家庭保护共同织就了城市贫困女性的社会安全网。

四是提出了救助我国城市贫困女性的经济政策和社会政策建议。我国当前的很多经济政策和社会政策存在社会性别无意识现象,政府要消除就业政策、福利政策的性别盲视，制定社会性别敏感的经济政策和社会政策，以及有利于女性发展的家庭政策，完善公共的托儿设施和服务，以及制定和完善其他相关社会政策。

第二章 贫困的范式与城市女性贫困的测量

科学的贫困概念是反映贫困现象本质属性的一种抽象概念,研究城市女性贫困问题必须首先把握贫困概念的科学含义。一般来说,研究贫困问题主要涉及三个方面:一是贫困的识别;二是贫困程度的准确测量;三是反贫困的策略选择。贫困的识别主要指贫困的范畴及贫困线的合理确定,关系到贫困集合的准确界定;贫困程度的准确测量主要指贫困指数的定义和计算,关系到贫困程度大小的判断;反贫困的策略选择主要含义是如何选择合适的发展战略,这关系到反贫困的成效,影响反贫困最终目标的实现。这三个方面可以说是环环相扣,贫困识别是前提,程度测量是基础,反贫困是根本目的。

第一节 贫困的范式

自从人类进入文明社会以后,贫困便一直成为迄今为止各社会形态中一种常见的社会现象。对于贫困这一社会存在,人们可以从感性上感觉它,但似乎很难从概念上把握它。对于社会中的贫困,人们能较容易地根据一些现象,如缺吃少穿、营养不良、没有足够收入、无法获得教育和医疗卫生服务等来做出感性判断,但真正对贫困做出抽象判断并对其一般概念给出准确、科学的定义,并不是一件容易的事。因为,在不同的历史时代、不同的社会制度、不同的经济背景下,贫困的特征是大不相同的。同时,不同政治信仰、价值观念和社会身份的人,对于贫困的理解和评价也大不相同。

正因如此,有些学者对贫困概念的科学含义的可知性表示怀疑,陷入相对主义和不可知论的困惑之中。美国经济学家萨缪尔森认为,"贫困是一个非常难以捉摸的概念""贫困一词对不同的人意味着不同的事情"。① 英国学者奥本海默也认为:"贫困本是一个模糊概念,它不具备确实性。它随时间和空间以及人们的思想观念变化而变化。"②

19世纪末20世纪初,英国的布什和朗特里开创了对贫困问题的理论和实证相结合的研究领域③。此后,许多学者从不同的角度给贫困一词下了不计其数的定义。这些定义中的大多数可以说是大同小异,只是因为他们在描述"贫困"时所选择的角度有差别,所以他们所使用的关键词就有所不同。

随着社会生产力发展水平的提高以及社会经济制度的变革,人们对贫困内涵的认识在不断变化,对贫困的成因和性质的认识也在不断变化,因此为从理论上给贫困下一个内涵比较丰富、外延相对周全的定义带来了诸多困难。最初,人们把贫困等同于收入和消费的贫困,随着时间的推移,人们又发现贫困是更为复杂的多维现象,包括了教育、营养、健康、风险、文化、政治权利等多方面的元素。因此,既需要不同学科从不同角度对贫困进行深入研究,又需要多个学科协作进行综合性研究。一般来说,经济学家大多从经济角度定义贫困,而社会学家、政治学家、人类学家则多从制度、文化角度定义贫困。从现有研究贫困问题的文献来看,贫困的范式④可以分为以下几类:

一、缺乏论范式

中国古汉语对"贫""穷""困"的释义主要是指处于财货匮乏的境况。关于"贫",《说文》释义:"贫,财分少也。"《广韵·真韵》曰:"贫,乏也,少也。"关于"穷",《广雅·释诂四》释义:"穷,贫也。"也就是说,"贫"与"穷"含义大体相同,都是指缺乏财物。但"贫"与"穷"有量或程度方面的差别。《左传·昭公十四年》曰:"大体贫穷相类,细言穷困于贫,贫者家少财货,穷谓全无家业。"《荀子·大略》曰:"多有之者富,少有之者贫,至无有者穷。"意思说"穷"比"贫"更为极端,即一无所有。关于"困",《广雅·释诂四》释义:"困,穷也。""困"的另一个含义是指处于艰难窘迫或无法摆脱的境地,

---

① 萨缪尔森,诺德斯.经济学(第14版上册)[M].胡代光等译.北京:首都经济贸易大学出版社,1998:658.
② 唐钧.中国城市居民贫困线研究[M].上海:上海社会科学院出版社,1998:12.
③ 布什(Booth)的早期著作有1889年出版的《伦敦东区人民的劳动和生活》;朗特里(Powntree)的早期著作有1901年出版的《贫困:城镇生活研究》。
④ "范式"是科学哲学家库恩在研究科学发展问题上提出的一个概念。库恩的研究发现,在科学界持同一范式的科学家组成了一个科学共同体,他们往往有着共同的信念、价值标准和技术。按库恩的解释,它是包括规律、理论、标准、方法等在内的一整套信念,它为一个时期的科学家集团所共有,是某一学科领域的世界观,它决定某一时期的科学家怎样观察世界、研究世界的方式。一套价值行为规范也类似于一个科学的范式。

即困境。由此可见，中国古代将"贫穷"和"贫困"释义为财物极为缺乏的艰难窘迫境况。在20世纪后期，对中国农村中存在的贫困现象，一种较普遍的说法是"食不果腹，衣不蔽体，房不避风雨"。这同样是对贫困的一种传统理解——财货匮乏论。需要指出的是，《荀子·大略》关于"多有之者富，少有之者贫，至无有者穷"的论述，阐明了物质上"贫"与"富"的相对性和可量度性。这一定义比英国古典经济学家亚当·斯密关于贫与富的定义要早2000多年。

西方古典经济学体系创始人亚当·斯密对"贫"与"富"含义的阐述，也是从财物或财富多寡的角度来解释的。不同的是，他从劳动价值论出发来论述财富的价值或商品交换价值，从而将"贫"与"富"定义为拥有支配或购买劳动的寡与多。亚当·斯密在他的著作《国民财富的性质和原因的研究》中说过："一个人是贫是富，就看他在什么程度上享有人生的必需品、便利品和娱乐品。"①

亚当·斯密运用劳动价值论对重商主义的"货币财富论"进行了批判。重商主义认为，财富与金银货币是同义语，有很多货币的人，被称为富人；只有极少货币的人，被称为穷人。亚当·斯密认为，世间一切财富原来都是用劳动购买的而不是用金银购买的，所以，对于占有财富并愿意交换一些新产品的人来说，它的价值恰恰等于它使他们能够购买或支配的劳动量。亚当·斯密在《国富论》中还对必需品做了经典阐述，其影响延续至今。

1901年，英国学者朗特里对英国约克郡工人家庭的收入与生活支出状况进行了普查。在对普查收集的资料信息进行处理分析后，他发现约克郡10%的人生活在生存难以为继的贫困境地。据此，朗特里将贫困定义为："家庭总收入不足以支付仅仅维持家庭成员生理正常功能所需的最低量生活必需品开支。"朗特里所说的最低量生活必需品，包括食品、衣物、住房和取暖等项，但不包括报纸、邮票、烟酒、消遣等"享受品""娱乐品"或"奢侈品"。根据最低量生活必需品的数量及其价格，从而得出了划分贫困家庭的收入标准，即贫困线。这是关于收入贫困和贫困线的经典研究，朗特里方法一直沿用至今。世界银行在《2000/2001年世界发展报告》中，对发展中国家的收入贫困人口规模现状进行了计算分析。世界银行在报告中评价说，与朗特里研究相比，尽管两次收入贫困的计算相隔一个世纪，但是它们采用的基本概念和方法非常相似。经济学家们大多从收入角度来解释或定义贫困概念，如美国经济学家萨缪尔森在《经济学》中说："贫困是一种人们没有足够收入的状况。"由于收入是评价居民生活状况的一个十分重要的指标，并且它比较容易进行统计、测量和监测，因此，收入贫

---

① 亚当·斯密. 国民财富的性质和原因的研究（上卷）[M]. 郭大力，王亚南译. 北京：商务印书馆，1972：26.

困成为当今各国反贫困中一个非常重要的概念。

"缺乏论"范式关注的是贫困的表象，范围从单纯的物质的"缺乏"到无所不包社会的、精神的、文化的"缺乏"。雷诺兹对贫困的界定较为狭义，他主要着眼于收入的不足。他说："所谓贫困问题，是说在美国有许多家庭，没有足够的收入可以使之有起码的生活水平。"① 汤森对贫困所下的定义含义较广，他的关注点是"资源的不足"，他说："所有居民中那些缺乏获得各种食物、参加社会活动和最起码的生活和社交条件的资源的个人、家庭和群体就是所谓贫困的。"② 奥本海默观察贫困的角度更广，他所列出的"匮乏"几乎涉及生活的各个方面，他说："贫困是指物质上的、社会上的和情感上的匮乏。它意味着在食物、保暖和衣着方面的开支要少于平均水平。"③

二、社会资源贫困论范式

以马克斯·韦伯为代表的西方社会学家提出了社会不平等和社会分层理论，认为社会不平等的实质是社会资源或有价值物（如财富、收入、权力、声望、教育机会等）在社会成员中的不均等分配，而处在社会下层的贫困群体正是上述社会资源或有价值物分配的匮乏者。这一理论得到了国际社会和众多学者的认同。如欧共体委员会在《向贫困开战的共同体特别行动计划的中期报告》中给贫困下的定义为："贫困应该被理解为个人、家庭和人的群体所拥有的资源（物质的、文化的和社会的）十分有限，以致他们被排除在社会可以接受的最低限度的生活方式之外。"英国社会学家皮特·汤森将贫困定义为："在一个社会中，一个人缺乏参与社会惯例或社会所广泛认同的活动和享受普通生活水平所必需的资源。"

三、广义福利剥夺论范式

把福利与贫困联系在一起进行研究的学者首推英国经济学家庇古。1920年，庇古在他的著作《福利经济学》中提出：一个人的福利寓于他自己的满足之中，这种满足可以来自对物质财富的占有，也可以来自非物质因素（如欲望、知识、情感等），所谓福利应包括这两个方面的满足。庇古将前者称为"经济福利"，将后者称为非经济性"一般福利"。庇古认为，对于"一般福利"无法进行度量，且超出了经济学所能考虑的范围，而"经济福利"则与人们的经济生产或

---

① 劳埃德·雷诺兹. 微观经济学——分析和政策［M］. 马宾译. 北京：商务印书馆，1992.

② Townsend P. Poverty in the United Kingdom: A Survey of Household Resources and Standards of Living ［J］. Economic Journal, 1980, 90 (360): 954.

③ Oppenheim C., Lisa H., Group C. P. A. Poverty: The Facts ［J］. Child Poverty Actim Group, 1993.

经济生活有关,这种经济上的效用满足,是可以直接或间接地用货币来进行衡量的;并且,"经济福利"对社会福利总体来说有决定性的影响,因此"经济福利"应成为福利经济学的研究对象。庇古认为,在很大程度上,影响经济福利的是国民收入大小和国民收入在社会成员中的分配情况。关于国民收入总量规模的增加,庇古认为,应主要通过资源的优化配置而使国民收入达到最大限度;关于国民收入的分配,庇古认为,任何能够增加穷人的实际收入而又不减少国民收入的分配措施,都将增加社会经济福利。后来,庇古把这两个影响经济福利的重要因素称为福利经济学的两个命题。为解决后一个命题,庇古提出的"药方"是"收入均等化"。"收入均等化"理论的一个基本观点是:如果把富人的部分收入转移给穷人,既增加了穷人经济福利,也增大了全社会福利;而收入转移的途径和手段,主要是通过政府税收和国民收入再分配来进行。

严格地说,庇古对福利与贫困的研究,主要停留在经济福利或收入层面上,是一种传统的贫困概念。20世纪70年代末80年代初,瑞典和挪威学者从广义福利层面提出了现代贫困的概念。1985年,斯德哥尔摩瑞典社会研究所学者斯坦·林恩在《走向贫困衡量尺度的第三阶段》一文中把收入范畴的绝对贫困和相对贫困的概念,分别称为贫困衡量的第一阶段和第二阶段,而把广义福利贫困的概念,称为贫困衡量的第三阶段,也称为贫困的"现代"概念。他提出"贫困问题的研究是一种可称作'福利问题的研究',即研究社会的福利水平与分配"。这里所说的福利不仅是经济福利或收入问题,还是广义的福利。广义的福利贫困,不仅包括物质消费品,而且包括"非物资"的因素,如工作条件、闲暇时间、社会关系、政治权利和组织参与等,"贫困应该被定义为多种福利问题的累积构成"。

广义福利贫困概念,目前已被国际社会所接受和采用。世界银行在《1990年世界发展报告》中对"贫困"概念下的定义是:"缺少达到最低生活水准的能力。"其"最低生活水准"的内容既包括收入或消费,还包括医疗卫生、预期寿命、识字能力等。十年之后,世界银行在《2000/2001年世界发展报告》中,明确提出了广义的贫困概念,即贫困是指福利的被剥夺状态,并认为贫困不仅指物质的匮乏,还包括低水平的教育和健康。除此之外,贫困还包括风险和面临风险时的脆弱性以及不能表达自身的需求和缺乏参与机会。显而易见,世界银行报告所说的福利是一种广义福利的概念,它不仅包括物质福利,而且包括文化福利和政治福利;贫困实际上是指广义福利被剥夺的状态。这种广义贫困的概念,可以使人们更加深入全面地了解贫困产生的原因,从而制定更加系统全面的反贫困战略和政策,采取与贫困作斗争的更加广泛的行动。法国学者勒内·勒努瓦(Rene Lenoir)首次提出了"社会排斥"概念。奥本海默曾尝试从"机会被剥夺"的角度去界定贫困。他说:"贫困夺去了人们建立未来大厦——'你的生存机会'的工具。它悄悄地夺去了人们享有生命不受疾病侵害、有体面的教育、有安全的住宅和长时间的退休生涯的机会。"①

正是基于上述广义贫困的概念,世界银行在《2000/2001年世界发展报告》中,针对贫困群体福利被剥夺状况,提出了21世纪参与性综合减贫战略框架:①扩大经济机会。通过市场和非市场行动的结合,使穷人积聚资产并且提高其资产的回报,以扩大穷人的经济机会,增加他们的收入。②促进参与赋权。使国家制度对穷人更负责,对其需要做出及时反应,加强穷人在政治进程、地方决策和社区管理中的参与,取消来自性别、民族、种族和社会地位差距的社会障碍。③加强安全保障。建立社会保障机制,减少因疾病危害、经济灾难、自然灾害等以及暴力对穷人造成的伤害,帮助穷人化解风险。

四、人类贫困论范式

"人类贫困"是联合国开发计划署在《1997年人类发展报告》中提出的一个新概念,认为贫困不仅是缺乏收入的问题,还是一种对人类发展的权利、长寿、知识、尊严和体面生活标准等多方面的剥夺。可见,"人类贫困"比"收入贫困"具有更宽泛的内涵,它是从人的全面发展、生活质量和基本权利等方面来考察、分析和测量贫困问题。"收入贫困"偏重钱和物,是人们对贫困的传统理解,属狭义贫困概念;而"人类贫困"则体现了一种以人为中心、重视人的体面生活和基本权利的新的扶贫理念,属广义贫困概念。

衡量某个发展中国家、某一地区的人类贫困程度,是用人类贫困指数(Human Poverty Index,HPI)来评价,指数越大,贫困程度越深。HPI由以下三组指标综合计算而成:一是对长寿的剥夺 P_1——以不能活到40岁的人口占总人口的百分比来表示;二是对知识的剥夺 P_2——以成人文盲率来表示;三是对体面生活的剥夺 P_3——以无法获得安全饮用水的百分比和五岁以下儿童中等或严重体重不足的百分比两个指标的不加权平均数来表示。贫困指数HPI计算公式如下:

$$\text{HPI} = [1/3(P_1^3 + P_2^3 + P_3^3)]^{1/3} \tag{2-1}$$

人类贫困和收入贫困这两个概念,已经得到了当今国际社会的普遍认同和采用。

五、能力贫困论范式

1998年诺贝尔经济学奖获得者阿马蒂亚·森在1999年出版的《以自由看待

---

① 唐钧.中国城市居民贫困线研究[M].上海:上海社会科学院出版社,1998:12.

发展》一书中提出了一个新的发展观，即自由是发展的首要目的，自由也是促进发展的不可缺少的重要手段。阿马蒂亚·森在该书的导论中指出："狭隘的发展观包括发展就是国民生产总值GNP的增长、或个人收入的提高、或工业化、或技术进步、或社会现代化等等的观点。"阿马蒂亚·森认为，财富、收入、技术进步等固然可以是人们追求的目标，但它们最终只属于工具性的范畴，是为人的发展、人的福利服务的；而以人为中心的最高价值标准就是自由，自由才是发展的主题，自由才是发展的最高目标。

阿马蒂亚·森在《商品和能力》一书中指出："能力是个人获得福利的机会。"在《作为能力剥夺的贫困》开篇即提出："贫困必须被视为是一种对基本能力的剥夺，而不仅仅是收入低下。"阿马蒂亚·森的这一思想后来被联合国机构接受并发展成为人类贫困指数概念。

阿马蒂亚·森所说的"自由"是在"实质的"意义上定义的，即享受人们有理由珍视的那种生活的可行能力。更具体地说，"实质自由包括免受困苦——诸如饥饿、营养不良、可避免的疾病、过早死亡之类——基本的可行能力，以及能够识字算数、享受政治参与等等的自由"。基于以上观点，阿马蒂亚·森对"贫困"的概念做出了新的定义："有很好的理由把贫困看作是对基本的可行能力的剥夺，而不仅仅是收入低下。"阿马蒂亚·森认为"可行能力贫困"比"收入贫困"具有更宽泛的内涵和更高层次的视角。这是因为：其一，贫困用可行能力被剥夺来识别，是从人的自由发展目标层面来解释的，具有"目的性"；而贫困用收入被剥夺来解释，只具有"工具性"。其二，消除收入贫困是重要的，但这不应成为反贫困的终极动机；关键是提高人的可行能力，如教育、医疗保健、社会参与、政治权益等。提高人的可行能力一般也会扩展人的生产力和挣钱能力。

阿马蒂亚·森指出："根本的问题要求我们按照人们能够实际享有的生活和他们实实在在拥有的自由来理解贫困和剥夺，发展人的可行能力要直接顺应这些基本要求。"阿马蒂亚·森的这一思想已经产生了重大影响，成为国际社会制定反贫困战略和政策的一个重要理论依据。

六、人权侵犯论范式

法国赛尔齐·蓬多瓦兹大学热内费耶夫·库碧（Geneviève Koubi）教授认为，贫困本身就是对人权的侵犯，因为它妨碍了经济和社会权利的行使，并因此使其他人权和人类个体的基本权利无法实现。贫困使穷人处于依赖状态，并使他们愈加听天由命。一切人权的出发点是谋生的手段。由于对大多数人来说，收入的基础是就业，之后才有社会保障，如果没有补偿制度，失去工作的人——不论他的专长、年龄和个人情况如何,他都必须积极地、不停地寻找工作,以证明他失去工作是不得已的——就必定成为穷人。于是有人提出了"维持生存的最低收入"这样一个概念。然而,这样一来,社区就必须规定谋生权和工作权的实际意义,却无须要求人人提供自己身处弱势或困境的证明。但是,慈悲解决不了贫困问题。

从维持生活的权利到有着尊严的生活的权利,这似乎无须论证,然而,由于限制性仁慈的压力,最穷的人可能除了分配给他们面包,就无权提出更多要求了。他们为生计所迫,受特定空间(和地域)的程序和规则的限制,乞讨或流浪又被视为犯法,他们怎么可能要求别人尊重他们迁移的自由?他们居无定所,在捍卫内心私密空间的斗争中,又能有什么隐私权呢?他们能以什么方式自由地选择获得文化、知识或教育?最穷的人享受不到人权,但是穷人的这些权利同样得不到保证。从某种意义上说,这些人靠施舍的最低福利而生活,他们没有"权利"。①

世界银行执行董事办公室的高级顾问阿尔弗莱多·斯菲尔·尤尼斯(Alfredo Sfeir Younis)认为,那些人权遭到侵犯或者说没有可能实现人权(就是指即使不是有意侵犯,人权也实现不了)的人们,在资本积累的整个过程中严重受阻,即使从严格的经济学视角来看,也确实如此。不尊重人权意味着社会排斥、个人和社会认同的缺失以及社会边缘化;而这反过来又意味着很少或者根本无法获得生产资产。资本的缺乏造成了贫困,并强化了这种状态。在充分考虑到对"贫困"一词的多种界定方式——特别是把它作为收入的贫困时,还必须把人的贫困理解为没有能力在经济体系中积聚资本(如基础设施、金钱、知识、自然资源、文化等资产)。接下来在涉及当前关于歧视、种族主义和贫困的关系的争论时,对上述视角的强调将证明是有用的。

人权构成了制度和文化资本的一个内在组成部分,并且对有效分配人力资本及其他各种形式的资本至关重要。人权禀赋强有力地决定着经济实体在物质缺乏条件下的行为方式。在某些方面,人权资本的状态能够有力地解释在一个经济体中资源分配或浪费的原因。所以,在关于经济效率、比较优势和发展成效的争论中,人权的主流化一定会成为其中的重要内容。人权是经济增长和发展所需要的赋能环境的重要调节器。

另外,作为资本的人权在涉及政府和社会如何界定反贫困政策时是很重要的。人权资本是任何一种严肃的赋权战略都不可或缺的内容。赋权也是对权利和责任的社会分配,因此影响着各种各样的资本在经济体系中分配和利用的方式。

---

① 热内费耶夫·库碧. 贫困:对人权的侵犯[J]. 国际社会科学杂志,2005(2):141.

这就解释了为什么人权必须被视为增长和发展成效的又一个维度，而不是经济和金融决策中无须重视的边边角角。总而言之，人权必须被看作人的一种禀赋，从而是一种资本形式。在这个意义上，人权和所有其他参与发展和扶贫过程的资本一样重要。漠视人权的重要性，就等于陷人于贫困之中。①

尽管研究者从不同的立场和角度对贫困的范式做了解释，学者们都认为要给出一个全面而科学的定义是十分困难的。毫无疑问，这些范式之间是有差异的。"缺乏论范式"指比较偏重于贫困的现象，虽然在上述各种具体的定义中，缺乏的范围从单纯的物质的"缺乏"到无所不包的社会的、精神的、文化的"缺乏"，含义有所不同，但这些"缺乏"都是客观存在的社会现象。"社会资源贫困论范式""能力贫困论范式""广义福利剥夺论范式"则在进一步探寻"缺乏"的深层原因，它们在描述贫困时加入了价值判断和社会评价，并且着重探寻贫困的个人、家庭和群体的致贫原因。"社会资源贫困论范式"和"广义福利剥夺论范式"比较强调致贫原因的外在性、客观性和被动性，即贫困是由于"被剥夺"或"被排斥"造成的；而"能力贫困论范式"比较偏向致贫原因的内在性、主观性和主动性，即贫困是由于自身"缺乏能力"造成的。② "人权侵犯论范式"认为贫困是对人权的侵犯，人权必须被看作人的一种禀赋，从而是一种资本形式，脱贫是穷人的权利，这从根本上揭示了贫困的根源。从上面的范式中进一步抽象，可以看到贫困存在于几个不同的层面，如图 2-1 所示：①贫困是一种社会上客观存在的生活状况；②贫困是一种社会上普遍公认的社会评价；③贫困是一种由社会政策造成的政策后果;③ ④贫困是一种由社会剥夺和排斥造成的社会现象。

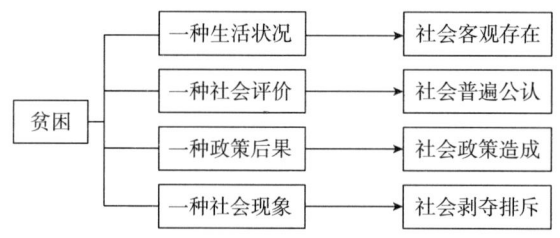

图 2-1 贫困的不同层面

---

① 阿尔弗莱多·斯菲尔·尤尼斯. 侵犯人权是导致贫困的决定性因素 [J]. 国际社会科学杂志, 2005 (2): 135-139.

② 唐钧. 社会政策的基本目标：从克服贫困到消除社会排斥 [J]. 江苏社会科学, 2002 (3): 41-47.

③ 唐钧. 确定中国城镇贫困线方法的探讨 [J]. 社会学研究, 1997 (2): 60-71.

第二节　城市女性贫困的界定

"妇女"是一个分属于各个阶级、各个阶层及其根本利益,又由于性别的同一性,有着某些共同境遇与利益的特殊社会群体。没有抽象的、大一统的所谓女性和性别,只有来自不同阶级、种族和利益群体的多样化的女性和女性立场,性别的核心作用只有在特定的情境下才发生作用,并且永远与文化中如阶级、种族、权力等其他因素纠缠在一起并交叉起作用。[①] 女性虽然分散于各个阶级、阶层之中,从属于本阶级、本阶层的根本利益,但由于同属于一个性别,以及伴随阶级压迫而出现的性别压迫和男女不平等现象的存续,她们之间就有着某些共同的境遇和利益,从而与她们处境相对照的比较系——男性,在社会地位上存在整体的差异。正是因为性别在社会层次结构形成中的独特位置,国内外社会分层研究大多将性别作为衡量个人社会地位的一个具体指标,并注意探求性别分层对社会分层的影响和互动作用。

我国封建社会时期女性的地位非常低,生活状况悲惨。女性没有财产所有权和继承权,甚至出嫁时的嫁妆也不得完全归自己所有,更谈不上人格的独立。自1949年中华人民共和国成立以后,中国共产党和中国政府特别注重女性的社会平等地位和基本权益。中国政府围绕女性解放制定和实施了许多社会政策,产生了深远的影响。国家通过相关社会政策的制定与实施,使中国女性的生存境况发生了巨大变化。妇女享有与男子平等的法定权利,废除了中华人民共和国成立前听天由命,"嫁鸡随鸡、嫁狗随狗"的包办婚姻制度,实行男女婚姻自由、一夫一妻、男女权利平等、保护女性和子女合法利益。女性就业人数大幅度提高,1949年以后的近30年,中国女性的就业人数迅速增加。以全民所有制单位为例,1949年女职工的人数为60万人,1977年剧增至2036万人[②]。女性参政议政的能力和水平有了明显提高,这是一个国家社会发展和进步的重要标志。中国女性的解放有着巨大的历史意义,这既是真正人道主义的体现,是平等、自由理念在现实社会中的实现,也是对中国女性人力资源的挖掘。这种积极的影响一直延续至今。2000年,中国女性经济活动参与率高达72.7%,居欧亚各个国家之首。在众多的后发国家中,中国在女性解放方面的成就明显居于领先位置。

---

① 吴小英. 方法论的女性主义 [N]. 光明日报, 2004-11-23.
② 国家统计局社会统计司. 中国劳动工资统计资料（1949-1985）[M]. 北京:中国统计出版社, 1987: 32.

但是，当女性参与社会经济建设时，女性的传统角色与新的社会角色需求之间的冲突并没有妥善的解决机制。城市女性40多年来在社会发展和家庭经济中不可缺少的地位虽然早已确立，但是在改革开放的浪潮中，当追求效益成为风尚的时候，家务和生育没有被社会纳入改革的规划。在投入社会工作的同时，女性背负着沉重的家务和生育负担，参加社会工作和家务、生育之间的矛盾使女性身心疲惫。国家一方面认识到社会的发展必须发动占人口半数的女性，但另一方面又将家务管理和生育认作是女性的天职，由此将女性在社会物质生产和各种职业工作中的效益影响，归罪于女性素质低下，同时在素质低下的认定中拒绝女性。①

随着中国的改革开放和社会转型，中国社会急剧变迁，社会分化日益明显。女性群体处于不断分化之中，女性问题变得日趋复杂，女性在城市化与全球化双重进程的影响下已经不再仅有因性别而产生的一致性利益，而是因其所处阶层、地域、年龄等的不同而产生利益差异甚至利益冲突。换言之，至少是在其争取性别平等的过程中有着不同的实现路径与要求。因此，关注女性内部的差异将有助于更好地推进中国女性研究，也更切合现实的需要②。

目前，在女性内部已经分化出引人注目的强势群体与弱势群体③。强势群体主要包括高层领导干部、知识分子、企业家、外资企业的"白领"、私营业主等。她们大多具有较高的学历、能力、心理素质和成就动机，在社会分化流动中凭借自身实力占据较高的社会位置，追求事业发展和自我价值的实现。跌入弱势群体的有失业女性和下岗后未再就业女性，自己或家人残疾、患重病的妇女，贫困的单身母亲，无收入或退休后收入少的老年女性以及农村一些"外来媳"。她们普遍年龄大、学历低、能力差、缺乏职业竞争力。对她们而言，生存成为压倒一切的问题。

城市贫困女性不仅处在社会的底层，也处在财产结构和权力结构的底层，她们面临的贫困陷阱如图2-2所示。大部分贫困女性没有资本，往往在没有工会组织的产业从事非正规就业，缺乏自己的政治代表，难以保护自己的权益。

---

① 陶春芳. 改革开放和妇女发展 [C] //北京大学中外妇女问题研究中心. 北京大学妇女问题首届国际研讨会论文集（1992）. 北京：北京大学出版社，1993.
② 王小波将我国的妇女划分为上层、上中层、中层、下中层、下层5个层次（参见：王小波. 试析我国女性群体的分化与分层 [J]. 上海行政学院学报，2005，6（6）：75-81）。
③ 陆建民认为上海职业女性群体内部已经分化出引人注目的强势与弱势群体（参见：陆建民. 社会转型期上海职业女性群体的分化与流动 [J]. 妇女研究论丛，2001（4）：23-28）。

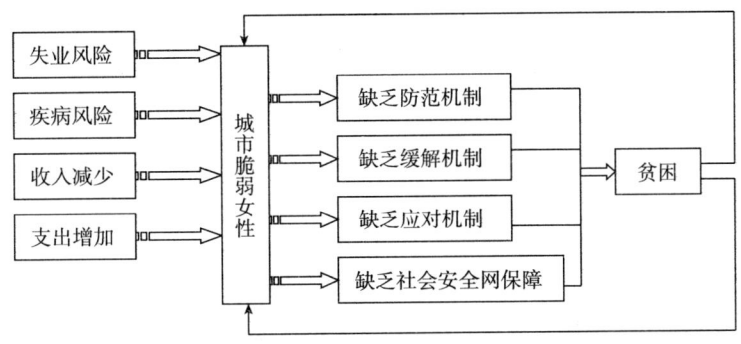

图 2-2 城市女性的贫困陷阱

城市贫困女性是非常脆弱的,其脆弱性通常被定义为当前陷入贫困和未来贫困程度加剧的概率或风险。脆弱性的大小与拥有资产的多少密切相关。个人拥有的资产越多,脆弱性就越小。通常,一个人所拥有的资产包括:①劳动,它是最重要的资产;②人力资本,包括健康状况、技能和教育,健康状况决定了一个人能否工作,技能和教育决定其工作报酬;③生产性资产,住房通常是城市穷人最重要的生产性资产;④家庭关系,一种收入共用和消费分享机制;⑤社会资本,建立在信任基础上的家庭之间和社区内部的互惠关系。[①]

脆弱性是一个动态性概念,将它引入贫困分析框架可以帮助人们认识资产风险对贫困的影响,观察外部冲击所造成的贫困属于持久贫困还是暂时贫困,以及减少资产风险对消除贫困的重要性。由于预期收入和消费(或其他资产)的变化难以预测,通常采用这些变量的变异性或方差等来作为测定脆弱性的近似指标,来考察陷入贫困和退出贫困的概率。[②]

女性贫困的定义和对女性贫困的衡量是根据家庭收入和消费的传统方法进行的,或根据文化水平、平均寿命、中小学招生人数、接受医疗的途径、产妇死亡率、享有土地或就业、工资差别、时间的运用、第一次婚姻的平均年龄、生育率、性别比例等社会因素来说明。说明这些社会因素的重点在于指出女性应该获得的权利或她们的潜力,或从反面看,剥夺她们权利的绝对或相对形式。关注这些社会因素是否有进步或倒退的情况,对了解女性"实用性社会性别需要"(基本需要)及"社会性别战略性利益"(赋权和自治权)的状况也非常重要。研究

[①] Moser C. O. N. The Asset Vulnerability Framework: Reassessing Urban Poverty Reduction Strategies [J]. World Development, 1998, 26 (1): 1-19.

[②] 蔡昉. 中国人口与劳动问题报告——转轨中的城市贫困问题 [M]. 北京:社会科学文献出版社, 2003: 258.

女性贫困并提出解决办法的"女性与发展"和"社会性别与发展"的专家们倾向于以较为传统的对贫困的定义和衡量方法结合女性应得的权利来进行研究。无论是以收入、消费还是以较为广泛的潜力、应得权利的社会因素来衡量，许多"女性与发展"和"社会性别与发展"的研究者都认为妇女的贫困现象增多了，原因是人口的增加、男人外出、家庭破裂情况增多、生产率低、环境恶化、20世纪80年代的经济衰退（包括发展中国家的经济危机和结构调整政策）以及原来的社会主义国家向市场经济过渡。这些因素对女性的不利影响，又因为家庭内部的不平等而进一步加剧，使女性对社会经济的衰退毫无准备，也特别易受此衰退的影响。①

女性是一个分属于各个阶级、各个阶层及其根本利益，又由于性别的同一性有着某些共同境遇与利益的特殊社会群体。处于不同阶级和阶层的女性其根本利益是不同的，甚至是对立的。由于研究范围和条件的限制，本书的视野主要聚焦于领取最低社会保障金的城市贫困女性。

第三节　贫困的测量方法

贫困标准也称为贫困线，是指在一定的时间、空间和社会发展阶段的条件下，人们基本生活所必需消费的商品和劳务的最低费用。它是一个量化标准，是衡量个人或家庭是否处于贫困状态的数量界限。贫困测量在认识贫困和"反贫困"实践中的枢纽地位，使其成为贫困研究的一个热点。贫困测量包括"贫困线"和"贫困人口"的测算两个方面，其中，"贫困线"的测定是基础，确定"贫困人口"是目的。学者们关于贫困测量方法的讨论集中于"贫困线"的提出和评价两个方面，同时，不可避免地涉及"贫困对象"的确定。

贫困线的确定一直是一个焦点问题，它关系到贫困人口规模的准确性和科学性，是界定贫困人口的首要条件。在学术理论上，判断贫困线标准一般有四种方法：市场菜篮法、恩格尔系数法、生活形态法和国际贫困线标准法。但这些方法如何在确定中国城镇贫困人口标准及其规模中进行操作，尚无定论。为了更好更全面地研究城市女性的贫困问题，更好地测量贫困，贫困线的确定应当综合反映以下内容：首先，要能反映结果贫困与过程贫困。贫困不仅是一种物质的缺乏状态，它还是一种机会与过程的贫困。虽然过程贫困度量起来是比较困难的，但在

---

① 马元曦. 社会性别与发展译文集 [M]. 北京：生活·读书·新知三联书店，2000.

当今社会中已越来越引起人们的关注，成为贫困内涵中不可缺少的一部分。其次，要能将相对贫困与绝对贫困统一起来。以绝对贫困来测量贫困，其最低支出范围是以最低生活标准来确定的，这一标准本身就将贫困相对化了；而由社会认可的相对贫困则需要一个合理的内核，这一内核又将相对贫困绝对化了。所以在分析研究贫困问题时两者必须统一起来，并在测量出的贫困线中得到反映。再次，要与不同国家不同地区的实际相结合，客观地反映地区间的差异。各个国家或地区由于历史、资源等情况的不同，经济发展有差异，收入水平有高低，生活习惯也有差别，所以每个地区的贫困线也体现出差异。最后，计算方法既要有科学性又要有可操作性。所谓计算方法要科学就是要有科学理论依据，不能拍脑袋想当然；同时，又不能过于复杂，如果每计算一次都要花费很大的人力、物力和财力，本身就脱离了研究测算贫困线的宗旨；即便算出了结果，这一结果也只能反映当前的贫困状况，不可能一蹴而就，不能作为长期衡量贫困的数量标准。①

在传统意义上，我们一直依赖相对狭窄的收入型贫困概念来衡量贫困、评估贫困，进而采取针对性的反贫困措施。较早对贫困的测量，是用贫困发生率表示，其计算公式为：

$$H = \frac{q}{n} \tag{2-2}$$

其中，q 为贫困人口总数，n 为人口总数，H 为贫困发生率。贫困发生率重在从人口比率的角度考察贫困现象的社会存在面，而不考虑贫困线以下人口的收入变动及收入分布，因此，20 世纪 70 年代以来遭到了阿马蒂亚·森等一批经济学家的批评。他们认为这种方法只反映了贫困人口的规模，没有反映出贫困人口的贫困程度。用来衡量贫困者收入低于贫困线的指标——贫困距，弥补了贫困发生率的缺陷。贫困距由贫困缺口率来反映，计算公式为：

$$I = \frac{g}{q\pi} = \frac{\pi - \overline{Y}}{q\pi} \tag{2-3}$$

其中，I 为贫困缺口率；π 为贫困线；q 为贫困人口总数；$\overline{Y}$ 为贫困人口平均收入水平，$\overline{Y} = \sum_{i=1}^{q} y_i / q$ ($i = 1, 2, 3, \cdots, q$)，y_i 为第 i 个贫困者的收入水平；g 为贫困缺口总和，$g = \sum_{i=1}^{q} g_i = (\pi - \overline{Y}) q$，$g_i$ 为第 i 个贫困者的收入缺口，$g_i = \pi - y_i$。贫困距本身也有缺陷，一是不能反映贫困人口的数量规模和在总人口中所占比例，二是不能反映贫困人口内部存在的收入高低不均等状况。

---

① 祝梅娟. 贫困线测算方法的最优选择 [J]. 经济问题探索, 2003 (6): 39-46.

洛伦兹曲线和基尼系数弥补了上述两个指标的不足，它们既能用来反映贫困人口和非贫困人口之间的收入分配不平等程度，也可以反映贫困人口内部不同收入组群的收入分布状况，其计算公式为：

$$G = \frac{2}{n}(1y_1 + 2y_2 + \cdots + ny_i) - \frac{n-1}{n} \qquad (2-4)$$

其中，G 为基尼系数，n 为样本户数，y_i 为每户收入与 n 户收入的比率，$i = 1, 2, 3, \cdots, n$，按收入由小到大排列。基尼系数等于零，表示收入分配绝对平均，当收入分配不平等程度加大时，基尼系数则逐渐加大，但不会超过 1。

阿马蒂亚·森[①]将上述三种计算公式结合在一起，提出了一种衡量贫困程度的综合指数——森指数，其简化公式为：

$$P = H[I + (1 - I)G] \qquad (2-5)$$

其中，P 为贫困程度综合指数，H 为贫困发生率，I 为平均缺口率，G 为基尼系数。森指数虽然从理论上兼顾了贫困测量的各个方面，但由于其计算过程较为复杂，所以实际应用并不多。但森指数的设想对于贫困测量具有重要的理论意义，即贫困指数应该对贫困人口的收入变化和收入转移具有敏感性。

一、国内外测算贫困的方法

在童星和林闽钢[②]的论文中，列举了12种度量贫困的方法，在目前所见的文献资料中，这是叙述得最全面的。其划分的依据是荷兰的奥迪·海根纳斯和克拉斯·得沃提出的三种测量贫困的视角，即客观相对贫困标准、客观绝对贫困标准和主观贫困标准。①客观相对贫困标准。所谓客观相对贫困标准是指从事实上看，某些人的生活低于社会上其他人的生活水平。测定的基本途径有两个：收入定义和商品定义，具体方法有三种：收入等分定义法、收入平均数法、商品相对不足法。②客观绝对贫困标准。所谓客观绝对贫困标准是指从事实上看，某些人的生活水平低于一个确定的最小值。测定的基本途径有两个：确定贫困线和编制贫困指数，具体方法有：热量支出法、基本需求法、恩格尔系数法、超必需品剔除法、总支出与总收入之比法、编制贫困指数法、数学模型法。③主观贫困标准。鉴于构造客观贫困标准的困难，20世纪70年代以后理论界开始了"自我感觉生活需要不足"的贫困测量。常用的方法有：主观最小收入定义法、主观最小消费定义法。

对贫困的测量。第一个阶段是对最低生活水平的衡量。这方面早期最重要的工作应属西博姆·朗特里的研究。西博姆·朗特里认为，贫困是根据"仅为维持

---

① 阿马蒂亚·森. 贫困与饥荒：论权利与剥夺 [M]. 王宇，王文玉译. 北京：商务印书馆，2001.
② 童星，林闽钢. 我国农村贫困标准线研究 [J]. 中国社会科学，1994 (3)：86-98.

生理效能的最低需要"进行限定的，其衡量方法是测算"收入贫困线"，即购买起码的必需品所需的收入，收入不足以维持一定消费水平的家庭被列为贫困家庭。为此，他在英国约克郡进行了三次调查。第二个阶段是对相对贫困的衡量。20世纪60年代，最低限度生活水平的概念由于过分严格而受到批评，因此，相对贫困的概念得到了人们的普遍认可。从相对贫困概念引申到衡量方法上的主要贡献是：人们对必需品构成的理解变得比较"宽容"了，要求把贫困线收入水平确定在高于最低限度生活水平概念确定的水平上。

对相对贫困线的测定使用了各种各样的方法。第一种方法是"食物篮"法。例如，美国"官方"贫困线就是用该方法确定的。这种方法和西博姆·朗特里方法的差别在于两点：一是测量对象"食物篮"里食物的品种数量不同；二是贫困线的确定标准为收入除了用于购买食物外，还可以有一些剩余。第二种方法是政策定义法。按照这种方法，把贫困线定在用社会福利指标表示的水平上，以此作为最低标准。第三种方法是相对收入法。这是把贫困看作一个不公平问题而产生的方法。这里，贫困线被定义为平均收入水平即中等收入水平。例如，欧洲共同体1981年采用过这个方法，将贫困线定为每个消费单位平均收入的50%。

对于福利问题的研究也促使对贫困的测量向第三个阶段发展，也就是用福利水平来测量贫困。目前，在福利研究中采用了两种方法来衡量福利：①建立在"主观"指标上的"生活质量法"，但这个方法由于主观性太强而不宜于对贫困的测量；②由蒂特马斯和德鲁诺斯凯提出的"生活条件法"，即用若干项客观指标同时衡量福利，经常使用的指标有健康和获得保健的机会、就业和工作条件、经济资源、知识和教育、家庭和社会关系、住房和当地环境、闲暇、生命和财产安全、政治资本。

虽然根据贫困的不同内涵，贫困线的确定有多种方法，但目前比较常用的仍然是"马丁法"。"马丁法"的基本原理是：贫困线应由食物贫困线和非食物贫困线两部分组成。食物贫困线是指人体生存所需要的一组"基本食物定量"的价值量；非食物贫困线是指人们为满足基本生存所必需的衣着、住房、医疗等的最低费用，两者加起来就是贫困线。在贫困线的运用方面，一般来说有两种贫困线：收入贫困线和消费贫困线，通常来讲，消费贫困线比收入贫困线更具有准确性。世界银行利用价格数据和购买力平价等指标计算消费贫困线，即人均日消费一美元为全球的低贫困线，人均日消费两美元为全球的高贫困线，但以这两条贫困线测算贫困人口也只有当测算全球减少贫困方面的进展时才会使用，它对于测算每一个国家的具体贫困状况则意义不大。

由于贫困问题的多维性和复杂性，很难用单纯的经济标准来描述贫困的特点，因此，世界银行、联合国开发计划署等国际机构提出了"多方面测量贫困"

的概念，对贫困的理解也就超出了单纯的经济收入的概念，一些社会指标日渐被重视，如教育、健康、权利等也成为测量贫困的重要因素。①

联合国开发计划署于1997年提出了"人类贫困"的概念，在此概念的基础上又提出了"人类贫困指数"这一监测贫困的指标，其指标体系有两类：针对发展中国家的人类贫困指数Ⅰ和针对工业化国家的人类贫困指数Ⅱ。人类贫困指数Ⅰ使用的指标包括：今天出生而预期在40岁之前去世的人的比例（P_1），成人文盲率（P_2），整个经济供给方面的匮乏程度（P_3）——以不能享受安全用水（P_{31}）和保健服务（P_{32}）的人的比例以及体重不足的儿童的比例（P_{33}）来表示。人类贫困指数考虑人类生活最基本的三个方面被剥夺的情况，即长寿、知识和体面的生活标准，其计算公式为：

$$I = [P_1 + P_2 + (P_{31} + P_{32} + P_{33})/3]/3 \tag{2-6}$$

人类贫困指数为多方面测量贫困提供了定量的工具，但在实际操作中也有一定的难度，例如，基础数据不足，以及在平均数后面不同地区、不同社区乃至不同农户之间被剥夺程度存在巨大差异②。

林闽钢认为测量绝对贫困的两个重要途径是确定贫困线和编制贫困指数。具体方法如下：

（1）热量支出法。这是较早使用的方法之一。这种方法以每人每日2100大卡热量的摄入为基础，计算出相应的货币支出量，将其作为确定贫困线的标准。为了确定货币支出量，须找出按人均生活费用支出分组的热量摄入量，将摄入量接近2100大卡热量这一标准的那一组的平均支出作为贫困线的标准。这种方法虽然比较简单，但存在不少问题。首要问题是人体对营养的需要是多方面的，不仅需要热量，也需要蛋白质、维生素等营养素，仅仅依据热量的需要来确定贫困线难以真正反映最低生活的需要。

（2）基本需求法（也称为定值定量法）。这种方法根据食品、衣着等的"基本需求"定义一个最小值，对每一项需求的最小数量进行确定后，利用市场价格，计算出购买这些商品所需的费用，即贫困线。这种方法确定的贫困线总是有些偏高或偏低，因为对什么是基本需求，很难做出客观的判断。

（3）恩格尔系数法。这一方法是建立在恩格尔定律基础之上的，该定律指出，随着收入的增加，食品与收入之比值将下降，因此，绝对的最小值可以由此值给出。比如，定为1/3，即任何用于食品的支出超出其家庭收入1/3的家庭被视为贫困。还可以根据营养学的标准，首先确定一个适量饮食费用，其次用适量饮食费用除以适度的恩格尔系数，它们商就是最低生活费用标准。西方常用的经

---

① 李小云，李周等. 参与式贫困指数的开发与验证 [J]. 中国农村经济, 2005 (5)：39-46.
② 郑宝华，张兰英. 中国农村反贫困词汇释义 [M]. 北京：中国发展出版社, 2004.

典公式：贫困线＝α×适量的饮食价值（α指较低收入层次全部支出与饮食支出之比，即恩格尔系数的倒数）。此方法的缺点是恩格尔系数在一些国家和地区存在适用性问题。

（4）超必需品剔除法。此方法根据住户调查资料，从住户调查的全部消费支出中剔除那些被认为是"超必需品"的消费支出，将剩余部分作为最低生活费用标准，即最低生活费用标准＝居民家庭平均消费支出－平均超必需品消费标准。此方法缺点是尽管引进了需求弹性系数，把需求弹性系数大于1的定义为超必需品，但终究难克服实用性差、最低生活费用偏高的缺陷。

（5）总支出与总收入之比法。此方法用于当某人入不敷出，即当他必须借款或动用储蓄以维持生计时就被认为贫困。这时，总支出与总收入之比大于1。此方法明显的缺点是：支出受各人爱好影响大，常忽略各项支出的经济性。

（6）编制贫困指数法。以生活质量为度量标准，根据居民对自己生活状况的评价来确定最低生活费用标准。具体方法是选取几个与收入高度相关的问题进行问卷调查，然后根据被调查者回答"是"或"不是"给每个调查项目打分，根据分数确定最低生活费用标准，得分越高越贫困。此方法的缺点是主观性太强，随意性较大。

近年来，运用数学模式确定贫困线的方法有了重要进展，其中较有影响的有：①经济计量分析法。这种方法是利用英国著名经济学家斯通根据柯布—道格拉斯函数所提出的"线性支出系统"（LSE），建立起人均生活费收入与食品、衣着、高档耐用消费品、其他各种用品、燃料、服务费和福利费七大类支出的数学模型，这个模型直接给出了维持基本需要的支出和超过基本需要的支出两部分，以此确定最低生活费用标准。②收入与营养的摄入量分析法。其基本思想是认为人们的工作能力和状况与营养的摄入量密切联系，而工作能力和状况又与收入有联系，因此，收入状况与营养摄入量和结构有密切联系。如果能恰当地确定营养必需量，就可以确定必需的最低收入，即可确定相应的贫困线。①

二、中国官方的贫困线

在20世纪八九十年代中国强调的是收入贫困，进入21世纪以后，农村贫困概念已经扩展到收入以外的领域，如农民可以根据自己的评判标准来确定谁是贫困的。亚洲开发银行支持的国务院扶贫办组织的一项研究中就将贫困的概念扩大到基础设施条件（交通情况、安全饮水和通电情况）和卫生教育（妇女长期患病情况和女童入学情况）等，这种新的定义被用来确定扶贫资源的瞄准村庄和群

---

① 林闽钢. 国外关于贫困程度测量的研究综述［J］. 经济学动态，1994（7）：74－76.

体,但是为了方便操作,中国政府仍然将继续使用收入指标作为测量贫困人口数量的主要依据。

中国政府于20世纪80年代中期利用食物支出法确定了贫困线,并于1993年进行了修改,同时,每年根据农村零售商品价格指数对其进行适当的调整。目前中国贫困线以2011年2300元不变价为基准,此基准可能不定期调整。①

就整个国家而言,收入水平或消费水平低于官方贫困线的人口是贫困人口,这两个指标并不完全相同,一般来说,用后者界定的贫困人口数量要高于前者,这是因为任何一个穷人都需要留一部分钱进行再生产投资和缴纳各种税费。

中国政府用收入指标来测量贫困人口数量要比消费指标更加严格,2002年,根据官方贫困线人均纯收入为627元的标准测算,中国的贫困人口数量是2820万人,贫困发生率为3%。与国际标准相比,627元的标准非常低,一般仅能维持低水平的温饱需求。

2000年,《中国统计》上发表的一项研究表明,要维持农村人口的基本生存需求最低年收入应该为860元,这项研究结果引起了国家统计局和其他政府机构的反思。因此在政府的文件中对于贫困问题的阐述变成了:中国的贫困问题不仅包括2820万绝对贫困人口的问题,同时也包括了低收入群体的问题,并且将其纳入了中国扶贫工作的对象中。根据国家统计局的定义,低收入群体是指那些收入在627~869元的农村贫困人口。2002年中国官方公布的农村低收入贫困人口数量为6000万人,贫困发生率为6.2%,加上绝对贫困人口,中国总贫困人口为8820万人,贫困发生率为9.2%。2017年末农村贫困人口为3046万人,贫困发生率为3.1%。

中国没有统一的官方城市贫困线,不同的政府机构包括国家统计局都只是估计城市贫困人口有多少,国家统计局的标准则是用2000年价格计算人均年纯收入,为1875元,这是农村贫困线的三倍。根据这个标准,2000年城市贫困人口为1050万人,贫困发生率为3.1%。根据亚洲开发银行的研究,城市流动人口中有50%左右是贫困人口,根据不完全统计,2000年中国城市流动人口大约为8000万人,这样根据国家统计局的调查,城市贫困发生率应该为3.4%,这基本与农村贫困发生率是一致的。

同时,中国还有一些其他的城市贫困线,如最低生活标准。在中国每个城市都有最低生活标准补助,而这也往往被视为城市贫困线,不同的城市最低生活补助标准也不同,例如,2000年北京的最低生活标准是每年3360元,而在重庆仅为2028元。2000年,全国31个省、自治区、直辖市平均最低生活补助标准为年

---

① 林晖,陈春国. 国务院扶贫办:我国现行贫困标准已高于世行标准 [DB/OL]. [2015-12-15]. http://www.xinhuanet.com/politics/2015-12/1s/c_1117470269.htm.

人均纯收入2365元,这要比世界银行每天一美元的标准高2.5倍,很多研究表明城市贫困线要比农村贫困线高2~3倍。每个城市都有自己的最低生活标准,相对贫困的城市的最低生活标准比经济相对发达的城市要更严格。

中国政府倾向于把接受最低生活标准救助的群体界定为城市贫困人口,截至2017年底,全国有城市低保对象741.5万户1261.0万人。全年各级财政共支出城市低保资金640.5亿元。2017年全国城市低保平均标准为540.6元/人·月,比上年增长9.3%。①

当一个城市居民的年均纯收入低于最低生活标准时,国家将对其给予一定的补助,当然最低生活标准补助也仅仅是能够帮助贫困人口购买维持其基本温饱需求的生活用品。因此,用城市居民的年均消费不足最低生活标准来衡量贫困状态要比用收入指标更为科学和合理。但是显然,人均年消费不足2365元的城市居民不是很好确定,需要大量的数据作为基础,因此就采用了一个代替性标准,即用1998年价格计算,人均纯消费不足2310元,这个标准基本上也可以说明问题。

城市贫困人口和非贫困人口之间的差距非常明显,尤其表现在一些经济指标方面,这也反映了城市中收入分配的差异。城市贫困人口的可支配收入仅为非贫困人口的44%,其消费支出仅为非贫困人口的1/3,尽管收入低,但是贫困人口的储蓄所占可支配收入的比例是非贫困人口的2倍,大约为36%。贫困人口的恩格尔系数为57%,这个比例要比非贫困人口的44%高很多,这也就说明贫困人口的生活质量要比非贫困人口低得多。

城市女性贫困发生率为12.1%,男性为11.7%,差距并不是十分明显,但由于数据调查方法的局限性,即只是以整个家庭为单位进行生计调查,而没有进行不同家庭成员的深入调查,因此,通过这些数据计算的男女贫困发生率之间的差距极有可能是被缩小了的。

就业是贫困的一个重要的解释变量,城市非贫困人口在党政机关、群众和政治团体、事业单位、医疗、文化、教育和研究机构从业的比例要比贫困群体高出两倍多。相反,城市贫困人口中失业、待业的比例是非贫困人口的三倍,需要指出的是,在简单体力劳动、照顾孩子和家政服务等方面,贫困人口的从业比例要高于非贫困群体。②

---

① 中华人民共和国民政部.2017年社会服务发展统计公报[EB/OL].[2018-08-02].http://www.mca.gov.cn/article/sj/tjgb/201808/20180800010446.shtml.
② 亚洲开发银行与中华人民共和国:共同致力于扶贫事业[EB/OL].http://www.adb.org/Documents/Translations/Chinese/Working_Together_Reduce_Poverty_cn.pdf.22-23.

三、城市女性贫困的测量

中国的贫困测量方法基本上沿袭国际社会的经验，建立在以"家庭"为"收入测量"单位之上；同时，我国单身女性户主家庭大多源于丧偶和离婚，产生原因不同于西方社会的"未婚母亲"，而且单身女性户主家庭在整个家庭结构中所占比例较小，这种状况使由"家庭结构差异"显现出的"贫困女性化"不像西方国家那么明显。由于种种原因，我国政府报告和学术研究的正式文字记载中尚无具有性别区分的贫困数字。然而，国内存在的大量与贫困密切相关的数据大都呈现出女性弱势倾向。由于现行贫困测量方法的性别敏感度较低，反贫困的策略性别敏感度也较低。从社会性别的视角审视主流贫困测量方法，可以深化对中国贫困和女性贫困的认识。

我国主流贫困测量方法的理论假定是"家庭内贫困分布均等"。以"家庭"为"收入测量单位"和"贫困衡量单位"的方法，不管家庭中的个体成员实际可支配收入是否超过贫困线，或实际生活水平是否高于贫困生活形态，一律将其视为贫困对象。

贫困研究"特殊性"视角的缺位及其造成的后果，可以从不同的角度进行揭示，而"性别"作为最重要的、最引人注目的变量之一，对其漠视所造成的研究结果的片面性是显而易见的。

从社会性别角度出发，对主流的城市贫困研究进行反思具有重要的理论和实践意义。主流的城市贫困研究的"普遍性"视角，就社会性别而言，造成的最显著缺陷之一就是"贫困研究的性别盲视"，其直接表现就是在操作层面缺乏性别敏感度，换言之，即在测量方法的选用上缺乏社会性别意识。所以，以"主流贫困测量方法"为切入点来审视"贫困研究"的性别意识，应该是可行之策。主流贫困测量方法的基本特征表现为操作上的两阶段性和共同的理论假定，其操作可以简单地描述为：首先确定"贫困线"；其次据此"贫困线"进行贫困家庭鉴别，贫困家庭中的所有人口均被视为贫困对象。主流贫困测量方法被斥责为"性别盲视"，这主要源于其操作化的第二个阶段，即贫困人口确定阶段。主流方法"贫困人口"的确定，以个体是否属于"贫困家庭"成员为判断依据，故首先测量"贫困家庭"，其次对此类家庭进行人口统计，以确定贫困对象。显然，在主流方法下，确定了"贫困户"就等同于确定了"贫困人口"；这种理论逻辑明显地暗含一个理论假定，即"家庭内贫困分布均等"，换言之，即"家庭内消费资源的分布不存在等级之分"。事实上，对于这个理论假定的基础，支持主流贫困测量的人士并非毫不怀疑，他们承认："如果'家庭内资源分布均等'与社会事实不相符合，那么，实际上女性比男性更加贫穷，尽管两性在家庭中有相同的统计贫困率。"

由上述分析可知,主流贫困测量方法的理论假定构成了其立论基础。笔者认为,在城市贫困主流测量的理论框架之下,检验其理论假定应该是检查其测量方法的关键,就社会性别而言,检验的中心在于"家庭内部消费资源的分配在性别上是否存在等级差异";针对主流贫困测量方法的理论假定,该研究建立了一个与之相对的研究假设——在家庭内,基本生活资源的消费存在性别分层现象。总之,本书研究的中心在于,以社会性别为视角,揭示主流贫困测量理论假定的脆弱性,说明主流城市贫困研究和反贫困实践所存在的忽视特殊群体的贫困的问题,并针对女性贫困问题,探讨缓解城市女性贫困的经济政策和社会政策,构建城市贫困女性的社会安全网。

贫困测量是指测量贫困线(最低生活标准线)和贫困人口的方法。主流贫困测量则是指国际社会通用的、占主导地位的测量贫困线和贫困人口的方法。首先以家庭或个人为单位测算出贫困线,其次以家庭为单位进行收入调查,人均月收入低于最低生活标准线的户为贫困家庭,其中的所有成员均为贫困人口。目前,我国通行的贫困测量方法与国际主流贫困测量方法基本上一致。

该研究侧重于研究家庭内的贫困分布。由于研究采用社会性别视角,主要为了测量贫困在家庭内性别间的分布,所以,这里的家庭内的贫困分布实质上是指家庭内贫困的性别分布。家庭内的贫困性别分布是指在家庭内部一个性别相对于另一个性别而言生活上存在相对剥夺状况,这种相对剥夺状况表现为,家庭内两性比较时,一个性别与另一个性别在基本生活资源消费上的差距。在具体操作时,有以下几点需要注意:第一,家庭内部一些基本生活资源的共同消费性,阻碍了一些绝对、客观性指标的使用,如饮食消费数量的性别比较;第二,由于贫困家庭内个人可支配收入较少,使得一些绝对、客观指标的可比性成为问题,如服装消费和医疗消费数量上的比较等;第三,在"性别专用领域"内,两性基本生活资源的消费性比较缺乏统一的参照标准;第四,由于在家庭内部女性贫困的相对性,涉及家庭亲密成员间生活水平的比较,有使家庭内部关系公开化的嫌疑(尤其当调查时,两性成员难以回避时更是如此),致使一些测量指标的可信度有所降低。鉴于以上几点,该研究在对"家庭内贫困的性别分布"进行操作时受到极大限制,只能采用一些可比性较强、可信度较高的指标进行测量,同时尽可能兼顾贫困测量的主观性和客观性,以及绝对性与相对性的统一①。

---

① 汪雁,慈勤英. 对城市贫困主流测量方法理论假定的社会性别分析——以一个街道贫困家庭的社会调查为例 [J]. 妇女研究论丛,2004(3):23-32.

与贫困人口的主体构建同时存在的社区过程是主体识别，即识别或者瞄准穷人①。只要是贫困人口，不管生活在什么环境，都应当有瞄准他们的途径，确保弱势群体如贫困女性有平等的发展机会。政府的扶贫传递体系通常存在扶贫资金不能够传递到贫困户、扶持对象不能落实的问题，被称为扶贫"瞄不准"现象。过去对贫困人口的识别方法比较粗放，靠项目覆盖、靠企业辐射、靠能人帮带，扶贫计划瞄准的是贫困地区而不是贫困对象，难免陷入目标置换的陷阱。20世纪90年代前期的数据证明，全国的信贷扶贫资金只有30%用于农业项目；扶贫信贷资金到户率仅为21%～23%②。扶贫资金的受益人应当是真正的贫困户，但是许多调查表明，在扶贫资金和项目没能够抵达贫困地区时，并非没有贫困人口，而是缺乏识别真正贫困人口的机制③。

识别贫困人口的方法众多，笔者根据沈红归纳的识别贫困者的不同技术路径的大致分类和变化将其列表（见表2-1），下面将根据主体——客体这个线索，对于不同技术路径及其相应的制度含义进行初步分析。

表2-1 识别贫困者的不同技术路径变化

标准	客体的标准	主体的标准
指标识别	单一指标：贫困线	指标体系、综合指数
识别范围	统一	地方化、社区化
识别方向	静态瞄准目标	自动寻找目标
识别工具	定量数据为主	定性数据为主
谁来识别	社区外部人为主	社区内部人为主
	上级领导	基层群众
	以男性为主	性别平等、妇女优先

1. 客体的识别

客体的识别指的是社区以外的人们按照他们研究出来的客观标准去识别穷人。在理论意义和操作意义上，贫困状况和贫困线完全能够被测量，并且测量方法正在日益精确和完善。这涉及贫困标准及其新变化。我国政府现行的贫困标准是以家庭年人均纯收入这个单一指标来衡量的，这是一个为了操作便利而采用的工作标准，所确定的收入水平也远低于世界银行使用的每天一美元的标准，其原

---

① 沈红. 穷人主体建构与社区性制度创新 [J]. 社会学研究, 2002 (1): 40-54.
② 何道峰, 卫丽莉. 小额信贷与中国扶贫开发方式的变革——阆中和安康小额信贷试点的启示 [C] //中国扶贫基金会. 中国扶贫论文精粹. 北京: 中国经济出版社, 2001.
③ 周学军. 参与式发展概论 [M]. 北京: 中国农业大学出版社, 2001: 131-134.

因之一是政府财力的限制。由于贫困的综合特征，这种以单一的收入指标来衡量贫困的做法有很多缺陷，在国际社会早已遭到质疑和批判，取而代之的是以多指标和综合指数来衡量贫困，既使用收入指数，也使用非收入指数，如教育、健康和居住条件。在宏观层面，越来越多的国家采用联合国开发计划署推荐的人文发展指数，从预期寿命指数、教育指数和GDP指数三个方面综合衡量国别贫困状况。在微观层面，贫困者的识别方法趋向于本土化和精细化。

2. 主体的识别

虽然在理论意义和操作意义上贫困测量方法正在日益精确和完善，但是再精确的客观测量也不一定和社区内部人自己的感受和判断完全一致，仅仅用客体的标准来定义主体是不准确的。为了获得社区内部人的更加真实的信息，主体识别开始采纳新技术，侧重于"倾听贫困的受害者自身关于贫困的体验"①，以贫困者自己理解的方式描述他们的生存状态以及对发展的期望，多数情况下，会涉及其社会和家庭生活的各个方面：①贫富排序。不仅依靠填写表格、问卷调查等方法识别目标贫困户，还用参与式方法选择一些排序者，按照他们自己的标准对整个社区人口贫富程度分类和排序，这是一种敏感而有效的识别穷人的方法。②自动寻找。参与式方法使得项目过程具有一种自动寻找目标的制度功能，对于非穷人具有社区疏离的作用，把非穷人淘汰出去，保证稀缺资本提供给穷人。③小组讨论。PRA基本方法之一是参与式小组讨论。PRA工作者邀请社区群众一起参与讨论，和居民一起分享社区经验，识别社区问题和目标群体。这有利于培育社区自组织资源；重建社区权力结构，向穷人赋权；推动贫困社区的民主制度建设；促进社区参与的同时减少社区隔离，促使穷人和非穷人都能够有效参与社区发展。②

---

① 沈红．穷人主体建构与社区性制度创新［J］．社会学研究，2002（1）：40-54.
② 周学军．参与式贫困评价［M］．北京：中国农业大学出版社，2001.

第三章 城市女性贫困状况

第一节 城市贫困女性调查的社会背景

要研究我国城市女性贫困问题，首先要分析与我国城市贫困人口相关的背景。

自20世纪90年代以来，伴随贫富悬殊的两极分化，我国城市中形成了一个以失业下岗人员为主体的新贫困阶层，出现了一个底层社会。这个贫困群体有一些独特的特征：①不像农民有土地不存在吃饭的问题，城市居民在现金性收入缺少时，可能连吃饭都成为问题。②城市中生活费用高，且缺少弹性。③在单位仍具有很强福利化特征的情况下，失去工作和收入的同时意味着失去诸多的福利。城市贫困人口的大量出现直接威胁到社会的稳定。

1999年9月28日，由国务院以第271号令的形式颁布的《城市居民最低生活保障条例》，是分析我国城市贫困人口的权威文本。这个条例就低保制度的目的、保障范围、标准制定、资金来源、工作主体、工作程序和保障对象义务等主要内容做出了原则性规定。城市低保工作1993年在上海起步试点，两年内厦门、青岛、大连、福州、无锡、广州六个城市相继建立了这一制度。截至2017年底，全国有城市低保对象741.5万户1261.0万人。城市的平均低保标准为240元/人·月，低保对象月人均补助为164元。以城市低保制度为核心，辅之以各项配套措施，极大地缓解了城市贫困人口的生产生活困难。

最低生活保障制度是我国城市社会保障体系的重要一环，这项制度的建立及相应工作的开展与我国城市贫困现象日益严重有密切关系。最低生活保障制度作为城市社会保障体系的最后一道安全网，对满足人们的生存需要、促进经济的发展、维护社会的稳定起着举足轻重的作用。

为了具体分析和把握我国城市贫困女性的相关情况，在文献阅读和理论建构的基础上，笔者于 2003 年 7 月进行了实际调查。由于人力、物力等各方面条件的限制，笔者选择了在南京市进行调查。

2003 年，南京市正好在大力推进城市低保工作的规范化建设，完善了审批公开制度、家庭备案制度、定期督察制度，出台了《南京市城市居民最低生活保障制度实施细则》，建立了城市低保举报查实奖励以及在劳动年龄段内、有劳动能力的低保对象参加社区公益劳动和群众评议等三项制度，健全了家庭收入测算和生活状况评估体系。南京市 2003 年有低保对象 31839 户 67614 人（其中，因"三小车"整治而进入低保的有 1849 户 4650 人），占全市城市总人口的 1.99%，累计发放保障金 66936284 元。南京市居民最低生活保障标准是 220 元/人·月。以上是笔者的调查背景。

本书采用抽样调查的研究方法，并对所收集的资料做定量分析。本书以南京市鼓楼区、玄武区、雨花区、下关区、建邺区五个区领取低保金的贫困家庭作为调查总体，采用了随机抽样的方法，共抽取了 500 个贫困家庭作为调查样本。调查时间是 2003 年 7 月。调查实际发放问卷 500 份，回收有效问卷 459 份，有效回收率为 91.8%。南京市城市贫困的基本情况如表 3-1 所示。

表 3-1　样本的基本情况

有效样本数（份）	性别比例（%）		年龄（岁）			户均人口数（人）
	男	女	最高	最低	平均	
459	48.1	51.9	82	20	41.62	2.23

调查对象男性 221 人，占 48.1%，女性 238 人，占 51.9%，城市贫困人口的平均年龄为 41.62 岁。其中，处于 35~50 岁的人数有 322 人，占整个下岗失业人数的 70.2%，与全国其他城市的大多数情况一样，贫困人口大多处于 40~50 岁，也正因如此，人们通常把下岗失业所引起的社会现象称为"40~50 现象"。值得强调的是，不少人在初次下岗失业时一般还较为年轻，处于中青年时期。初次下岗失业者 25~40 岁的人员占下岗失业总人数的比例为 39.4%，年龄平均为 34.5 岁。

从调查情况看，户均人口数为 2.23 人，45.97% 的家庭平均人口为三人，22.88% 的家庭平均人口为两人，有 19.17% 的家庭是孤身一人。从南京市贫困家庭的户规模来看，我国贫困家庭的户规模比较小，这和我国多年来实行的计划生育政策密切相关，而且城市的计划生育工作执行较好。与美国等发达资本主义国家贫困女性户主居多的情况不同，我国城市贫困家庭这一特点并不显著，

45.97%的贫困家庭都是核心家庭。

贫困家庭中残疾人口比重、贫困家庭平均残疾人口数量高。22.8%的家庭有残疾人，有的家庭甚至有两个残疾人。贫困家庭人口健康状况的一个明显特征是长期患重病的人较多，据问卷调查，有37.04%的贫困家庭有人长期患重病。

第二节　城市贫困女性在家庭教育资源配置中的弱势地位

21世纪是工业经济向知识经济转变的时代，这种以知识为基础的经济，是建立在知识的生产、分配、交换和利用之上的，并且是以高技术产业为第一产业支柱，以知识资源为首要依托，以知识创新为灵魂的新的经济形态。知识作为生产要素，是最重要的资源，它决定着国家、企业经济发展的速度，因此，获取知识就是获取了生存和发展的空间。① 对于个人而言，知识使人能够更大限度地掌握命运，知识资本决定一个人财富的多少，也决定个人收入的高低。在这个时代，知识的半衰期是1~2年。如果在IT行业或其他高科技领域，知识的半衰期就更短，几个月知识就可能过时。在知识高速更新和发展的背景下，任何人不随时学习，不持续地增强自己的学习能力，就有可能被时代抛弃。同时，任何人企图依靠别人传授知识而学习并能跟上时代发展的步伐也是不现实的。在这种时代背景下，学习能力已经成为一个人乃至一个国家、一个民族生存和发展的重要能力。对于个人来说，获取知识的过程就是学习的过程。个人获取知识的方法有：通过学校教育系统完整地获取知识，通过计算机网络获取知识，通过数据挖掘技术，通过成果转让获取知识，利用现代化传播手段获取知识，利用搜索引擎获取知识，利用图书馆文献信息资源获取知识，和有知识的人交流沟通等。②

通过学校教育获取的学历是一个人知识资本情况的主要衡量参考变量。文化程度的高低直接影响人们在劳动力市场上的竞争力，还影响人们对经济结构、产业结构和职业结构调整的适应力，进而影响收入水平。调查显示，男性高中学历者占51.13%，初中学历者占36.19%；女性高中学历者占34.03%，初中学历者占16.38%，小学及其以下学历者占49.16%。文化程度现状说明，从总体上看，贫困人口的学历一般偏低，女性的学历比男性低。在笔者的调查中，只有6.10%的家庭有手机，5.45%的家庭有录像机，3.05%的家庭有电脑，可见城市贫困女

---

①② 游麟麟. 显性与隐性：获取知识的维度及其实现途径［J］. 学术交流，2005（7）：189-193.

性获取知识的手段和途径是有限的。

在现代科技日新月异的年代，社会分工越来越细，专业化程度越来越高，专业技术证书的拥有情况可以反映一个人的社会适应能力和竞争能力。从专业技能看，贫困人口普遍缺乏专业技能，统计显示，85.19%的贫困人口没有任何技能证书，其中，贫困男性有 40 人持有技能证书，占被调查男性总数的 19.00%，贫困女性只有 28 人持有技能证书，占被调查女性总数的 11.76%，女性持有技能证书的比例比男性要低，这从另一方面显示了在家庭中继续教育或培训等稀缺资源配置不均等，女性处于弱势地位。应该说，缺乏当代社会需要的专业技能是导致这些贫困人口容易下岗、失业，而且下岗、失业后很难再就业的主要原因。家庭教育复制着现实的社会关系，孕育着未来的社会风貌，家庭教育资源重男轻女的状况在贫困家庭中被复制和强化。虽然我国实行男女平等的基本国策已多年，但是在家庭大小事务的决策上只有 54.03%的家庭是夫妻共同商量，35.29%的家庭是丈夫说了算，男权在家庭中的地位仍然牢固。在家庭中继续教育或培训等稀缺资源配置和决策时，女性的权益往往被忽视。

第三节　城市贫困女性的收入、消费

要估计生活于贫困中的男性和女性的数量是非常困难的。因为，没有一种可以对男性和女性进行比较的个人福利方面的合适的概括度量方法。最常用的贫困（或当前福利）指标是消费。但大多数基于家庭的调查收集的是家庭的消费数据，而不是个人的。虽然在笔者的调查中尽可能考虑了性别的因素，统计的结果也部分地反映了性别的差异，但是在调查中，家庭作为经济决策的基本单位这种传统观念影响着调查对象的思维，在度量个人消费上的调查显得非常困难，而且很多数据是难以计算的，特别是在调查时间有限的情况下，获得数据异常艰难。这就使得在同一家庭的男性和女性成员之间直接比较消费贫困是十分困难的。

下岗后收入的性别差异小。从经济来源看，78.87%的家庭经济来源于最低生活保障金，8.93%的家庭经济来源于打短工。据 2003 年《中国统计年鉴》，城镇居民人均可支配收入为 8472 元，平均每人消费性支出 6510.9 元，城镇居民家庭恩格尔系数为 37.1%；而南京市贫困家庭每月人均收入总计只有 2070.66 元，每月支出总计 2343.36 元。男性每月人均收入 265.54 元，女性每月人均收入 256.97 元；男性下岗前每月人均收入 708.21 元，女性下岗前每月人均收入 324.42 元。可见，下岗后收入的性别差异很小，而下岗前收入存在着性别差异，这也从另外一个角度说明了我国就业市场存在工资的性别差异。

尹志刚的调查情况也大致相同。尹志刚1999～2000年在北京市8个城区贫困人口的调查显示：北京贫困人口中有41%的家庭没有任何收入，无论主业或者兼业收入，有收入的家庭占59%，但其人均月收入只有223元；90%的家庭没有经营性的活动，有经营性活动的家庭，多是小生意和小摊点，户月均经营收入为719元；12.8%的家庭有债务，家庭平均债务为13988元，其中最少的为500元，最多的为20万元。①北京贫困家庭的月支出，排在第一位的是食品支出，月均支出为370元，占全部支出的53.8%，而北京城市居民的恩格尔系数已经降到了40%以下。排在第二位的是日常生活支出，如租房、水电煤气费、日用品等，月均146元。然后是教育培训支出占11.9%，医疗保健支出占11.5%。最后是耐用消费品和文化娱乐支出，占1.7%。从收支情况来看，贫困家庭的收支基本相抵。贫困家庭户均月收入为688元，人均收入为239元（包括最低生活保障金和帮困卡），户均月支出为688元，人均支出为242元。收支相抵的原因在于，处于低收入阶段的人口，其消费水平也处于低水平。

一、为维持家庭生活宁愿放弃自尊

从家庭的消费情况看，调查统计的数据显示，南京市贫困家庭下岗后平均每周花6.86元买荤菜，而在下岗前平均每周花28.97元买荤菜，生活水平的下降是非常明显的。调查时，很多调查对象表示，家里现在很少买肉，偶尔买一点也是给孩子吃，怕孩子营养不够。当然贫困家庭也有省钱的办法，特别是女性调查对象，从调查中可以看出她们很会精打细算，恨不得把一分钱掰成几瓣花。有的贫困女性说，"如果家里人想吃荤菜了，我就在下市时等肉贩子降价买一点便宜的，或者捡一点骨头回去煨汤；有时候也能在下市时买一点便宜的死鱼""我家常常买猪下水，很便宜，也有营养；或者在杀鸡的地方要一点鸡肠子""我一周买一次肉，买连肥带瘦的一次炒好，每顿炒菜时拨几片肉，这样顿顿都可以有点荤"。"什么便宜吃什么""怎么省钱怎么花"是大多数贫困家庭的生活原则。

至于素菜，有的调查对象表示，"多吃咸菜或者菜里多放点盐可以省点""买菜时碰到什么便宜就买什么，最好是晚上七八点去买第二天的菜，菜贩子要回家就便宜卖了，一堆一元钱，也不称了，有时很便宜，还可以多买一点""晚上下市时运气好的时候还能捡到一些不错的蔬菜""我家老太太常常去菜场转转，可以捡一些菜叶子，家里基本可以不买素菜。有时候菜贩子看她去了也会主动给一些"。水果对于贫困家庭而言简直就是奢侈品，很多调查对象表示："这

---

① 南香红，王景春. 关注城市新贫困［N］. 南方周末，2002 - 03 - 29.

些年我家从来不买水果,也买不起!""菜都没有钱买,还买水果呢!"面对这样的生活状况,还谈什么营养膳食呢?食物对贫困人口而言仅仅是为了充饥而已!在调查中笔者发现,为维持家庭生活,女性宁愿放弃自尊去捡菜叶子,而男性却放不下面子。调查的另一个数据也同样能够说明这一点,96.6%的女性只要有人雇用就愿意去做小时工,而只有40.3%的男性愿意做。

在调查中,笔者明显感受到在贫困家庭内部贫困的性别分布是有差异的。在这些家庭内部,女性相对于男性而言在生活上存在相对剥夺状况。这种相对剥夺状况表现为,家庭内两性比较时,一个性别与另一个性别在基本生活资源消费上存在差距。

二、在家务劳动中饱尝痛苦和艰辛

从表3-2可以看出,如买菜、做饭、洗衣服、管孩子等家务劳动的60%以上是由妻子承担的,女性在承担大量的家务劳动的过程中也承受着贫困给她们带来的痛苦体验。为了一家人的生计,贫困女性可以放弃自尊,去菜场捡菜叶,和菜贩子为了几毛甚至几分钱磨嘴皮;为了省钱省电,贫困女性大多用手洗衣服;为了改善家庭生活,贫困女性常常花几个小时的时间清洗鸡肠子、猪下水。

表3-2 贫困家庭家务劳动分担的情况 单位:%

家务劳动	丈夫	妻子	老人	孩子	夫妻共同
买菜	11.98	67.76	2.61	1.08	16.57
做饭	13.07	68.40	2.18	1.08	15.27
洗衣服	10.02	71.02	1.74	1.53	15.69
管孩子	16.34	60.57	1.31	—	21.78

尽管个体以家庭为基本生活消费单位,且我国历史上流传的"家庭成员有福同享、有难同当""相亲相爱""尊老爱幼"等优良传统对家庭内社会支持有强化作用,但是具有不同群体特征的个体因其基本需求不同,所体验到的贫困感受自然也不相同。例如,贫困儿童面对的最紧要问题不是衣不蔽体、食不果腹的生存问题,而是教育机会的相对剥夺;贫困老人不仅与其他家庭成员同样饱尝生活的艰辛,还面临"病无所医"的窘境。就社会性别而言,主流贫困测量方法缺乏社会性别意识,假定家庭内部贫困分布性别均等,从而使女性贫困的现象较为隐蔽,认识不到贫困女性除了在与贫困男性同样承受着相对社会而言的生活剥夺之外,在家庭内也体验着相对男性的生活剥夺。

三、抑制特用基本生活资源的消费需求

在两性共同消费领域之外,尚有一些两性特用基本生活资源,在日常生活中为人们所公认是不可缺少的。据调查和访谈,在两性特用的基本生活用品中,属于女性必需品的是卫生用品,属于女性常用品的是护肤品;男性的常用品为烟和酒。值得指出的是,虽然"烟、酒和护肤品"在社会中并非为男女两性中的任何一个性别所专用,但是,作为贫困家庭的成员,特殊的经济状况决定了他们特殊的生活方式,"护肤品"相对女性,"烟、酒"相对男性的专用性较为凸显。在调查中,笔者深切感到贫困家庭中女性的无奈,在问及买化妆品问题时,几乎所有的女性都表示不买也不用,而男性抽烟喝酒的消费在大部分家庭有所减少,但是男性在苦闷心烦时还是要抽烟喝酒的。

汪雁等的调查发现:在家庭内贫困的分布具有女性倾向。在其调查的贫困家庭中,有男性吸烟的家庭所占比例为61.1%、男性独自喝酒的家庭为32.7%,就男性的烟酒可消费性比较,男性对烟的可消费程度高于酒。然而,即使用男性对酒的可消费性与女性对护肤品的可消费性相比,男性喝酒的家庭比例32.7%仍高于女性使用护肤品的家庭比例28.7%(如果仅以"经常使用"的比例22.5%相比,差异更大),如果用男性对烟的可消费性与女性对"护肤品"的可消费性相比,男性对烟的可消费性则超过女性对"护肤品"可消费性的两倍。显然,两性在常用品的可消费性上,女性更难以接近其所需要的基本生活资源。男女在性别专用领域内,对基本生活用品的消费也存在一定的差异。一方面,女性较男性更难以接近她们所需的基本生活用品;另一方面,在专用品的消费等级上,女性较男性更加持久地消费低层次的基本生活用品。①

四、孩子消费需求的优先性

关于买新衣的花费问题,从男性调查对象回答的数据看,下岗前后爱人买新衣服的金额差别比较大,下岗前爱人每年买新衣服平均花费268.66元,下岗后爱人买新衣服的平均金额每年只有24.63元。从女性调查对象的统计结果看,下岗前爱人买新衣服平均花费232.5元,下岗后爱人买新衣服的金额平均只有28.76元,很多家庭的衣服是亲戚朋友送的。男性买新衣服的金额只比女性多4.13元,差异并不明显(见表3-3)。

---

① 汪雁,慈勤英. 对城市贫困主流测量方法理论假定的社会性别分析——以一个街道贫困家庭的社会调查为例[J]. 妇女研究论丛,2004(3):23-32.

表 3-3 下岗前后贫困家庭买新衣花费情况　　　　　　单位：元

买新衣的花费	女性	男性	孩子
下岗前	268.66	232.5	358.92
下岗后	24.63	28.76	125.62

在贫困家庭中，孩子在衣着方面也受到特别优待。贫困家庭下岗前孩子买新衣服平均花费 358.92 元，下岗后孩子买新衣服的平均金额仍然有 125.62 元。但是在调查中听出给孩子买新衣服也有不得已的苦衷，调查对象对孩子的服装问题很有看法："学校要求买校服，不买不行呀。""孩子衣服的钱没有办法省呀！穿得太寒酸同学会讥笑的，我们也怕伤了孩子的自尊心。""没有办法，孩子长得快，没有合适的衣服穿。"

第四节　城市贫困女性的健康贫困

极低的收入水平与糟糕的健康状况紧密相连，很多陷入贫困的家庭是因患上重大疾病所致。然而贫困家庭一旦发生重大疾病，由于收入贫困，要么是借债看病，最终债台高筑，陷入贫病交加的恶性循环；要么放弃治疗，等待死亡。因病致贫主要有以下几种情形：一是家庭主要劳动力患病，丧失或部分丧失劳动能力，因而导致家庭收入减少，并且加大医疗支出，造成贫困；二是家庭成员中有长期患病或患大病者，大幅度增加医疗费用，有的倾家荡产，有的负债累累而致贫困；三是上述两种情况同时出现在同一个家庭中，更是雪上加霜。不仅如此，病与贫之间还会出现恶性循环，即疾病—贫困—无力医治—更加贫困—病情加重。对于因病致贫或贫困群体中的病患人口，治疗疾病、恢复健康是特别紧迫的需求。对他们而言，救治一个病人，无异于救助一个家庭，提供一个摆脱贫困的前提和机会，因而医疗救助对于因病致贫的贫困户，以及对于主要劳动力或收入主要来源的劳动者来讲是关键的一步，是恢复家境、逐步脱贫以至彻底根除贫困的有效手段。①

根据笔者的调查，有 45.97% 的家庭在生病时能拖就拖，有 38.17% 的家庭生病了就自己去买点儿便宜的药对付对付。下岗前贫困家庭每年看病平均要花 2585.16 元，能够报销 338.87 元；下岗后每年看病平均花费 3176.78 元，能够报

---

① 时正新．中国社会福利与社会进步报告（2002）[M]．北京：社会科学文献出版社，2002：161.

销 66.39 元。"生病生不起，吃药吃不消""小病无钱看，大病随它去"，这种因贫耽误病情，因病致贫与再次致贫的现象，是贫困人口面对的严重问题。在对待疾病方式上存在性别差异。

据 2002 年 2 月对杭州市 261 户低保户的调查显示，低保户中有病能立即就医的仅占 2.4%，小病不医大病医的占 20.4%，能拖则拖的占 22%，一般不上医院的占 44.4%，不管大病小病都不就医的占 10.8%。① 尹志刚教授的调查结果也大致相同。贫困家庭中身体健康者仅占 41%，身体一般的占 25.2%。体弱、有病、有严重疾病的占 33.8%。在贫困家庭总人口中，有一半的人口根本没有劳动能力，其中生活不能自理的有 35.1%。徐安琪的研究表明，无业者和失业者身心健康欠佳，主要是因为随着产业结构的调整、社会流动频繁和社会分化的加剧，就业压力、生存压力往往成为不少人尤其是学历低、技能差的中年下岗、失业者的主要困扰和心病。教育、医疗、养老等社会保障的弱化使一些无业或无稳定职业、生活质量下降者产生更多的心理失衡、挫折感和被剥夺感。② 城市贫困人口无收入或收入低，居住环境差，营养不良状况比较普遍，加上心理压力大，患病率往往高于非贫困者。来自国家民政部的数据显示，城市中 64.0% 的低保家庭中至少有一人患有各种疾病。虽然他们对医疗服务的需求大，但没有被医疗保险所覆盖，只好小病不看（或不及时看）变成大病，小病小看以致治疗不彻底。③

健康是人力资本的一个基本要素。由于人力资本要素是以正常的人体为载体的，而人能接受教育、迁徙流动、智力创新等各种人力资本要素发挥的一个重要前提是必须保持健康。只有在身体健康、体能正常和精力充沛的条件下，其所具有的人力资本才能得到最大限度的发挥。可以说，健康是其他形式的人力资本存在和正常发挥的基础与先决条件，也是人力资本积累的前提要求和发挥人力资本作用的基本保证。但是，在我国的现实生活中，投资健康的重要性还远未引起政府、社会乃至个人的高度重视。人们在重视教育培训投资的同时，反而长期忽视了健康投资及其重要性。在这种情况下，贫困人口的人力资本构成中，健康资本的脆弱性比人力资本的其他要素要严重得多。

健康可以从医学、心理学、社会学、经济学等角度来定义。一般来讲，"健康"和"疾病"是医学最基本的概念，也是医学独特的概念。依据传统医学公理：健康就是无疾病，凡是与健康不一致的都是疾病。健康的医学定义既直接又客观。美国经济学家贝克尔把人力资本观念应用到健康领域，将健康视为能提高

---

① 许新三. 城市低保户群体脱贫前景和扶贫思路 [J]. 浙江社会科学，2002 (5)：1 - 94.
② 徐安琪. 健康素质及其影响因素——来自上海的报告 [J]. 社会，2004 (3)：16 - 21.
③ 孙晓杰，孟庆跃. 我国城市贫困人口医疗救助现状分析 [J]. 中国卫生经济，2004，23 (10)：45 - 48.

消费者满足程度的耐耗资本品,健康资本增加消费者效用的原因在于能够生产健康时间,它和其他资本一样存在折旧的问题,健康是"一个有机体或有机体的部分处于安宁的状态,它的特征是机体的正常的功能,以及没有疾病"。 这就是所谓的健康的消极定义。这个定义设想健康即无疾病,结果讨论的并不是健康。健康不仅是身体无疾病,而且必须包括肉体、精神和社会关系等都处于健康状态。因此,世界卫生组织把健康定义为:"健康是一种完整的肉体、心理和社会的良好状态,而不仅仅是没有疾病或伤残。"罗杰斯在为政府出版的《保健题解词典》中,对健康所下的定义正是依据世界卫生组织的扼要陈述,从三个方面定义健康:肉体的、心理的和社会的健康状态。随着经济的发展和社会的进步,健康不断被赋予新的内涵,幸福、自由等也融入健康的概念之中,形成更为完整的健康含义。

从这个角度来说,城市贫困女性的健康状况是令人担忧的。下岗前男性感到生活压力很大的占 34.84%;下岗前女性感到生活压力很大的占 45.38%;下岗后男性感到生活压力很大的占 81.45%;下岗后女性感到生活压力很大的占 87.39%。男性觉得别人会因为生活困难而歧视自己的有 42.99%;女性觉得别人会因为生活困难而歧视自己的有 53.78%。孩子会因为经济困难而有自卑感的占 67.76%。从统计数据看,贫困家庭中女性对生活的压力感受比男性要大,女性和孩子对别人的歧视也更为敏感。

锻炼身体和心理状态方面。通过体育项目的活动和锻炼,能够增强身体素质,提高自身对疾病的抵抗能力和免疫能力,是获得和保持健康的一条有效途径。但是,城市贫困家庭参加体育锻炼的情况不容乐观。由于大多数贫困人口文化知识水平低,缺乏健康和保健意识,贫困人口一般无意参加体育锻炼,也不会采取一些积极的措施预防疾病。从调查结果看,贫困家庭平时经常参加锻炼身体的比例很低,仅有 13%;相反,平时不参加锻炼身体的比例高达 87%。这种情况对贫困人口的身体素质的提高和健康状况的改善是十分不利的。此外,贫困人口可享受的健康资源较少,如购买绿色食品、高消费的健身、医疗服务、按时体检等有利于身心健康的服务对于贫困人口而言是奢望。

第五节 城市贫困女性的社会资本贫困

由于长期处于无权利的受忽视和受歧视的状况,城市贫困女性正逐渐从主流

---

① 加里·S. 贝克尔. 家庭经济分析[M]. 彭松建译. 北京:华夏出版社,1987.

社会中脱离出来，表现出了与社会分裂的趋势。由于长期贫困很容易使城市贫困女性逐渐远离社会的主体结构和主流社会而形成一个独特的社会群体。同时，由于贫困人口缺乏有组织的力量和合法的渠道为自己争取权利，因而他们当中的一部分人就可能以个人的行动，并且常常可能是非法的行动反抗社会，这反而进一步强化了社会对贫困人口的社会排斥。社会排斥不但指在经济资源上的长期匮乏，还指在社会关系上、心理上、文化上和政治参与上的长期隔绝，这种匮乏和隔绝不仅导致贫困人口日常生活质量下降，更重要的是被排斥者不能享受到公民权所赋予的公民政治及社会权利，而这种权利不可能依靠提供经济援助和保障救济来赋予。① 随着经济和社会的发展，作为社会资本的主要来源，非正式支持网络本应得到加强，但在我国却在不断弱化。社交是城市人口积累社会资本的重要方式，也是贫困者缓解自身贫困的一个重要途径。社交的减少表明人们通过这个途径获得的社会资本是下降的。贫困女性疏于社交的现象比较突出，而疏于社交的主要原因是社交活动多少要花费点钱。

虽然女性有了平等参与家庭之外的社会活动的机会，但是由于长期以来社会性别分工制度的影响，女性仍然是繁杂的家庭内部事务的承担者，将很多精力和时间投入家庭事务，生育和养育孩子使得女性不得不阶段性就业，因此，女性的职业必然或多或少地受到影响，因职业而形成的社会资本网络规模相对男性狭小，这对于女性积累自己的社会资本是极为不利的。女性因失业、下岗而陷入贫困之后，社会交往日益减少，因职业而形成的社会资本网络逐渐萎缩。边燕杰、李煜通过研究发现，家庭的收入对家庭的社会资本总量有直接的影响。② 经济收入水平是个人社会地位的重要标志，在人们日常交往中起着越来越重要的作用。但是走亲串友等社会往来需要有一定的经济基础，城市贫困女性由于经济的贫困，就是已有的社会资本网络也不得不减少联系，当然，建立新的社会资本的机会在一定程度上也有所减少。

贫困女性的社会资本总量较为贫乏，且多集中于亲戚、朋友的狭小圈子，获得职业信息和资源的机会不多。个人资源决定了一个人在因社会交往而发生的社会交换中给他人提供回报的能力，这就意味着个人拥有的资源越多，就越有能力为他人提供回报，因此，他通过社会网络摄取他人资源的能力也越强。由于高地位者具有较强的回报能力，其他社会成员也更愿意与地位较高者建立关系，这又进一步使得地位较高者更有能力通过关系摄取和动用原本属于他人的资源，他所

---

① 何汇江. 城市贫困群体的社会分裂与融合 [J]. 人文杂志，2004 (3)：164–169.
② 边燕杰，李煜. 中国城市家庭的社会网路资本 [C] //清华大学社会学系. 清华社会学评论：特辑 2. 厦门：鹭江出版社，2000：12.

能支配的社会资源也就成倍增长。① 城市贫困女性本身个人资源匮乏，没有可以用于交换的资源，更没有为他人提供回报的能力，其社会资本的质量也就只能一直处于低水平的维持状态而难以提高。城市贫困女性也就容易步入越穷越无人帮助，越无人帮助越穷的恶性循环之中。在笔者的调查中，南京市贫困家庭家里缺钱寻找社会支持时是存在性别差异的，贫困家庭的社会资本多集中于亲戚，家里缺钱向自家父母借的性别差异不大，都在17%左右。但是在向朋友借钱方面显示出明显的差异，男性向朋友借钱的有23.53%，比女性高出近16%，这说明男性的强关系更有用。女性的社会资本多集中于亲戚，向自己兄妹借钱的高达60.92%，女性向邻居借钱的比例也高于男性。这从侧面说明女性更善于维护强关系，而对弱关系的建立和维护不够。

洪小良、尹志刚的研究也说明，城市贫困家庭社会关系网的平均规模为4.2，与一般城市家庭相比偏小②。亲缘关系在城市贫困家庭的社会关系网中占据着很大的比例，超过3/4的成员是亲属。在亲缘关系中，父母、子女及兄弟姐妹占绝对的比例（96.5%）；在非亲缘关系中，邻居和朋友所占的比重最大。城市贫困家庭的社会关系网在教育程度方面具有较高的同质性，在职业身份上具有较低的趋同性、较高的异质性，在家庭经济情况方面大多数网络成员（87.4%）要好于贫困家庭，但其中多数处于维持温饱的状态，并且仍有为数不少的成员（12.6%）与被访者家庭一样处于贫困状态。贫困家庭与其社会关系网的成员之间呈现出空间邻近和交往频度高的特点。研究结果表明，较小的网络规模、较高的亲缘比例、空间邻近及交往频度高构成了贫困社会关系网络的显著特点。③

城市贫困女性社会资本的规模狭小，社会联系不仅少而且距离短，日常生存所依靠的密切联系很少超出其居住区，因此失去了获得其他地方就业机会的信息来源以及获得这些机会的方法，社会资本质量又低，网络的异质性又差，因此社会网络位差小，女性从事不稳定、低报酬、无保障的非正规就业的比例过高，就业层次较低。城市贫困女性由于处于整个社会的底层，个人所积累的社会资源少，个人资源比较贫瘠，可以继承的先赋性资源少，可以转化给下一代人的先赋性个人资源也较少，因而在改变其社会地位、进行社会流动时就极其困难。④

---

① 胡荣. 社会经济地位与网络资源［J］. 社会学研究，2003（5）：58－69.
②③ 洪小良，尹志刚. 城市贫困家庭的社会关系网络研究［J］. 北京行政学院学报，2005（3）：38－43.
④ 吴玲，施国庆. 论城市贫困女性的社会资本［J］. 江海学刊，2005（4）：97－101.

第四章 城市女性贫困的影响

近年来,贫困与健康的关系日益受到重视,包括世界卫生组织(World Health Organization,WHO)在内的一些国际组织积极推动和倡导有关健康对减贫的作用的认识,提出健康是体现自身权利的主要目标,也是促进经济发展和减轻贫困的主要投入。WHO宏观经济委员会提出了关于健康和发展的事实依据。健康的重要性就其本身性质而言怎么强调也不过分,可以说,健康是使人类生活体现价值的基本潜能之一。

第一节 影响城市女性的健康

一、对城市女性生理健康的影响

贫困与疾病有着千丝万缕的关系。贫困是疾病的重要原因和催化剂,同时又是疾病的一种后果。疾病造成的经济负担是造成贫困的因素之一。在城市贫困女性人口中,广泛存在着因病致贫、因病返贫、因贫致病、贫病交加的状况,形成了一种恶性循环。恶劣的健康状况导致工作能力丧失,使贫困女性背负沉重的经济负担与心理压力,与其他相关制约因素一起,影响女性及其家庭以及社区的发展。此外,贫困所致的一系列人口、人权、社会等复杂问题也显而易见。

1. 贫困导致女性营养不良

2005年3月26日,中国营养学会和中国预防医学科学院营养与食品卫生研究所根据中国居民膳食指南,结合中国居民的膳食把平衡膳食的原则转化成各类食物的重量,制定了中国居民平衡膳食宝塔,提出了一个营养上比较理想的膳食模式。平衡膳食宝塔共分五层,包含我们每天应吃的主要食物种类。平衡膳食宝塔各层位置和面积不同,这在一定程度上反映出各类食物在膳食中的地位和应占的比重。其中：谷类食物居底层，每人每天应该吃300~500克；蔬菜和水果居第二层，每人每天应该吃400~500克和100~200克；鱼、禽、肉、蛋等动物性食物居第三层，每人每天应该吃125~200克（鱼虾类50克，畜、禽肉50~100克，蛋类25~50克）；奶类和豆类食物居第四层，每人每天应吃奶类及奶制品100克和豆类及豆制品50克；第五层塔尖是油脂类，每人每天不超过25克。我们以南京市2003年的平均物价水平测算（假设谷类食物每500克2元，蔬菜每500克1.5元，水果每500克2元，鱼虾类每500克6元，畜、禽肉每500克8元，蛋类每500克3元，奶类每500克4元，豆类每500克2元，油脂类每500克4元，用于饮食的水电气月支出21元），满足中国居民平衡膳食宝塔需要的南京居民人均月饮食支出至少在189元。然而2003年南京市低保金标准是每人每月220元，2017年7月1日后调整为每人每月810元。2003年南京市贫困人口（包括贫困女性）的恩格尔系数达到了85%以上，而根据2004年统计年鉴，我国城镇居民家庭2003年的恩格尔系数是37.1%；根据2017年统计年鉴，我国恩格尔系数为29.3%，其中城镇为28.6%，农村为31.2%。2003年我国城镇居民家庭人均消费性支出为6510.94元；2017年则达到24445元。2003年南京市低保家庭的人均年收入为2640元。

根据我们的调查，大多数贫困家庭基本不吃水果和牛奶，鱼、禽、肉、蛋等也很少吃，蔬菜吃的比较单一，什么便宜吃什么，甚至捡摊贩扔了的菜叶吃，营养元素的摄入远远不能满足身体的需要。城市贫困女性同城市贫困男性一样，陷入营养不良之中。特别是妊娠期的城市贫困女性及其胎儿，受到的影响更大。

2. 贫困导致城市女性就医困难以致疾病缠身

患病是影响贫困女性生理健康最大的危险因素。患病使家庭的医疗花费增加，加重了家庭经济负担，导致债务负担的加重。为了偿还债务，贫困女性只好更加节俭，无法顾及自身的营养和健康，可能进一步导致身体健康水平的降低。2004年12月2日，我国卫生部公布的"第三次国家卫生服务调查主要结果"指出，居民对医疗机构的利用减少，有效需求发生转移。许多居民生病后不去医院就诊，而是到药店购药，采取自我医疗。该调查显示，全国36%的患者采取了自我医疗。自我医疗的比例逐年增加，城市中自我医疗的比例由44%增加到47%。产生上述变化的主要原因如下：

第一，医疗保障覆盖水平不高。调查发现，城市享有城镇职工基本医疗保险的人口比例为30.2%，公费医疗的占4.0%，劳保医疗的占4.6%，购买商业医疗保险的占5.6%，没有任何医疗保险的占44.8%，其他占10.8%。南京市低保家庭中没有任何医疗保险的占绝大多数。

第二，医疗费用增加过快。近年来，"看病贵"成为百姓重点关注的话题。从2004年12月2日我国卫生部公布的"第三次国家卫生服务调查主要结果"可以看出，医疗服务费用增长速度超过了人均收入的增长，医药卫生消费支出已经成为家庭食物、教育支出后的第三大消费。2013~2018年，城市居民年均收入增长了8.9%，而年均医疗卫生支出增长了13.5%。

第三，"看病贵"对城市和农村低收入人群的影响更为严重。调查发现，未采取任何治疗措施的门诊患者中，38.2%是由于经济困难；应该住院而未住院的患者中，70.0%是由于经济困难。城乡低收入人群应住院而未住院的比例达到了41%，远高于一般收入人群。1993~2003年城乡居民未就诊率、未住院率呈逐步上升的趋势，收入越低人群，未就诊比例越高，未就诊增加的幅度越高，也就是说城乡卫生服务利用率下降主要归因于低收入人群，即低收入人群卫生服务可及性较差。

世界银行进行的大量研究也阐述了社会中较高收入人群和较低收入人群健康状况的巨大差异。例如，玻利维亚和土耳其最贫困儿童的死亡率是最富有者的四倍。国际研究已经阐明，贫困人口疾病负担不断加重的原因有：①贫困人口更容易患病。由于缺乏清洁的饮用水和卫生设施、安全的住房和医疗保健，得不到预防疾病的信息，无法摄入足够的营养，因此，他们比其他人群更易于患各种疾病。②贫困人口更少求医。即使紧急需要时他们也不求医，因为他们可能与保健提供者距离更远，或缺少资金来支付卫生保健费用，并且缺乏如何应对发病的最佳知识。③严重的疾病支出可能将他们推进贫困的怪圈，迫使他们不得不通过借债、出卖或抵押土地等生产资料来换取就医所需的医疗费用。①

二、对城市女性心理健康的影响

贫困会损害人们的自尊、尊严和自我认同感，贫困对女性产生的负面影响非常深远。城市贫困女性在承受着巨大的就业和经济压力的同时，还承受着比一般社会群体大得多的精神压力。贫困对女性心理健康的负面影响很大。债务和医疗花费是影响贫困女性心理健康的较大的危险因素。沉重的经济负担使人情绪压抑、精神紧张，对心理健康的危害很大。而获得救济渠道，可能会使贫困女性有心理压力，产生自卑感和沮丧的情绪，影响其心理健康。付华鹏的研究显示，贫困、医疗花费、债务、年龄对被调查全体人群的心理健康影响显著；在同一条件下，贫困者的心理健康的危险性是非贫困者的三倍多（见表4-1）②。

---

① 任苒. 贫困及其影响与千年发展目标［J］. 中国卫生经济, 2004, 23 (12): 38-42.
② 付华鹏. 沈阳市最低生活保障金家庭成员的生命质量调查［D］. 沈阳: 中国医科大学, 2004.

第四章 城市女性贫困的影响

表4-1 被调查全体人群健康（MCS）影响因素分析

因素	偏回归系数	标准误	P值	OR值
贫困	1.227	0.221	0.000	3.412
医疗花费	0.604	0.163	0.000	1.829
债务	0.502	0.239	0.036	1.651
年龄	0.309	0.125	0.014	1.362
常数	-2.074	0.287	0.000	0.126

社会经济地位可以决定人们的生活状况，也可以决定人们期望自己过什么样的生活和实际上能够过上什么样的生活。因此，社会经济地位是最强有力的社会学特征。全体人群的心理健康 hgist ZC 回归显示，贫困是心理健康的负面影响因素。贫困者由于收入低、社会经济地位低，容易产生较强的自卑感。同时，由于沉重的经济负担，生活压力大，在心理上易产生焦虑、沮丧、苦闷的情绪，这些都强烈地影响到心理健康。具体来说，城市贫困女性容易产生以下心理健康问题：

1. 自卑

自卑是贫困人口最容易萌生的一种心理。由于就业和经济上的问题不能很好地得到解决，同时心理压力缺乏畅通的疏导渠道，在部分贫困女性中存在着自卑与自暴自弃的心理。笔者在调查中发现，女性比男性更容易感到自卑，男性觉得别人会因为生活困难而歧视自己的有42.99%，女性觉得别人会因为生活困难而歧视自己的有53.78%，比男性高了10.79%。由于家庭经济条件的限制，贫困女性无法像经济条件好的人那样消费。无论是在穿着打扮，还是在日常生活的其他方面，都显得落后、寒酸。尤其是在这个炫耀个性、倡导流行、鼓励消费的时代，要心甘情愿地接受贫穷的现实而不自卑是非常不容易的。自卑又往往形成自我封闭，不能坦然面对生活上的困难。因为害怕别人知道自己穷，所以在人际交往中常以回避的方式加以掩饰，久而久之逐步演化为性格的孤僻和心理的封闭，在遇到困难时，常陷于无人诉说、无人声援的处境。有少数女性因自己被原来的单位所抛弃，找不到合适的工作，就认为自己是一个"无用之人"，也是一个多余的人，对生活失去了信心，心如死灰，甚至变得愤世嫉俗或玩世不恭，对社会、对他人变得麻木不仁，非常冷漠；还有部分人对工作过分挑剔，宁愿领取低保金，也不愿意去工作。在低保家庭中，也不乏年轻女性，虽然身体健康状况不错，但也不愿意主动找工作，又嫌社区介绍的工作苦、脏、累和报酬低。

2. 焦虑

焦虑是个体对威胁或潜在威胁的一种本能的反应，常常表现为紧张、不安、彷徨等多种情感体验。当前我国社会处于社会转型时期，社会从相对稳定到急剧变动，利益的调整和竞争的加剧，使人们对个人前途命运产生不安全感。同时，从单一价值取向向多元价值取向转变造成了内在矛盾冲突，人际关系发生变化，虽然交往范围扩大了，但人情却变冷漠了，人与人之间的隔阂加大了。贫困家庭的经济压力很大，焦虑心理也格外突出。孩子读书、吃饭、看病、逢年过节没有一样不需要花钱，贫困女性经常处于缺钱的不安之中。如果家庭出现一些意外的开支，焦虑的心理特征会更加明显，并有可能因为过度焦虑导致出现反常行为甚至心理防线崩溃。贫困使人感到焦虑，需求的匮乏使人感到窘迫、被轻视，但生存又必须要用吃、喝、住等来维持，而且在现在高消费的社会环境下，强烈的焦虑是最折磨人的情感，这种焦虑中还包含了无助感。

贫困可以使人变得麻木。穷人往往幻想拥有富人所拥有的一切，客观环境的难以改变又使其更加麻木，有的人只好通过做白日梦、酗酒和吸毒，或沉溺于工作，或对睡眠的极度需求来缓解焦虑。

3. 深刻的失落感和相对剥夺感的体验

很多城市贫困女性以前都是国家企事业单位的工人，有着良好的工资收入，是许多人羡慕的对象，但现在工人的工资和很多行业相比非常低，下岗失业被边缘化的也大多是工人。这种社会地位和经济收入的变化，导致很多人有埋怨情绪，认为社会不公平，在精神和价值观念上产生了幻灭感，而且物质生活上的不公平感加剧。很多女性由于下岗失业而与原来的单位脱离了关系，没有了"单位人"的归宿感，心中的失落感比较强烈。特别是有些女性在单位工作了很多年，有的还曾经是为单位发展做出过贡献的骨干或劳动模范，现在却被企业采取的种种方式，例如买断工龄、内退、下岗等，一下子切断了与单位的联系，加上包括正常工资性收入在内的生活保障的丧失，心理上的失落感必然更加强烈，许多人有被社会遗弃的感觉。生活在经济、文化、生活方式都比较现代化的城市社会，贫困女性时常会感受到与周围环境的鲜明反差，心理落差更大。在笔者的调查中，有70.17%的贫困女性强烈感受到社会分配的不均衡，认为贫富差距太大，很多人不能够理解。

第二节 影响女性个人发展

信息、资金、产品、技术、市场、时间等不同的资源供给，可以成为社会经济发展的条件和发展的支持,也可以成为制约社会经济发展的因素。同样,资金、技术、时间等资源可以成为女性发展的条件,也可以成为制约女性发展的因素。

一、发展是女性的权利

1970年,塞内加尔最高法院院长凯巴·姆巴耶在斯特拉斯堡的人权国际研究所发表演讲时,首次提出"发展权是一项人权,因为人类没有发展就不能生存"的主张。1986年12月4日,第41届联合国大会通过的《发展权利宣言》明确宣布:"发展权利是一项不可剥夺的人权,由于这种权利,每个人和所有各国人民均有权参与、促进并享受经济、社会、文化和政治发展,在这种发展中,所有人权和基本自由都能获得充分的实现。"将发展权上升到基本人权的高度,是人类社会对人权认识的一个重要的观点创新和突破。根据上述论述,可以对发展权作如下解释:①在现阶段,发展权是最高和最基本的人权。如果说生存权是每个人所享有的维持自己生命的权利,那么发展权就是每个人为实现生命的意义而享有的自由发展、自我实现的权利。有了发展权,才有可能发挥潜能,生命才有可能享有真正的自由和尊严。②就内涵而言,发展权集中体现了权利主体参与社会的广度和深度。丧失了经济、社会、文化和政治发展的任何一方面,人都不完整。同理,参与、促进和享受发展也是一个统一体,丧失了任何一个环节,发展权都不会完整。③发展权本身所蕴含的平等、自由等基本价值,是人类社会实现自身全面、协调、可持续发展的重要手段。让每个人全面而自由地发展是人类社会的终极目标。①

以自然分工为基础的男尊女卑的社会性别关系,是对女性发展权赤裸裸地剥夺,这是女性贫困的历史性、社会性、制度性根源。因为生理及心理特点,女性在承担人类自身再生产的同时,也成为家务劳动的主要承担者。尽管生育与家务劳动也创造价值,却无法从社会获取报酬。这种以自然分工为基础,被极度扭曲的社会关系,剥夺了女性的人身权、财产权、婚姻自主权、教育权、选举权等各种权利,而且至今仍在继续。这种社会性别关系及建立在其基础上的社会性别意识不消除,导致女性贫困的土壤就依然肥沃。参加社会生产是女性获得发展权的开端,也是女性摆脱贫困的唯一途径。

二、女性发展的资源要素

金一虹认为,发展资源是主体得以超越生存层次的、使自身获得发展的要

---

① 陆建民. 发展权:社会主义初级阶段男女平等的突破口——从第二期上海妇女社会地位调查谈起[J]. 妇女研究论丛, 2004 (4): 5-9.

素。发展资源的容量决定了主体的发展空间。具体包括以下几个要素：①接受教育和培训的机会。在现代社会中，教育机会往往决定一个人在社会系统中的位置，接受较多的教育意味着为跻身较高的社会层次创造了前提条件。而能否受到必要的职业培训和技术培训，将影响到对先进技术的掌握和能否与更先进的生产要素相结合。②流动机会，即流动产生发展机会。对群体而言，一个群体拥有流动的机会是与其发展程度呈正相关的。流动不一定都是向上的，但它带来发展空间的扩张和与新的生产要素结合的机会。从这个意义上看，迁移本身就是一种影响个体发展的人力资本投资。③组织化程度。组织资源是群体接受教育、培训、流动的结构性支撑，组织化程度直接影响一个群体的发展进程和发展的可持续性。④闲暇资源。发展不仅需要空间和制度性资源，也需要时间资源。这种资源给群体一定的自由度和更多的选择机会以获得更全面的发展。① 从这些要素看，女性的发展资源都受到限制。

三、贫困女性时间资源的稀缺

对于每一个人来说，时间都是有限的，是一种稀缺的资源，时间的不同配置方式可以产生不同的社会效益和经济效益。时间是个人能力发挥的载体，将时间投入不同的活动，不仅会对个人的生活和工作产生不同影响，也会产生不同的外部性，即对他人的生活和工作产生不同的影响。时间配置的社会效益主要表现在家庭和社会关系网络中的成员对于其时间配置方式及产出结果的认可，或通过其时间的配置所获得的社会尊重。

许艳丽和谭琳认为，从人和时间的关系可以体现出社会关系。个人的时间配置既受到时间数量的约束，也受到社会经济和文化的制约。社会性别规范对个人时间资源配置起到重要作用。传统的社会性别规范认为，"男主外、女主内"，男性的时间和精力应该投入到家庭之外的工作上，通过"养家糊口"乃至"发家致富"为家庭提供经济支持，而女性的时间和精力则应该花费在家庭里，照顾孩子和处理家庭事务。② 社会学家认为社会群体应完成两种功能：①劳动功能，使社会群体与外界发生关系，以便提取资源（然后转换）并（重新）指定目标（社会群体的方向）；②情感功能，保证群体的凝聚力，使各成员的动力及行为具有一致性。③ 按照传统的社会性别规范，家庭为了维持最佳功能状态，必须在丈夫和妻子之间进行劳动分工。丈夫注重职业的、教育的和政治的外部活动，维

---

① 金一虹. 农村妇女发展的资源约束与支持 [J]. 浙江学刊，2000 (6)：73-76.
② 许艳丽，谭琳. 论性别化的时间配置与女性职业发展 [J]. 中华女子学院学报，2002, 14 (6)：1-7.
③ 让·凯勒阿尔. 家庭微观经济学 [M]. 顾西兰译. 北京：商务印书馆，1998.

持家庭与社会的联系，承担工具性功能；妻子注重家庭的内部事务，维持家庭内部关系，抚养儿童并使其社会化，承担情感性功能。① Judith Lorber 认为，社会性别是人类社会建构秩序、分配资源、组织社会地位和结构的一个重要方式。作为一种社会制度，社会性别是人类组织自身生活的重要方式之一。② 传统的性别角色分工是家庭时间配置性别化的根源。女性的时间配置被规范在家庭内部，家务劳动被规范成为女性的责任。在贫困家庭中这种情况也不例外，甚至女性还要配置更多的时间和精力在家务劳动上。

此外，时间配置效益评价标准具有性别双重性。社会性别角色规范不仅决定了时间配置的性别化，而且对男女时间配置效益的评价设置了双重标准。对个体而言，时间配置的效益主要表现为个人生活幸福和职业生涯成功方面。传统社会性别规范正是通过设置男女两性不同的时间配置效益标准来引导两性的时间配置的。一般来说，男性的生活幸福和事业成功主要体现在其"主外的"工具型功能的充分且有效的发挥。传统社会性别角色规范建构了男性的排序原则，认为男性事业成功比家庭生活幸福重要。在现实社会中，男性个人和家庭生活幸福与否并不影响人们对他事业成功的评价；相反，有时甚至会使人们更加肯定其事业的成功，也就是更加肯定其时间配置的效益。传统社会性别规范在塑造男性的同时也塑造着女性，女性个体的成功主要体现在相夫教子方面，即"主内的"情感型功能的有效发挥。传统社会性别规范为女性建构了一个与男性不同的排序原则，认为女性家庭生活幸福比事业成功更重要。

时间配置效益评价标准的性别双重性和时间配置的性别化，不可避免地会对男女两性的职业生涯发展产生影响。社会资本是在交往中建立起来的，而女性缺乏时间和家庭支持建立亲属以外的社会网络，女性由于缺乏社会交往时间而很难积累自身的社会资本。另外，家务劳动占有女性的生活时间，每一件琐事都用掉了女性可用于任何一种事业的时间。时间和职业的双重限制，一方面使职业女性丧失了提高技术的动力和机会，而这种技术能另外证明她们是胜任职业的；另一方面使职业女性缺乏学习的时间和职业培训时间，而这进一步将女性限制在不利的职业地位。③

根据贝克尔的时间配置模型，时间市场价值高的人会减少时间密集型产品消费，用产品的质量替代产品的数量。相反，时间市场价值低的人不得不选择时间

---

① 谭琳，陈卫民. 女性与家庭——社会性别视角的分析 [M]. 天津：天津人民出版社，2001.
② Judith Lorber. Night to his day, Paradoxes of Gender [R]. 郑丹丹译. 北京：中华女子学院，妇女与社会性别学导论课程建设研讨会专辑，2001.
③ 许艳丽，谭琳. 论性别化的时间配置与女性职业发展 [J]. 中华女子学院学报，2002，14 (6)：1-7.

密集型产品。① 所以女性由于性别角色规范的作用，容易陷入时间价值与发展机会不均衡发展的恶性循环，具体如图4-1所示。

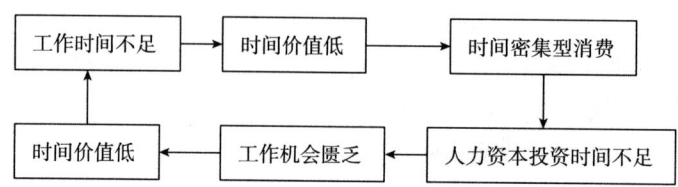

图4-1 贫困女性时间价值与发展机会不均衡发展的恶性循环

四、贫困女性休闲资源的稀缺

闲暇时间是一种社会财富和社会资源，是男女两性应该平等拥有与享用的权利和资源，有效地利用闲暇时间是社会进步和经济发展的标志之一。女性对闲暇时间的支配及其闲暇活动方式，是女性社会地位及其提升程度的反映。闲暇时间的拥有量和闲暇时间的使用，与社会经济状况及生活方式有着密切关系。闲暇生活方式的性别差异，是性别差异的一个重要层面和存在领域，但国内学术界一直没有十分关注这一问题，尤其没有关注贫困女性的闲暇生活问题。近20年来，国内有关男女不平等的研究成果主要集中于经济、政治、文化教育三大领域，日常生活领域（包括闲暇）的不平等，常常被视为"私人领域"而遭忽视。②

女性"半休闲"多，纯粹闲暇少。"半休闲"，即边工作边休闲或边做家务边休闲。对许多女性来讲，家庭是主要的工作场所，而且大部分在家的时间是边工作边休闲，这种情况被一些研究者称为"半休闲"。③ 这种"半休闲"现象常常表现为边干家务边看电视或听广播，或在看电视、串门聊天等闲暇活动中编织毛衣或做一些携带方便的手工活等。看电视对男性来说是纯粹的闲暇活动，而对多数女性来说则是"半休闲"。因此，看电视的闲暇效果对男性和女性而言并不是一样的。男性经常是一边喝茶一边看电视，女性则是一边看电视一边洗着衣服、照看小孩或做着其他的家务。这与贫困女性是家务的主要承担者有关，相比之下，贫困男性的闲暇活动则比较单纯。

此外，家务劳动时间长和家务劳动的阶段性（至少一日三餐就使女性的家务

---

① 加里·斯坦利·贝克尔. 家庭论 [M]. 王献生，王宇译. 北京：商务印书馆，1998.
② 田翠琴. 农村妇女发展与闲暇时间的性别不平等研究 [J]. 妇女研究论丛，2004 (5)：25-31.
③ 卡拉·亨德森. 女性休闲——女性主义的视角 [M]. 刘耳等译. 昆明：云南人民出版社，2000：10.

分段进行),不仅分割了贫困女性的时间安排,也降低了闲暇生活的质量。男性有更多更纯粹的闲暇时间,而且不会被家务劳动所干扰。女性则很难得到放松,时间的压力感更大。因此可以说,现代"时间压力"增加的感觉更多是来自这种间断性而不是由闲暇时间的减少造成的。①

闲暇时间与闲暇生活的性别差异和不平等现象十分明显,其差异不仅是闲暇时间总量的差异,更重要的是闲暇生活质量与闲暇机会、闲暇心态的差异。与男性相比,女性的生活时间结构是"三少一多",即生产劳动时间少、生理需要时间少、闲暇时间少、家务劳动时间多,闲暇时间的性别不平等特征十分明显。女性闲暇活动的种类单一、范围较窄,被动接受性活动多、积极主动性活动少,消遣型活动多、学习型活动少,"半休闲"多、真正的闲暇时间少。贫困女性闲暇生活质量的低下、闲暇时间与闲暇消费的短缺,已成为制约她们全面发展的重要因素。②

第三节 对家庭的影响

一、贫困导致家庭关系紧张

在当代中国社会中,家庭仍然是人们获得社会支持的最基本的社会单位。因为贫困,很多家庭关系变得紧张,家庭矛盾增多。许多被调查者认为自己家庭的贫困问题都是下岗失业造成的,而由于下岗或失业等社会原因造成的贫困常常会导致家庭关系的失和甚至彻底破裂。失去家庭的支持后,贫困问题变得进一步恶化,这就形成一个互为因果的恶性循环。在贫困家庭中,暴力现象仍然存在,女性的自杀率明显高于男性(尽管学术界对自杀率及自杀的绝对数字一直有争议,但对中国女性自杀的独特性几乎没有任何疑义。与国外一致,我国女性自杀未遂发生率高于男性,女性自杀未遂率是男性的三倍③,这与 WHO 组织的多中心协作研究的结论一致④)。

---

① M. 比特曼, J. 韦吉克曼. 闲暇时间的特点与性别平等 [J]. 国外社会科学, 2001 (4): 99 - 100.
② 田翠琴. 农村妇女发展与闲暇时间的性别不平等研究 [J]. 妇女研究论丛, 2004 (5): 25 - 31.
③ 北京回龙观医院临床流行病学研究室. "卫生部/WHO 预防自杀讲习班"的会议报告 [J]. 中国心理卫生杂志, 2000, 14 (5): 295 - 298.
④ 马长锁, 方明昭. 自杀未遂的社会心理因素及临床特点 [J]. 国外医学精神病学分册, 2000, 27 (4): 207 - 211.

下岗失业后,有的家庭夫妻关系变得紧张,直接冲突增多。笔者在调查时了解到,很多家庭的夫妻冲突一般并非是由下岗和失业直接引起的,但是下岗、失业通过其他因素发挥作用,增加了夫妻冲突的数量和程度。石秀印认为,夫妻冲突往往因为家庭资源的稀缺引起,下岗失业则加剧了家庭资源的稀缺程度。如果夫妻一方将资源稀缺和自己的需求不满归因于对方下岗(失业),对对方加以指责或抱怨,对方在尊严受到损害时予以对抗,夫妻冲突就会出现。因为资源稀缺和经济紧张,内部的资源争夺随之增加。当一方所分得的资源不能迎合其亲属的期望,或在迎合亲属还是照顾配偶两者之间不能两全的时候,对于对方的责怪就会出现。中国的女性在计划经济年代一向以"我也挣工资,不需要你养活"为自豪,以此作为提升社会地位、挑战男性权利的砝码。下岗失业则使她们的地位跌落,心理出现严重的不平衡。她们担心男性看不起自己、歧视自己,从此沦落为整天围着锅台转的"家庭妇女"。尽管很多丈夫并不在意其下岗失业,甚至认为妻子在家能把家里照顾得更好,但是女性自己并不这样认为。下岗失业等于在职业历程方面遭受重大挫折。这一挫折加上下岗失业后的生活困扰和社会关系断裂,使人们遭遇到诸多的情绪问题。例如,情绪痛苦、心理紧张、脱离社会生活的寂寞和无聊、对未来生活的焦虑等。这些情绪问题降低了个人负面情绪激活的阈限。以前很平常的刺激,在此时就可能引发强烈的情绪动荡。以前很和睦的夫妻,也会因为很小的事件发起火来,还有个别夫妻因为冲突升级而离婚。另外,由于生活困难,也由于生活乏味、枯燥,再加上其他原因,有的下岗失业者有了外遇;有的下岗失业者本身正常,但配偶因为他不能为家庭带来收入,看不起他,而出现外遇。

女性职工大批失业下岗导致女性在家庭中的地位急剧下降,一旦女性遭到丈夫的暴力行为,常常毫无反抗的筹码,经济上对丈夫的依赖导致女性只能选择忍耐,这又使得丈夫的家庭暴力变本加厉。1991~1992年中国社会科学院人口研究所对上海、西安和济南三座城市的调查显示,女性的经济自主权大小与被丈夫殴打的概率成正比例关系,也就是说,女性的经济自主程度越低,被丈夫殴打的可能性越大。例如,被丈夫殴打的女性当中,每月在家中可以支配50元左右的人分别为52.63%(上海)、48%(济南)、52%(西安),可以支配51~100元的为36.84%(上海)、44%(济南)、36%(西安),而每月可以支配450元以上的女性,只占10.53%(上海)和12%(西安)①。

---

① 佟新.中国家庭暴力的情况与分析[C]//高鸣亦,王行娟,丁宁."围城"内的暴力——殴妻.郑州:中原农民出版社,1998:22.

二、贫困代际传递影响子女的发展

贫困代际传递概念是从社会学阶层继承和地位获得的研究范式中发展出来的。美国经济学家在研究贫困阶层长期贫困的过程中发现贫困家庭存在贫困的代际传递现象。贫困代际传递是指贫困以及导致贫困的相关条件和因素,在家庭内部由父母传递给子女,使子女在成年后重复父母的境遇——继承父母的贫困和不利因素并将贫困和不利因素传递给后代这样一种恶性遗传链;也指在一定的社区或阶层范围内贫困以及导致贫困的相关条件和因素在代际之间延续,使后代重复前代的贫困境遇。

贫困代际传递概念存在多种解释。斯坦因伯格就提出了与文化行为、政策、经济结构等因素相关的解释。① 第一种解释强调文化行为因素,与奥斯卡·刘易斯的观点相类似。奥斯卡·刘易斯在提出贫困文化概念后,认为贫困代际传递以具有各种相互作用的经济的和心理的特征为表征。例如,缺乏适当的学校教育,穷困的经济境遇,缺少社会活动的参与,或者缺乏了家庭以外的其他任何社会资源,以上构成贫困文化的一个基本特征——代际传递。一个坚固的核心家庭其家庭成员之间可产生强烈的相互依赖和信任关系,这样可以使年青的一代从年老的一代那里继承其价值观、态度和习俗,从而致使贫困文化代际传递。第二种解释与社会政策相关,特别强调了福利依赖的代际传递性。第三种解释强调了经济结构因素对贫困代际传递的影响,其中,人力资本具有关键性的作用。如贝克尔与托马斯的研究强调了贫困与劳动力市场的关联。② 他们的研究显示,缺乏经济资源阻碍了儿童人力资本的发展,同时,由于人力资本低,儿童成年后缺乏找到好工作的能力。同时,贫困父母与非贫困父母相比缺少与劳动力市场的联系。③ 威尔逊指出,贫困代际传递和城市下层阶级形成的一个重要因素就是由于大批制造业迁出城市中心区,使他们失去了制造业工作,这使他们减少了摆脱贫困的机会。④ 在贫困代际传递研究中,儿童贫困也是一个核心概念。儿童贫困意味着儿童在成长过程中缺乏接近资源的机会,而这些资源对他们的成长和摆脱贫困来说恰恰是至关重要的。这些资源主要包括经济、社会、文化、物质、环境和政治等

---

① Sten – Åke Stenberg. Inheritance of Welfare Recipiency: An Intergenerational Study of Social Assistance Recipiency in Postwar Sweden [J]. Journal of Marriageand Family, 2000, 62 (1): 228 – 239.

② Becker Gary, Nigel Tomes. Human Capital and the Rise and Fall of Families [J]. Journal of Labor Economics, 1986, 4 (3): 1 – 39.

③ Coleman J. S., Press B. Foundations of Social Theory [M] //James S. Coleman. Foundations of Social Theory. Cambridge: Harvard University Press, 1990.

④ Wilson W. J. The Truly Disadvantaged: The Inner City, the Underclass, and Public Policy [J]. Journal of Urban Affairs, 2010, 11 (3): 315 – 326.

资源。儿童贫困也不仅仅是因家庭经济困窘而不能享有适当的物质生活，还包括人力资本发展机会的匮乏、家庭社会网络资源的贫乏、表达自己要求和希望的权利缺乏以及参与权利的缺失等。儿童贫困既是贫困代际传递产生的重要原因，也是贫困代际传递的结果。①

贫困家庭的儿童可能会形成自卑的性格。贫困使儿童认为生活很悲苦，生活给他们的体验是不愉快的。贫困的家庭环境难以改变，虚弱、自卑、无助是他们的深刻体验。他们通常认为自己会被别人看不起，担心自己日后的生活。在贫困家庭中，父母天天为生计发愁，忙于奔波，忽视了对子女的教育和管理。孩子放任自流，家庭关系淡漠、疏远。这些孩子往往会到社会上结交朋友，以寻求同情与温暖。如果交友不慎，就可能走入歧途。在现代社会，教育已成为人们摆脱贫困的重要途径，也是提升生活质量的基础和前提。但是，由于各种原因，贫困家庭子女的教育问题已成为普遍关注的社会问题，他们因家境贫寒而失去受教育的机会。

张翼提出，家庭阶级出身严重影响社会地位的获得过程。家庭阶级出身"不好"的孩子，在传统社会主义时期曾经遭受过强烈的升迁歧视。现在，父母传承其影响力的主要通道，开始不再主要依赖不平等的制度性因素（如分割市场中的单位部门等），而转变为对教育路径的依赖。然而，在受教育的过程中，却蕴藏着由教育改革所带来的影响深重的不平等，即以传统工人阶层和农民阶层为主的那些人的子女，在高等教育的"高收费"面前，已经不像20世纪90年代以前那样可以与干部子弟或私营业主子弟等凭分数"公平"竞争了。毕竟，货币选票也决定着高考的孩子们的走向。② 在此社会背景下，城市贫困家庭的子女要获得与其他家庭子女同样的社会地位就要付出更为艰辛的努力。

孙莹从人力资本、劳动力市场需求以及生活机会理论出发，对我国城市贫困家庭青少年就业问题进行了实证研究，指出这一特殊群体的受教育和就业状况处于劣势，显现出贫穷的"代际循环"趋势。从受教育程度看，调查统计结果显示：贫困家庭青少年接受大专以上教育的比例低于普通家庭。贫困家庭子女就读学校的质量低于普通家庭，贫困家庭子女对未来的教育成就的期望低于普通家庭，贫困家庭青少年较少参加课余补习班、兴趣班和聘请家庭教师。研究发现，我国贫困家庭青少年的人力资本蓄积已经处于劣势，加上我国整体就业压力逐渐增大，结合贫困家庭的社会处境和生活机会的缺乏，未来这一群体陷入贫穷代际循环的可能性非常高，形成"贫穷世袭"。③

---

① 李晓明. 贫困代际传递理论述评 [J]. 广西青年干部学院学报，2006（2）：75-84.
② 张翼. 中国人社会地位的获得——阶级继承和代内流动 [J]. 社会学研究，2004（4）：76-90.
③ 孙莹. 我国城市贫困家庭第二代就业问题研究 [J]. 青年研究，2005（9）：25-33.

第四节 对经济和社会安全的影响

社会不安全在很大程度上体现为社会矛盾的积累、社会关系的失调以及社会冲突、社会失序。相对于经济安全、政治安全,社会安全由于对整个社会系统及统治集团的威胁具有非直接性和模糊性的特点,所以往往没有受到足够的重视。事实上,社会安全状况的持续恶化,最终也会导致经济、政治的不安全。特别是在现代社会,社会子系统发展较快,社会安全与经济安全、政治安全的关系已经越来越密切。很多社会性风险会加剧经济、政治系统的压力,导致经济危机和政治不稳定。[1]

一、影响经济安全

城市贫困问题从需求和供给两方面制约国民经济的健康发展。一方面,劳动力资源优势不能充分发挥。中国的最大优势在于劳动力资源,而劳动力资源与一般的物质资源不同,它不能被储藏,可开发利用的时间仅有三四十年。失业导致的贫困实际上是有劳动能力的劳动者不能被合理利用,造成劳动力资源的闲置和浪费。另一方面,贫困导致消费紧缩,城市贫困人口和低收入群体的增加,不仅降低该群体的消费能力和消费水平,还会影响其他群体的消费预期和贫困预期,制约消费需求的扩大。近几年我国消费紧缩,市场需求启而不动,城市贫困带来的综合影响是重要原因之一。[2]

1. 制约消费需求

以城市女性为重要组成部分的贫困群体和低收入群体的增加,不仅影响该群体的消费水平,还会影响其他群体的消费预期,制约消费需求的扩大,造成有效需求不足,影响国民经济的持续健康发展。凯恩斯在《就业、利息和货币通论》一文中曾指出,资本主义产生经济危机的根源在于有效需求不足,即消费需求不足和投资需求不足。随着收入的增加,边际消费倾向呈递减趋势,这是人类最基本的法则之一。由于消费是总需求的一个分量,故消费倾向递减这一心理法则必然导致有效需求不足。因此,他主张政府为贫困失业又有就业愿望的人提供就业机会,增加他们的收入,增加有效需求。收入是消费的前提,收入差距拉大对经济发展产生紧缩的束缚作用并难以解脱。贫困人口的消费需求降至最低点,这样

---

[1] 郑杭生,洪大用. 中国转型期的社会安全隐患与对策[J]. 中国人民大学学报,2004(2):2-9.
[2] 曾庆久,毕于榜. 我国城市贫困与反贫困问题探讨[J]. 重庆社会科学,2005(5):87-93.

便降低了产品的社会需求量,导致产品流通速度的减慢,势必影响整个社会生产的发展。一旦财富集中到少数人手中,而大多数人的绝对收入下降,必然导致社会的凝聚力受挫,影响社会总体需求的提高,当社会消费不足时,经济增长就会受到极大的制约。因此,城市贫困群体的扩大,大众购买力的下降,预期支出的增加是中国近年来依靠扩大内需拉动经济增长但效果不太理想的一个原因。

2. 劳动力资源浪费

在市场经济条件下,市场在资源配置中起决定性作用,一定程度的失业市场经济不可避免,但是失业也造成了劳动力资源的浪费和 GDP 的损失。因为无业所导致的贫困,实际上是有劳动能力的劳动者不能被开发利用。劳动力作为经济发展中最宝贵的资源之一,它具有损失或浪费后不可弥补的特点。失业人口过量,不能用于创造物质财富,这是对劳动力资源的极大浪费。①

二、社会群体冲突加剧

一个富裕的社会不一定稳定,但一个贫困的社会必然是不稳定的。要减少社会的动荡,维持社会的稳定,就必须减少贫困人口,从而减少贫困阶层与其他阶层冲突的概率。因为,贫困作为一种能力与机会的缺失,作为一种资本短缺和物质匮乏,可以剥夺人的良好意愿和兴趣,滋生紧张、侵犯和利益冲突,不断拉大阶层间的断裂,使贫困群体产生一种强烈的抵触和敌视社会的心理。我国城市贫困人口由于共同的生活经历、文化背景和经济状况,从众心理较强,又由于行业、地域的相对集中,便于交流和相互感染,加上大都面临艰难的生活处境,贫困群体成员很容易形成一种强烈的认同感、归属感,具有较高的整合性,进而演化成激烈的集体行动,产生过激行为。越是身处贫困状态的人们,越是易于参加群体行为来表达自己的主张。从这个意义上说,推进我国城市反贫困战略,不仅能为贫困者消除和减轻贫困的压力,还能为国家的稳定和社会和谐发展创造有利的环境与条件。

三、社会安全遭遇冲击

代表和维护社会弱势群体利益的利益集团的组织化程度较低,所拥有的资源较少,利益表达渠道不畅,反映问题困难,利益诉求不被重视,使他们往往以破坏性甚至极端的方式表达利益诉求,利益矛盾极易导致突发性群体事件。

罗金寿和王东的研究发现,改革开放以来,我国犯罪率趋于增长,特别是近十几年来犯罪率大幅度增长,并且保持上升的势头,其中很大程度上与大量存在

---

① 唐芸霞. 我国城市贫困与社会保障制度 [D]. 武汉:武汉大学, 2004.

的贫困人口有关。由于利益的分化、社会的分层,以及意识形态的变化,这些被边缘化的城市贫困群体,也就成了犯罪的高发人群。其中,下岗职工和进城农民工两类犯罪主体占有很大的比例。①

研究者发现,贫困以及与它联系在一起的种种不利条件对犯罪率有很强的正效应,贫困可能导致大量的有动机的犯罪。② 可见贫困虽然并不必然产生犯罪,却是导致犯罪量增加的一个重要因素,贫困与其他的不利因素结合将极大地诱发犯罪。

贫困与犯罪没有必然的联系,因贫困走上犯罪道路的贫困者仅是极少数,但经济上的贫困或相对贫困却是一些贫困个体犯罪的重要诱发因素。在社会环境、生存状态及个体心理差异等多个因素共同作用下,个别贫困者铤而走险,走上犯罪的道路,从而影响社会稳定。美国学者约翰·列维斯·齐林认为:"贫困是间接地由影响人民的生活状况,或由供给一种生活状况使人民受其淘汰或产生无能力的人因而增加了犯罪。"③ 也就是说生活的贫困是导致犯罪的诱因,因而关注贫困者的生活状态,改善社会制度环境,对于预防和减少犯罪活动,构建和谐社会有积极、重大的意义。

---

① 罗金寿,王东.论贫困对犯罪的正效应——以城市贫困人口犯罪为视角的犯罪学分析[J].四川警官高等专科学校学报,2005,17(4):33-38.
② L.汉农,新馨.犯罪机会论和贫困与财产犯罪的关系[J].国外社会科学,2003(1):109-113.
③ 约翰·列维斯·齐林.犯罪学及刑罚[M].查良鉴译.北京:中国政法大学出版社,2002:190.

第五章 中国城市女性贫困的原因

尽管中国的经济增长速度维持在较高的水平上，但城市的贫困问题却越来越严重。对此，目前学界和官方的解释主要有以下几种：一是产业结构的调整与变迁①；二是收入分配不公；三是保障制度欠缺；四是失业人口剧增；五是贫困人口的文化素质不高②；六是制度转型和对外开放的结果③；七是社会排斥和社会剥夺④；八是经济贫困，其实是社会权利"贫困"的折射和表现，经济贫困的深层原因不仅是各种经济要素不足，更重要的是社会权利的"贫困"，当然还包括与社会权利相关的政治、文化和经济权利的"贫困"。⑤ 关于贫困原因的观点很多，虽然这些观点与我国城市贫困女性的致贫因素分析密切相关，但鉴于本书篇幅和笔者研究视域的限制，在此不一一分析。笔者拟从社会性别的视角入手，对城市女性贫困的制度性根源进行剖析和关注。

第一节 中国经济和社会的转型

城市贫困女性的致贫因素是错综复杂的，近年来有不少学者从多侧面、多角度具体地分析了导致城市居民贫困的主要原因，有社会的原因也有个人的原因，更离不开中国近年来的经济和社会转型。应该说这些分析都从各自的视角做出了有益的探讨。特别是导致现阶段城市贫困问题的深层次原因——我国社会主义市

---

① 李强. 中国城市贫困层问题 [J]. 福州大学学报（哲学社会科学版），2005（1）：21-28.
② 王时涛. 我国城市贫困问题研究 [J]. 学术界，1998（2）：84-88.
③ 肖文涛. 我国社会转型期的城市贫困问题研究 [J]. 社会学研究，1997（5）：40-47.
④ 唐钧. 社会政策的基本目标：从克服贫困到消除社会排斥 [J]. 江苏社会科学，2002（3）：41-47.
⑤ 洪朝辉. 论社会权利的"贫困"——中国城市贫困问题的根源与治理路径 [J]. 当代中国研究（美国），2002（4）：5-30.

场经济的转型与社会政策方面的转型是本书的社会背景。改革开放以来，中国社会正从同质的单一性社会向异质的多样性社会转型。在社会转型过程中，整个社会利益结构发生了分化与重组，原有的社会利益格局被打破，新的利益群体和利益阶层逐步形成。转型是一个不同阶层重新定位、权力重新分配与整合的博弈过程，是一个随着改革进一步深入，问题越来越复杂，解决也越来越难，矛盾越来越积聚甚至尖锐化的过程。转型意味着变迁，意味着不稳定与无序因素的不断生成，意味着"丛林法则"起作用的可能。① 从宏观的经济与社会背景看，贫困是社会结构转型和经济体制转轨的伴生物（见图5-1）②。

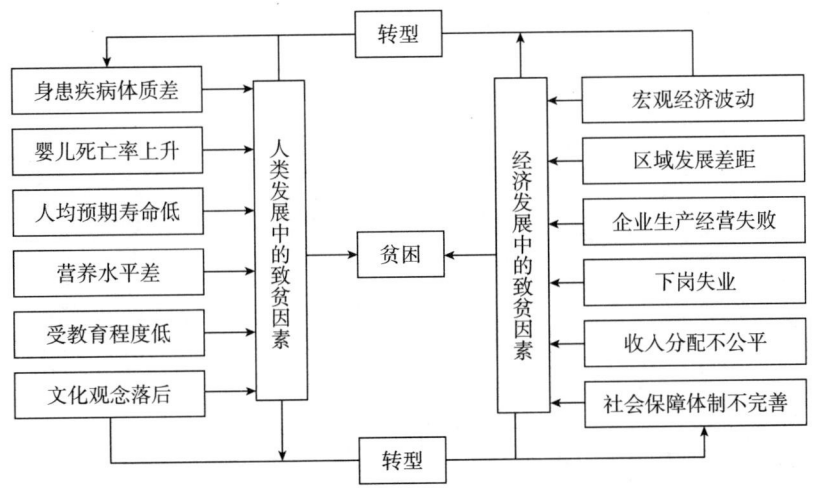

图5-1 中国城市贫困陷阱运行示意图

市场经济体制的确立，必然会导致"优胜劣汰"效应、追求效率的正负"双重效应"、产业结构的调整效应，所有这些趋势在近期内不可能有根本性的转变。一方面，20世纪90年代以来，我国在城市迅速推进经济体制转型、国有企业改造、产业结构转化和收入分配政策的变化，这在客观上造成了部分劳动者的失业下岗和收入降低。20世纪90年代中期以后，正规部门（指国有单位和城镇集体单位）就业人数大幅度下降。此前的1978~1995年，中国正规部门职工人数一直呈上升态势，累计净增就业人数4560万人。据《中国统计摘要2002》显示，2001年，全国国有单位在岗职工数比1995年减少了3546万人，下降了

---

① 李庆钧. 霍布斯的秩序解说与转型期社会秩序的构建［J］. 江海学刊, 2003 (6): 108-114.
② 王朝明. 中国转型期城镇反贫困理论与实践研究［D］. 成都: 西南财经大学, 2004.

32.4%；城镇集体单位减少了1835万人，下降了59.7%。两者合计减少5381万人，下降了38.4%。即使扣除正常的离退休职工人数914万人（其中企业为715万人），下岗职工实际累计近4500万人。在人类历史上，也许还没有过一个国家在如此短的时间里这么大规模地裁减正规部门的就业人口。据《中国统计年鉴2017》显示，2016年全国国有单位在岗职工数比2012年减少了669万人，下降了9.78%；城镇集体单位减少了136万人，下降了23%。两者合计减少805万人，下降了10.84%。城镇登记失业率变动不大，仍处于4%左右，具体如表5-1所示。

表5-1 城镇就业变动情况

年份 城镇就业人员	国有单位（万人）	城镇集体单位（万人）	城镇登记失业人数（万人）	城镇登记失业率（%）
2012	6839	589	917	4.1
2013	6356	566	926	4.05
2014	6312	537	952	4.09
2015	6208	481	966	4.05
2016	6170	453	982	4.02

资料来源：中华人民共和国国家统计局. 中国统计年鉴2017［M］. 北京：中国统计出版社，2017.

另一方面，部分劳动者的失业下岗和收入降低与政府主导的利益分配机制的调整有关。在市场化、全球化的过程中，在众多利益的选择中，政府无力保护所有社会成员使其利益免受损失，这样，就使某些社会成员陷入贫困。社会政策方面的改革不仅没有及时通过社会保障及其他社会政策而加强社会保护；相反还在一定程度上导致了社会保护机制的弱化，使其难以及时有效地弥补市场经济转型对部分劳动者的损害。

随着我国由计划经济向市场经济的转轨，企业的职能发生了重大变化，由原来的行政机构附属物变成追求经济效益的实体。减员增效、追求低成本高效益、力争利益最大化成为企业的宗旨和目标，减员增效成为流行的做法，但在下岗职工中更多的是女性。20世纪90年代以来，我国企业普遍在就业、薪资、提升等多方面对女性员工采取歧视性做法，女性不仅难找工作，而且处处受到福利和待遇上的歧视。全国妇联2001年第二期妇女地位调查的结果表明，1990~1999年，城市女性与男性的工资比例从77.5∶100下降到70.1∶100，而在农村则从79∶100下降到59.6∶100。女性社会地位的下降自然影响到她们在家庭中的地位。2010年第三期中国妇女社会地位调查全国主要数据报告的结果表明，18~64岁女性在业者的劳动收入多集中在低收入和中低收入组。在城市低收入组中，女性占 59.8%，比男性高 19.6%；在城市高收入组中，女性仅占 30.9%，明显低于男性的 69.1%。数据同时揭示：城市在业女性的年均劳动收入仅为男性的 67.3%，且不同发展水平地区城市在业女性的年均劳动收入均低于男性。随着城市里越来越多的女性被迫退回家庭，城市失业者中下岗女工的数量越来越多。退回家庭的女性尽管不再外出辛苦工作，心理压力和痛苦却成倍增加。那些仍在工作的女性不仅被迫接受低工资、少福利的歧视，而且可能还要忍受各种性骚扰。

城市女性走向社会后，在社会发展和家庭经济中具有不可缺少的地位。但是，在人们追求效益的观念日益提升的同时，女性自身所负有的另一种社会职责——家务和生育，还没有被社会纳入改革的规划。社会虽然以各种方式保障着经济发展，但尚无有力措施保障女性的全面和顺利发展。于是，女性在积极投入社会发展的同时，背负着沉重的家务和生育负担，这成为女性阻碍发展的直接和潜在的阻力，在社会和家务、生育之间，往往形成一种反向拉力，社会对女性两种角色的认同出现矛盾。一方面认识到社会的发展必须发动全民的投入，因此，占人口半数的女性的参与自然不可忽视、不能拒绝；但另一方面，又将家务管理和生育认作女性的天职，将由此而造成对女性在社会物质生产和各种职业工作中的效益影响归咎于女性素质低下。①

根据人口普查数据推算，中国城市地区失业率从 1990 年的 0.88% 上升到 2000 年的 8.27%，并在 2005 年下降到 5.84%。2014 年，中国首次发布了调查失业率，2014 年 6 月末的调查失业率为 5.05%。虽然 2000 年以后城市失业率逐渐下降，但是女性的失业率一直高于男性的失业率。2005 年女性失业率为 7.22%，2010 年为 6.35%，而相对应的男性失业率分别为 5.2% 和 5.01%。同时，各个地区的女性失业率均高于男性，且在失业率相对较高的省份，性别差异更大。

女大学生就业难。即使具有年纪轻、学历高两大优势的女大学生，在求职过程中依然困难重重，不仅事业单位向女生亮出了黄牌，而且一些国家机关也纷纷拒收女大学生，即便同意招收，也有数量的限定。

女性就业的艰难和被动表明传统的父权思想和性别角色观念仍有市场。两性之间的生物学差异确实是一个不可改变的事实，由于女性承担生育子女的责任，不仅在一定程度上会对就业和工作产生不利影响，而且因生育费用和产假福利等可能增加雇用者支付的工资成本，因此，企业在追求利润和效率优先的目标约束下，容易产生带有性别歧视的用人策略。

---

① 陶春芳. 改革开放和妇女发展[C]//北京大学中外妇女问题研究中心. 北京大学妇女问题首届国际研讨会论文集（1992）. 北京：北京大学中外妇女问题研究中心，1993.

第二节 不平等的社会性别制度

20世纪七八十年代,欧美国家的一些学者用社会性别的概念来解释和分析人类历史上普遍存在的性别不平等现象。学者们认为人类社会不仅有经济制度、政治制度、文化制度,还有社会性别制度。社会性别制度是在一定社会文化过程中产生的与其他制度并存的制度,是导致社会性别差异的根源。城市女性贫困的研究侧重点应该由注重物质匮乏转变到造成贫困的社会制度和社会关系层面,由关注贫困女性个人和家庭转变为在更为广阔的社会政治、经济、环境中考察城市贫困女性个人及其贫困的成因。

不平等的社会性别制度是城市女性贫困的体制性原因。不平等社会性别制度的形成和变迁史,也是女性解放运动的历程,是女性向社会性别制度发起挑战的过程。进行女性贫困问题的研究,有必要先对不平等社会性别制度的形成和变迁史进行考察。

一、不平等社会性别制度的形成

社会发展的历史告诉我们,人类文明的历史首先是女性的历史。原始社会人类最基本的社会细胞是氏族,最初的氏族组织是母系氏族,这是母权制社会或称女权政治时期。在这种母权制中,女权政治存在了很长时间。男子外出狩猎,妇女从事采集,而采集经济比狩猎更能保证氏族生活资料的获取。在母系氏族中,女性既是食物可靠来源的生产者,又是繁衍后代的主要承担者,同时,还是氏族家庭生活的主持者。女性在经济生活中的重要作用,决定了她们在社会生活中享有崇高的地位,这是一个女权强盛的时代。在漫长的原始社会中,由于生产力水平低下,女性在经济劳动、社会生活、精神领域中显示出重要作用,女性不仅与男性处于平等的地位,而且受到高度的尊敬。

随着私有制的产生,女性失去了对生产资料的所有权和参加社会劳动的权力。私有制形成后,男女地位发生了质的变化。中国传统的农业社会,家庭是小农经济的主导。家庭的基本的分工形式是男性在田间耕作,女性在家中纺织和从事家务。耕和织不仅维持着家人的生活,同时上缴国家税收。因而《汉语·食货志》就有"一夫不耕,或受之饥;一妇不织,或受之寒"之说,可见男性和女性的耕织劳动无论对于国家还是对于家庭都很重要。这是一种夫权统治下,夫妻共同维持生计,支撑家庭的经济体制。当时,只有极少量的女性从事商业、手工业、旅店餐饮业、演艺业、佣工及其他劳作。对于这种现象，国家和社会都予以认可，在法律和制度上并不限制。男性不仅成为谋取生活资料的主导者，而且主宰了生产、交换、分配和消费各个领域的大权，女性则被排斥在社会劳动之外。另外，封建礼教统治，使女性成为男性的附属品，处于社会的底层。女性是男性的附属物，被幽居在家中，谈不上任何权利和地位。宋代以来，女性家庭地位低下的一个典型表现就是摧残女性的缠足现象，一方面是为了取悦于男性的审美需求和性欲偏好，另一方面迫使女性深居闺房，不问世事，禁锢家中，成为男性的奴隶。

因为妻子只是用来生儿育女的工具和操持家务的劳动力，因此，丈夫可以根据自己的需要随意处置。相反，由于是丈夫的所属物，妻子只能服从支配。女性的婚姻权利，包括恋爱权利、自由选择配偶权利和离婚权利都被剥夺了。女性的附属地位决定了她们在家庭中被支配、被奴役的命运。正如恩格斯所说，由于母权制被推翻，"丈夫在家中也掌握了权柄，而妻子则被贬低、被奴役，变成丈夫淫欲的奴隶，变成生孩子的简单工具了"①。又说，"为了保证妻子的贞操，从而保证子女出生自一定的父亲，妻子便落在丈夫的绝对权力之下了，即使打死了她，那也不过是行使他的权利罢了"②。妻子在家庭中没有家庭事务决策权，无论是家庭生产还是家庭生活中的重大问题，都只能听从丈夫的意见。男性为了巩固和扩大自己的财产权利，保持自己的支配地位，必然要限制女性的各种行为，尤其是有利于获得财产权利的行为。参加社会生产劳动，是女性获得经济独立的重要途径，男性千方百计地阻挠和限制女性参加各种社会生产劳动，制造种种理由和借口把女性束缚在家庭的小圈子里。受教育程度决定着女性素质的高低，同时决定着她们获取财产权利和政治权利的能力，但是女性受教育的权利也同样受到限制。在我国漫长的封建制时期，女性所接受的仅仅是"在家从父，出嫁从夫，夫死从子"和"妇德、妇言、妇容、妇功"的"三从四德"教育。一般而言，在传统社会里女性没有制度性权利去继承家庭财产，只有儿子才有合法占有家庭财产和分配遗产的权利。未婚女性或许有可能得到一份嫁妆，而死了丈夫的女性如果留在家族里至多只能得到赡养，但无论是出嫁的女儿还是寡妇，都无法分得家产。明朝、清朝的律令甚至苛刻地规定，倘若家无直系男性继承遗产，就必须在侄子中过继一个儿子作为财产继承者，即所谓的"强制侄子继嗣"，这种律令完全剥夺并杜绝了女性的家庭财产继承权，显示出对女性的极端歧视。到了清朝末年，在维新变法运动的推动下，1905年中国政府开始创办女子学校，但主要课程仍然是学习"为女、为妇、为母"之道。不平等的社会性别制度就是

---

①② 马克思，恩格斯. 马克思恩格斯选集（第四卷）[M]. 中共中央马克思恩格斯列宁斯大林著作编译局译. 北京：人民出版社，1972：52.

这样得以形成和巩固的。

19 世纪中后期，两次鸦片战争使得中国传统社会逐步解体，中国的女学生同期产生，中国的女性社会团体、女性报刊，以及女性参与政治、军事活动和从事慈善事业等也几乎同时产生。辛亥革命和五四运动，在观念形态上动摇了封建社会的夫权统治，唤醒了女性的解放意识，发起了女性对完全从属于男性经济地位的反抗。由此，一些觉悟起来的女性开始自觉参与社会经济生活。20 世纪三四十年代的抗日战争增强了女性的民族意识，在大批女性成为反抗日本帝国主义的一支坚强力量的同时，女性劳动力也自觉或不自觉地成为中国城市化与工业化过程中的一支力量。但是由于社会制度对女性的种种限制，女性劳动力被隔离在了相对高收入、相对高层次的劳动领域之外。

二、不平等的社会性别制度是对女性的体制性压迫

人们认为，女性的从属地位是因为她们有异于男性的生理结构，女性主义作此区分恰恰阐明社会性别，如女柔男刚，"女主内、男主外"的社会性别角色，并不是直接由生理决定的，而是由社会造成的。因此，女性的从属地位并不是天经地义的，而是社会文化歧视的结果。不平等的社会性别关系不是指所有的男人压迫所有的女人，而是指男女处于相对的不平等的社会关系之中。在阶级社会中，资产阶级的男女压迫无产阶级的男女，但同时，无论是资产阶级女性还是无产阶级女性，她们又都受本阶级男性的压迫。这种压迫是基于性别产生的，形成了一种以男性为中心的社会性别压迫体制：人们因性别决定劳动分工、工作待遇及行为方式，男性总是能比女性得到更多的机会和资源、掌握更多的权力。由社会性别的不平等产生了社会性别鸿沟，即社会、经济各个方面的男女的不平等，造成了社会性别歧视。这种社会性别歧视可以说是跨越历史和地域的，存在于社会生活的各个领域，表现为各种形式，可以是个体的或群体的行为，也可以是社会性的、体制性的国家行为，如在收入分配、资源获取及参政方面的系统的、结构性的歧视。① 按照后结构女性主义的说法，社会性别不但是话语的运作表现，而且也不断制造新的社会现实。② 作为一种社会制度，社会性别是产生分化的社会地位的过程，该过程用以分配权利义务。作为使这些地位呈不平等状况排列的分层体系的一部分，社会性别是建立在这种不平等地位上的社会结构的重要组成部分之一。③

---

① 杜洁. 女性主义与社会性别分析——社会性别理论在发展中的运用 [J]. 浙江学刊, 2000 (2): 94 - 98.

② 王政. 社会性别研究选译 [M]. 北京：生活·读书·新知三联书店, 1998: 376 - 377.

③ Judith Lorber, Farrell, Susan A. The Social Construction of Gender [M]. Park, CA: SAGE, 1991.

陆学艺在其主编的《当代中国社会阶层研究报告》中以职业分类为基础，以组织资本、经济资本和文化资本拥有状况为指标，对当代中国社会阶层结构进行划分，划分出十大社会阶层：①国家与社会管理者阶层（指领导干部，拥有组织资本）；②经理人员阶层（指大中型企业的中高层管理人员，拥有较多的组织资本和经济资本）；③私营企业主阶层（拥有经济资本）；④专业技术人员阶层（拥有文化资本）；⑤办事人员阶层（中低层公务员、企事业单位中的基层管理人员和非专业性办事人员，拥有少量组织资本或文化资本）；⑥个体工商户阶层（拥有少量经济资本）；⑦商业服务业员工阶层（基本没有三种资本）；⑧产业工人阶层（基本没有三种资本）；⑨农业劳动者阶层（基本没有三种资本）；⑩城乡无业、失业、半失业人员阶层（指除在校学生外的无固定职业的劳动年龄人群，基本没有三种资本）①。

在这样一个等级性的社会阶层结构中，性别分布是：三个最具优势地位的阶层（控制着组织资源的国家与社会管理者，控制着经济资源的私营企业主，以及拥有较多文化资源、经济资源和组织资源的经理人员）都是以男性为主（约占3/4）②；在社会的中间层中，现代中产阶层（专业技术人员和办事人员）性别分布较平均，但现代中产阶层的上层（较高等级的专业技术人员）中男性比例较高，而中下层（较低等级专业技术人员和办事人员）中女性比例较高；传统中产阶层（个体工商户）中则男性比例高于女性。在社会经济地位较低的阶层，商业服务业人员中男女分布较平均，产业工人中男性比例高（占3/5）；无业、失业、半失业人员中女性比例远高于男性（女性占70%~80%）。特别值得注意的是，家庭主妇及从未就业的女性人数在上升，并且这一群体的年龄在年轻化。过去不工作的一般是年龄比较大的女性，但是现在出现了一些二三十岁的女性不工作。

自1978年改革开放以来，两性群体社会经济地位差距日益扩大，在社会资源分配中女性群体逐渐被边缘化、弱势化。同时，一些经验研究发现，当前的职业分化和阶层分化都受到性别因素的影响，存在明显的性别阶层分化现象。社会各阶层的性别分布以及经济、文化、政治资源占有状况存在性别差异。这说明，性别是一个确实存在的分层机制。从实证数据分析结果来看，性别因素对个人的社会经济地位获得存在影响，但与其他一些因素（社会结构、制度和能力等获致性因素）相比较而言，性别因素的影响是比较小的，它对个人社会经济地位变化的解释力度在1%~2%。在目前的城市社会经济分化中，个人能力对社会经济地位获得的影响是最大的，其次是社会结构和制度因素，性别可以归为第三组的影响

---

① 陆学艺. 当代中国社会阶层研究报告 [M]. 北京：社会科学文献出版社，2002.
② 陆学艺. 当代中国社会流动 [M]. 北京：社会科学文献出版社，2004.

因素，也就是说，它不是具有决定意义的分层机制，但它确实在发挥着作用。

三、分工使不平等的社会性别制度更加畸形

随着社会的不断发展，原来的氏族公社逐渐分化为一家一户的个体家庭；家庭成为社会的基本经济单位，在一夫一妻制的社会里，妻子所做的家务劳动与社会不发生任何关系，这时"家务的料理失去了自己的公共的性质，它不再涉及社会了。它变成了一种私人的事务"①。家务劳动的私人性质大大降低了它的社会价值，因此，"男子的劳动就是一切，妇女的劳动是无足轻重的附属品"②。劳动在社会中的价值和地位不仅成为家庭财产分配的唯一依据，也决定着不同劳动主体的家庭地位和社会地位。于是，男性成为家庭财产的所有者和家庭的统治者，女性则不仅失去了财产分配的资格和权利，而且家庭地位和社会地位也随之降低，她们成为家庭的奴仆。马克思曾说："分工是以家庭中自然产生的分工和社会分裂为单独的、互相对立的家庭这一点为基础的。"因此，"家庭中的奴隶制（诚然，它还是非常原始和隐蔽的）是最早的所有制"③。分工以及由分工引起的财产分配的不平等，不仅是导致女性权利失落的最深刻根源，而且是迄今为止实现女性权利的最大障碍。个中原因，一是家务劳动与其他劳动形式的完全分离，使女性成为专门从事家务劳动的主体，二是家务劳动由于不能参与交换而不被社会所承认，失去了参与社会财产分配的权利。④

西方社会学家常常习惯于用公共领域和私人领域的概念来描述劳动的性别分工，然而在中国人的日常生活中公共领域和私人领域没有明显的界限。⑤ 在西方女性主义中，女性在家庭中所从事的劳动不应该被排除在"工作"范畴之外的基础上，佟新等提出，应以对劳动的性别分工研究代替单纯的对女性劳动的研究。所谓劳动的性别分工指的是：在社会性别基础上，为完成人类有关物质产品的生产劳动和人类自身生产劳动的制度安排。进行劳动性别分工研究的目的在于，反思在劳动中人类如何建构等级化的性别秩序。张宛丽指出，男女在自然分工的层面是平等的，但被框架到社会分工之中后，就产生了不平等的结构关系；并且，男女之间的差异究竟导致不平等还是多样性，取决于社会结构下的分工、

---

①② 马克思, 恩格斯. 马克思恩格斯选集（第四卷）[M]. 中共中央马克思恩格斯列宁斯大林著作编译局译. 北京: 人民出版社, 1972: 52.
③ 马克思, 恩格斯. 马克思恩格斯选集（第一卷）[M]. 中共中央马克思恩格斯列宁斯大林著作编译局译. 北京: 人民出版社, 1972: 37.
④ 赵英荷. 人权与妇女权利[M]. 西安: 陕西人民出版社, 1999: 27 – 130.
⑤ 王金玲. 性别与社会研究的新进展[J]. 山西师大学报（社会科学版）, 2005 (4): 64 – 68.

现代社会中的文化霸权、两性及其个体对不平等的认同三个前提条件①。深层的、历史积淀的男女不平等绝非一朝一夕可以改变，性别歧视仍渗透在家庭、生活和社会的各个领域。如社会上的性别定型、职业隔离还严重存在，人们仍沿袭某种"女性不宜"（如不宜从政）或"女性适宜"（如适宜从事文秘公关、服务员、售货员、流水线操作工等）来界定女性的就业，限定女性的发展；深层次的原因仍是"妇女无能"或者"头发长见识短"一类的性别歧视。②

分工造成了人的畸形发展。分工就是不同的社会劳动主体相对固定于某一生产领域或某一职业和工种的生产形式，这种相对固定，有利于劳动者提高业务熟练程度，提高劳动生产率，但也会使人产生片面性。尤其是在生产力水平尚不发达、人们受教育水平还较低的情况下，人们往往是终身或多半时间被固定在某一特定的活动范围以内，只掌握某一类专业知识和生产技能，个人才能的全面发挥受到极大限制。尤其是那些操作性强、知识含量低的职业和工种，限制了人的智能发展，久而久之，劳动者必然变得愚钝、无知。"男主外、女主内"的分工形式，使女性终生被限制在家庭的小圈子里，被束缚在家务劳动这一单一劳动形式中，她们不了解外部世界，不懂得任何其他知识和技能，长此以往，不仅使她们的性格发生扭曲，变得心胸狭窄、眼光短浅、志趣单一，而且使她们的各方面才能受到压抑；不仅自然天赋得不到发挥，而且简单的、琐碎的家务劳动使她们变得更加愚钝。两性分工给女性带来的这种后果，更加深了社会对女性的偏见，女性被看作天生就是胸无大志、智能低下，只注意鸡毛蒜皮的小事，不能成就大事的无能之辈，她们只能从事家务劳动，不能胜任其他任何工作，因此，女性就被排斥在所有社会活动之外。另外，两性分工把女性束缚在家庭小圈子里，使女性失去了受教育的机会，进一步降低了女性适应社会需求的能力，为社会剥夺女性权利进一步提供了依据。③

四、城市贫困女性遭受社会和家庭的双重压迫

中华人民共和国的成立揭开了女性解放崭新的一页。从政策和法律上真正确立了女性在社会中拥有与男性平等的权利，女性活跃在社会经济活动的各个领域。国家通过法律保障女性能够和男性一样读书、就业，男女同工同酬，低工资，广就业，女性大规模进入各个领域之中，再也没有中国传统男权社会所规定的禁止女性涉足的领域。"时代不同了，男女都一样""男人能做的事情，女人

---

① 王金玲. 赋社会以社会性别——社会性别与社会读书研讨班专辑（内部本）[R]. 天津：天津师范大学，2000.
② 杜芳琴. 中国妇女与发展——地位健康就业 [M]. 郑州：河南人民出版社，1993.
③ 赵英荷. 人权与妇女权利 [M]. 西安：陕西人民出版社，1999：127-130.

也能做"成为女性精神风貌的概括,这在当时对于女性具有极大的解放作用,性别差异似乎从理论和实践上被彻底消除。当代中国社会的主流价值观念主张女性要内外兼顾、工作家庭两不误。大部分女性除了必须在工作上努力与男性竞争外,在家庭里还要承担大部分家务劳动。我们却没有听到"女人能做的事情,男人也能做"这样的声音,或者要求男人在参加工作的同时分担家务劳动,内外兼顾、工作家庭两不误!

改革开放为女性的进步和发展提供了机遇,同时向女性提出了新的挑战。市场经济的浪潮将女性推向了市场竞争的前沿,而女性所背负的社会职责——家务和生育,却成为女性参与发展直接的和潜在的阻力。中国在经济体制改革过程中出现了女工下岗、女性失业、女大学生难分配、妇女回家及农业女性化等问题,这些又从另一方面暴露出了市场经济发展中女性所处的不利境遇。深层的、历史积淀的男女不平等绝非一朝一夕可以改变,性别歧视仍渗透在家庭、生活和社会的各个领域。

在传统文化及性别角色"刻板模式"等因素的影响下,城市贫困女性在社会及家庭中普遍处于从属地位,她们既要承担因贫困而导致的更加繁重的家务负担,又缺乏应有的摆脱贫困的就业机会和公平竞争的氛围。恩格斯指出:"妇女解放的第一个先决条件就是一切女性重新回到公共的劳动中去。"① 在恩格斯看来,女性的服从地位、私有制的出现和向父系社会的转变与一夫一妻制核心家庭的产生紧密相连。一夫一妻制家庭产生的唯一目的是保护私有财产的社会延续。男性统治,首先以父系,其次以父权制的形式,仅仅是在有财产的男性与无财产的女性间阶级分裂的结果。只有女性对男子经济依赖的消失,才会允许两性关系建立在平等和"真正的"爱情基础之上,以使女性在经济上不再依赖于男性。女性解放的第二个先决条件就是必须"依靠现代大工业",只有在高度发达的工业化社会里,才可以想象女性能够真正得到解放。第三个先决条件就是家务劳动的社会化,即"把私人的家务劳动融化在公共的事业中"。② 因为在前阶级社会,家务劳动有一种"公共的性质",而一夫一妻制家庭产生后,"家务的料理……不再涉及社会了。它变成了一种私人的事务;妻子成为主要的家庭女仆,被排斥在社会生产之外"。③ 我国女性虽然加入了有偿的社会劳动,但大多从事低报酬、低身份、非技术、无创造性的服务工作,工业化程度太低、家务劳动没有完全社会化、家庭责任与工作压力使女性负担过重而处于两难境地。城市贫困女性要么没有工作岗位,要么是在低收入无保障的低层次的非正规就业岗位,她们在社会和家庭中都遭遇传统社会性别制度的压迫。

---

①②③ 恩格斯. 家庭、私有制和国家的起源 [M]. 中共中央马克思恩格斯列宁斯大林著作编译局译. 北京: 人民出版社, 1972: 72.

第三节　社会公共政策的性别盲视

一、中国性别立法与政策制定

中国的性别立法与政策可以分为两个阶段：第一阶段是计划经济阶段（1949～1979年），第二阶段是计划经济向市场经济过渡的阶段（1979～2000年）。在第一阶段，中国的社会组织结构是金字塔式，高度一体化，对外封闭，国家以平等、政治斗争为目标，忽视经济发展。在第二阶段，中国开始转向多元的网络式的社会组织结构，强调经济效益，走向改革开放，个体选择空间加大，人们的主体意识有所增强。[①]

早在中华人民共和国成立前夕颁布的具有宪法性质的《中国人民政治协商会议共同纲领》中就郑重宣布："中华人民共和国废除束缚妇女的封建制度。女性在政治的、经济的、文化教育的、社会生活的各方面，均有与男子平等的权利。"之后，我国在1954年、1978年、1982年颁布的宪法中均载明，女性在政治、经济和社会生活中拥有同男性一样的权利，后两部宪法中还规定了男女同工同酬的条文。中华人民共和国1950年颁布的第一部重要法律《婚姻法》规定，实行男女婚姻自由、一夫一妻、男女权利平等，保护妇女和子女合法利益。同时，《婚姻法》还明确规定了夫妻之间的权利和义务，提出"夫妻为共同生活的伴侣，在家庭中地位平等""夫妻双方均有选择职业，参加工作和参加社会活动的自由"，规定了夫妻各自使用自己姓氏的权利及相互继承财产的权利。这摧毁了几千年来的封建婚姻制度，从法律上保障了女性的婚姻自主权，提高了女性在家庭中的地位。1953年中央人民政府委员会通过了《中华人民共和国全国人民代表大会及地方各级人民代表大会选举法》。第一章总则的第四条规定：凡年满十八岁之中华人民共和国公民，不分民族、种族、性别、职业、社会出身、宗教信仰、教育程度、财产状况和居住期限，均有选举权和被选举权。1954年颁布的第一部《中华人民共和国宪法》明文规定，妇女在政治的、经济的、文化的、社会的和家庭的生活方面享有同男子平等的权利。女性广泛地参政议政，全面参与国家和社会事务的管理，积极参加人民代表大会、政治协商会议、人民政府和司法机构的活动。20世纪50年代初期，中国的性别立法在诸多方面处于世界领

---

① 李慧英. 从社会性别的视角审视中国的性别立法与社会公共政策 [J]. 浙江学刊, 2003 (2)：209 - 213.

先水平，女性财产权的获得比韩国早39年，女性与男性共同参与社会的权利比日本早34年，规定女性参政的比例是中国在女性参政方面的一大贡献。以后相继出台的一系列相关的法律法规都规定，女性享有与男性平等的政治权利、文化教育权利、劳动权利、财产权利、人身权利、婚姻家庭权利等。

这些男女平等立法的重要特点是，改变了中国社会对女性的传统观念，第一次在法律上把女性作为主体、作为与男性对等的人来看待，强调男女具有平等的权利，应当说具有很强的反封建意义，男女平等的原则触动了男女不平等的根源——以男性为中心的婚姻家庭制度以及男外女内的性别关系。

这一时期中国女性的解放有着巨大的历史意义，既是真正人道主义的体现，也是平等、自由理念在现实社会中的实现，同时还是对中国人力资源的巨大开发。这种积极的影响一直延续至今。中华人民共和国成立以来的男女平等立法与政策，无论是在广度还是在深度上都超过了"女性参与发展"的阶段，开始挑战不平等的社会性别制度。但是，也应看到，当时的性别立法充满了理想主义，更多停留在一般的原则规定和宣言中，对延续千年的父权制缺乏深刻反省，对改造父权制的难度缺乏认识。在政策层面，始终未对父权制的父系、父姓、父居认真进行清理，更谈不上逐渐改变建立在父权制基础上的社会结构：家庭生活的婚姻模式依然按照原有的父权制方式运行，父系、父姓、父居深深地支配着人们的生活方式，尽管在生产单位里，它无法左右社会的分配和生产的组织方式。同时，应当看到，在计划经济时期，女性争取权利的斗争又不是很彻底的。女性的利益往往要让位给"阶级""集体""全局""组织"的利益。

我国女性在政府的推动下，大规模地走出家庭，参加社会生产劳动。尽管这主要是从国家的需要和利益出发，但其对于中国女性经济独立和社会地位提高的作用是不可低估的。中央政府通过自上而下的行政管理手段乃至一定程度上的强制方式，有效地组织和动员了大量女性参加劳动和就业。短短几年，女性参加生产劳动的比例直线上升，这在世界历史上是空前的。中国传统的男外女内的性别分工已经发生了根本性的变化，女性的社会工作者角色已经形成，大多数女性与社会经济生活隔绝的历史已经结束。

在生育方面，女性就业之后仍然承担着怀孕、哺乳等一系列人口再生产责任，这一职责的履行势必中断女工的生产过程。中央政府没有将生育看作女性的私事，也没有放权交给各级组织或单位自行处理，而是将之看作政府必须履行的职责，推出一项前所未有的有利于女性连续就业、解除生育之忧的政策。《中华人民共和国劳动保险条例》明确规定：女工在生产前后休假56天，工资由单位照发。这一政策表面看来是将责任推给"单位"，其实是将责任留给了政府。当政府要求"单位"为生育女性照发工资时，就意味着政府将这一部分工资交给

"单位",由"单位"发给个人。由于计划经济时期政府与"单位"(包括企业)的特殊关系,"单位"能够顺利履行政府的政策,从而比较成功地解决了女工生育与就业的矛盾。女工生育非但没有失业,反而得到经济上的保障,这不能不说是社会主义计划经济时期一项对女性发展的特殊贡献。①

改革开放以来,中国的社会政策开始同国际上许多重要的社会政策接轨。这不仅表现在中国社会政策中的许多内容开始参照、借鉴别国的经验,认同许多"国际惯例",而且更直接表现在中国开始加入许多重要的国际人权公约。中国先后加入了《消除对妇女一切形式歧视公约》《消除一切形式种族歧视国际公约》《儿童权利公约》《男女工人同工同酬公约》《经济、社会和文化权利国际公约》。中国在社会政策方面的这种开放态势是前所未有的②。

二、中国行政管理者普遍缺乏社会性别意识

性别意识是人类进入以人为中心的社会发展阶段的产物,是在重新审视性别规范、促进性别平等中形成的观念。性别意识是指从性别的视角观察和分析现实生活中男女两性地位、资源和机会获得的状况,对社会经济、政治、文化和环境进行性别分析和性别规划,以防止和克服不利于两性发展的模式和举措,实现男女平等。性别意识包括两层含义:一是具有性别敏感和性别自觉,善于从性别的角度观察社会和现实,审视男女两性的特点和角色定位;二是促进男女两性的协调发展,避免两性差距的扩大和加深。就此意义而言,性别意识并不是中性的,而是具有强烈的性别平等发展的倾向性。

在我国以经济建设为中心的社会发展模式中,不少地方政府及其行政管理人员往往更关注经济的发展,社会性别意识是较为缺乏的。其主要表现为:第一,政府更多单纯关注经济的增长,较少重视女性的发展;第二,将男女平等国策的实施更多看作妇联的事情,而不认为这是一种政府的行为;第三,在制定政策方案时,更多考虑到对经济增长的影响、对环境生态的影响、对人口国策的影响,较少考虑到对性别平等造成的影响。

要改变政策制定过程社会性别意识缺乏的状况,使公共政策的建立和实施更有利于社会性别的平等,促进两性的和谐发展,必须在政府内部推进性别意识的建树,而这是一个渐渐深入的过程。这个过程将包括以下三个阶段:第一阶段,提高人们特别是政府官员对性别与发展的注意与觉悟,使之消除性别盲点,形成性别与发展的支持力量;第二阶段,审视现有立法与公共政策的缺陷,制定可操

---

① 李慧英. 从社会性别的视角审视中国的性别立法与社会公共政策[J]. 浙江学刊, 2003 (2): 209 - 213.

② 吴忠民. 从平均到公正:中国社会政策的演进[J]. 社会学研究, 2004 (1): 75 - 89.

作的立法、政策以及操作和支持系统的框架;第三阶段,根据中国社会转型及市场经济需要,根据国际社会女性发展的潮流,借鉴其他国家的成功经验,制定可操作的立法、政策与建立支持系统。这里可包括以下几方面的内容:建立健全一般性的性别平等立法遏制了直接歧视行为;建立健全保障女性权益的具体政策;加强相关提高女性地位的国家机构的作用;促进和保障维护性别平等权利法规和政策的有效实行;推进对积极的行动的奖励和对违法行为的处罚。①

三、社会公共政策缺乏社会性别理念

社会公共政策是以公正为理念依据,以解决社会问题、保证社会成员的基本权利、改善社会环境、增进社会的整体福利为主要目的。贫困女性作为社会成员的重要组成部分,其利益和权利应该得到公正的维护。

1. 政府对贫困女性的生存和发展有责任和义务

公共政策的理念之一是国家责任说,即政府是一个国家主要的社会公共权力机构,它对于社会成员承担着责任和义务。政府的责任在于:应当对社会成员普遍的基本需求有所增益;应当营造公平的社会环境;应当直接为社会弱势群体提供必要的社会帮助;应当为社会成员提供平等的发展条件。② 现在政府的职能已不再是统治,而是通过其社会管理职能为全社会提供服务。在现代社会保障制度中,社会救助是政府的一种责任与义务,受救助者接受救助是一个公民的基本权利。当前在我国经济和社会转型时期,在造成贫困的原因中社会原因多于个人原因,所以构建社会安全网,保障贫困女性最低限度的日常生活,保证社会的公平和稳定发展,是我国政府义不容辞的责任。救助贫困女性不是对贫困女性自身的单纯施舍和恩赐。我们的政府是人民的政府,全心全意为人民服务、满足人民日益增长的物质和文化生活需要、提高人民的生活水平和生活质量是政府的神圣使命。更何况贫困女性说到底是社会资源不平等分配的受害者。由于社会资源的稀缺性,任何社会都无法保证社会资源的均衡分配,必须要通过某些制度安排和政策导向,在稀缺的社会资源与各种社会需求之间寻求一种配置平衡。③ 在社会生活中,贫困女性是社会不可分离的一个组成部分,救助贫困女性是社会的责任,更是政府的分内职责。

2. 女性享有和男性平等的人权

享有充分人权,是人类长期追求的崇高理想,也是人类奋斗的目标之一。政

---

①② 李慧英. 从社会性别的视角审视中国的性别立法与社会公共政策 [J]. 浙江学刊, 2003 (2): 209-213.

③ 吴玲,施国庆. 论政府在救助弱势群体中的作用 [J]. 河海大学学报(哲学社会科学版), 2005 (1): 46-49.

府既要维护社会成员的基本生活状态,又要维护其基本权利。社会政策的重要目标在于维护社会成员的基本生活状态,保证社会成员在一个社会当中所应当具有的生存底线,促进社会整体福利的不断增进。但是,对于社会政策目标的理解不能仅限于此。维护社会成员的基本权利同样应当成为社会政策的重要目标。公平不但体现为合理的收入分配过程和结果,更重要的体现为发展潜力和机会的平等。公平不等于平等,更不等于平均主义,公平是以承认差异为前提的,公平是一种合理的差异。不考虑差异只强调结果的平等,是不公平的;公平强调的是合理地分享,而平等强调的是同等地分享;平等是公平的基础,公平是平等的进一步发展。社会成员的基本权利状况,既反映出社会成员自身生存和发展的具体处境(结果)如何,也是影响社会成员未来生存和发展状况的一种十分重要的条件(原因)。首先,拥有基本权利是社会成员平等融入社会最起码的条件。只有在基本权利得到有效维护的条件下,社会成员才谈得上平等地融入社会,进行平等的社会互动,关注、参与社会事务,才谈得上消除社会隔离,消除某些社会群体的边缘化现象,实现社会融合。比如,如果没有自由迁徙权,城乡居民在基本权利方面处在一种不对称的状态之中,那么就必然会形成城乡之间的社会隔离,就必然会造成区域之间的隔离,就必然会形成利益不平等的城乡两大社会群体。其次,拥有基本权利也是社会成员形成基本的生存和发展能力的必要前提。就绝大多数社会成员基本生存和发展能力的潜质而言,其差别并不是很大。只要社会能为之提供起码的义务教育和基本的职业培训,绝大多数社会成员能够具有基本的文化素质和职业能力,能够具备基本的谋生和发展能力。具备基本的生存能力和发展能力是至关重要的,它不仅可以保证社会成员最为基本的生活和发展状态,而且可以使机会平等以及按照贡献进行分配的公正规则得以充分兑现。社会政策是公正理念的具体化,公正的基本含义是"给每个社会成员所应得"。这里所说的"应得"不只是社会成员指望社会的无偿赠与,更为重要的是社会成员应当通过自己对于社会的实际贡献而取得的一种收入。因此,从社会一方来说,保证每个社会成员具有起码的生存和发展能力就显得更加重要了。如是做法,有助于最大限度地冲淡社会上强势群体和弱势群体之间的界限,并减少弱势群体成员的总数。① 每一个社会成员都是平等的,其基本的生存权和发展权应当得到保证。这里包括四个层面:①基本权利的保障;②机会平等,亦即事前的原则;③按照贡献进行分配,亦即事后的原则;④必要的一次分配后的再调剂,亦即调剂的原则。1993年由171个国家签署的《维也纳宣言》中,确认女性与男性平等地享有人权,它所包含的内容有:平等地获得基本的社会保障,包括教育和保

---

① 吴忠民. 从平均到公正:中国社会政策的演进 [J]. 社会学研究, 2004 (1): 75 - 89.

健；参与政治和经济决策的平等机会；同工同酬；受到法律的平等保护；消除性别歧视和对妇女的暴力；在所有领域中拥有平等的公民权利，既包括在公众生活中的工作场所，也包括在私人生活中的家庭。在中国，男女平等是一项基本国策。①

四、社会公共政策性别盲视对女性发展的制约

女性在社会生活中处于相对于男性的弱者地位已成为不争的事实。在许多女权主义者看来，女性生育的生理功能，是她们受剥削的根本，也是她们无法摆脱弱势地位的症结。

女权主义理论家朱丽叶·米切尔将妇女受压迫的机制概括为四大类：生产、生育、性和儿童的社会化。这四者是紧密相连的。"历史上妇女没有进入关键的生产领域，不仅仅是在压迫关系中她们的体弱所致，还由于她们在生育中的作用，妇女生育后需要脱离工作休息一段时间，但这并不是决定性的因素，而是妇女在生育中所起的作用。"② 生儿育女、操持家务被视为女性的天职，母性、家庭、不参与生产和公共生活、性不平等……便是这样的逻辑链条。"只要生育仍是一种自然现象，妇女就注定要成为社会剥削的对象。"③ 正是因为绝大多数女性是潜在的孕妇和母亲，或者已经是孕妇和母亲，这使她们在职业生涯中处于不利地位，造成她们一生中至少有一段时间需要离开工作岗位，无法与男性平等地竞争，甚至彻底失业。许多用人单位不愿意聘用女职工的最重要原因，正是因为她们将来要生育、要休产假，同时抚养孩子也要分散她们太多的精力。

女性为人类的繁育做出了宝贵贡献，付出了难以用经济指标衡量的心血，但是却因此在职业生涯中处于不利地位，进而在社会生活中处于不利地位。要改变这种处境，社会应该对她们因生育造成的损失做出充分的补偿。

社会政策制定的特性之一是价值性，要体现公平、公正的原则，女性由于生育职能而导致的不公平处境，自然应该在社会政策包括社会保障政策上有所体现。应该说，我国政府在这方面已做了很多努力，制定了相关的政策法规，以保护女性的合法权益。但是，这些政策法规的影响范围与成效都很有限，不足以解决城镇职业女性因生育对其职业生涯带来的冲击。

西方有的平权派女权主义学者在研究中国保护女性政策后提出，中国所有针对女性的保护是"围绕女工的再生产功能设置的，也就是说，妇女的待遇是根据

---

① 李慧英. 从社会性别的视角审视中国的性别立法与社会公共政策［J］. 浙江学刊，2003（2）：209-213.

②③ 李银河. 妇女：最漫长的革命——当代西方女权主义理论精选［M］//朱丽叶·米切尔. 妇女：最漫长的革命. 北京：生活·读书·新知三联书店，1997：19.

其生理节律来划定的""由于这些立法主要围绕妇女的再生产功能加以制定,那它们就有意无意地把妇女的主要作用定型于其再生产功能。一句话,如果不设防范,这些立法可能强化关于妇女的模式,导致妇女失业,或将妇女转移到低工资和低年收入的工作上去""这种保护性立法及其过多的限制,是将妇女生物化的形式,在劳动力过剩的时代,无疑会成为把妇女挤出劳动大军的因素"。①

1998年国务院颁布了《女职工劳动保护规定》,1992年全国人大颁布了《中华人民共和国妇女权益保障法》,1998年劳动部颁布了《企业职工生育保险试行办法》和《劳动部关于女职工生育待遇若干问题的通知》,2001年5月国务院颁布了《中国妇女发展纲要(2001—2010年)》,2012年国务院发布了新的《女职工劳动保护特别规定》,2005年第十届全国人大常务委员会第十七次会议通过修改《中华人民共和国妇女权益保障法》,对女性参政、就业中的性别歧视、生育保险、家庭暴力、性骚扰、农村妇女土地承包及相关财产权益等问题均做出新规定。截至2009年3月,全国已有27个省、自治区、直辖市先后修改并通过了《实施〈中华人民共和国妇女权益保障法〉办法》。② 虽然上述法规看起来好像是建立了一套完整的女性保护及社会保障体系,但仔细分析就会发现有许多不足。比如,对女工劳动环境的限制,以及在"四期"的特殊保护,可能会促使企业更不愿意聘用女职工,缩小了女性的就业选择。但那些关于聘用时不许歧视女性的规定,在现实操作中几乎没有意义,用人单位完全可以找出冠冕堂皇的理由不聘用。不得以"四期"为理由辞退女职工的条款也只能起到有限的震慑作用,用人单位如果想辞退女职工,一定会找出其他理由。再如,国家政策规定女职工享有90天的短暂产假,而幼儿成长学家和心理学家根据对婴幼儿成长的研究认为,孩子三岁以前最好由母亲朝夕相伴。现有的产假规定显然不能满足这一要求,也无法解决这一矛盾。

此外,上述相关法律、法规没有提及的另一个重要问题是女性由生育带来的家务劳动加重的补偿问题。有的学者在研究资本主义条件下女性与剩余价值关系时指出:"在提供剩余价值的劳动者的再生产过程中,家务劳动是个关键成分。由于通常总是女人做家务,所以人们认为正是通过劳动力的再生产,女性才被连接到资本主义必不可少的剩余价值关系中。还可以进一步说,由于不对家务劳动

---

① 玛格丽特·吴. 中国女工的保护与平等 [M] //李小江. 性别与中国. 北京: 生活·读书·新知三联书店, 1994: 95 – 98.
② 徐爽. 妇女平等权的立法保护与性别预算——基于国际和国内比较的视角 [J]. 现代法学, 2012, 34 (1): 168 – 175.

支付工资,女性在家庭中的劳动为资本家实现最大的剩余价值提供了贡献。"①

《企业职工生育保险试行办法》也存在很多问题:第一,覆盖面太窄,许多女性无法被包括在里面;第二,有些企业由于种种原因连医疗保险都没办法缴纳,更不用说涉及人数更少的"生育保险"了,其强制的有效性需要进一步调查;第三,保险所能提供的经济补偿杯水车薪,不可能真正扭转职业女性由于生育处于的弱势地位。虽然我国一些地方性法规在弥补上述不足方面也做出了很多努力,但是,仍远远无法在整体上彻底改变职业女性的这种弱势状况。②

第四节 家庭资源分配的性别失衡

家庭作为最基本的社会经济组织,其一切活动都需要消耗相应的资源。③ 然而,资源又总是有限的,具有稀缺的性质,因此,家庭成为性别不平等的最基本场所和单位。

一、家庭内部的性别不平等

恩格斯指出,一夫一妻制家庭是建立在丈夫的统治之上的,其明显目的就是生育确凿无疑地出自一定父亲的子女;而确定出自一定的父亲之所以必要,是因为子女将来要以亲生的继承人的资格继承他们父亲的财产。④ 由此可见,性别不平等起源于家庭和私有制,一夫一妻制的家庭和私有制,使女性沦为社会和家庭的双重奴隶。

家长制是家庭形成时的一个重要特征,它确立了男子的独裁地位。从 Familia (家庭) 这个词的起源来看,并不是表示现代人的那种脉脉温情的温馨家庭。根据恩格斯和拉法格的考证,其本意是奴隶。Famulus 的意思是一个家庭奴隶,而 Familia 则是指属于一个人的全体奴隶,即在一个握有生杀大权的主人(父权)的支配下,统治着妻子、子女和一定数量的奴隶。因此,马克思说:"现代家庭在萌芽时,不仅包含着奴隶制,而且也包含着农奴制,因为它从一开始就是同田

---

① 盖尔·卢宾. 女人交易——性的"政治经济学"初探 [M] //王政. 社会性别研究选译. 北京: 生活·读书·新知三联书店, 1998: 27.

② 方刚. 城镇职业女性弱势地位与相关社会政策的思考 [J]. 南开大学学报 (哲学社会科学版), 2003 (6): 116 – 121.

③ 刘茂松. 现代家庭经济活动的资源约束与新经济人假定 [J]. 湖南师范大学社会科学学报, 2001, 30 (6): 65 – 70.

④ 全国妇女联合会. 马克思恩格斯列宁斯大林论妇女 [M]. 北京: 中国妇女出版社, 1978.

间耕作的劳役有关的。它以缩影的形式包含了一切后来在社会及其国家中广泛发展起来的对立。"① 可见，家庭自产生之日起，就是一个阶级压迫和性别压迫的场所。

家庭并不仅仅是个私人领域，看似完全属于夫妻个人行为或决策的一些事务与其他领域密切相关，并深深地产生相互影响。在家庭中，夫妻间的职业安排和选择，甚至包括对职业的投入程度等都不只是个体间根据所占有的资源进行的博弈，还和传统的社会性别分工有关。人们往往是"按照自己的意愿"实践着社会的劳动性别分工，这种劳动的社会性别分工决定着家庭中两性间的职业选择与发展趋势，并进一步影响家庭生活和夫妻间的势力分布，再建构劳动的社会性别分工的合理性。

在中国城市贫困家庭中，女性的经济作用不可低估。一旦女性的经济地位下降，尤其是完全退出职业领域，往往对家庭经济产生较大影响，进而影响她在家庭中的地位。女性在职业场所的成功，虽然有时也会反过来压抑女性的家庭权力，但在更多的情况下，如果女性的职业发展较好，而且并不威胁男性的意识形态角色时，她会获得相对较高的家庭地位。另外，女性的家庭地位对其职业发展和地位也有很深的影响。在家庭发展的过程中有新情况来临时，夫妻双方往往按照传统的劳动社会性别分工来进行安排，做出"男主外、女主内"的家庭决策，在家庭策略和家庭发展的幌子下掩盖女性的利益诉求。在这种情况下，往往并不直接和立刻表现出女性的家庭地位下降；相反，女性往往由于对"家庭的贡献"而导致家庭地位的稳固和上升。然而，对女性的这种较高的家庭地位必须有清醒的认识：它具有一定的意识形态作用，对女性的发展和劳动的社会性别分工有较强的建构作用。②

家庭内部的不平等现象有如下表现：对家庭成员有不同的评价，女孩和已婚女性的价值最低，年长者价值最高；女性家庭成员的工作，特别是家务劳动得不到承认，也无价值；女性对财产和收入不能控制，女性的收入由家庭中的男性占用；女性被局限在家中生育和抚养孩子；女孩只能部分上学或根本不上学；家庭的开支、投资、迁徙都由男性决定；对家庭的组成、大小、期限和解散，女性无法控制；家庭暴力，如殴打妻子、因贞操而杀妻、虐待孩子；在营养和健康保护方面亏待女性；杀害女胎儿。

像在基本权利方面一样，在获得一系列资源方面女性与男性相比也处于不利地位，这限制了她们的发展机会，束缚了她们参与发展并享有发展成果的能力。

---

① 马克思. 摩尔根《古代社会》一书摘要 [M]. 北京：人民出版社，1965.

② 郑丹丹. 无法分隔的公私领域——以下岗女性为例看职业地位和家庭地位的交织关系 [J]. 妇女研究论丛，2003（6）：20-26.

不平等获得资源的事例存在于许多方面,包括获得人力资源、社会资本、物质和金融资本、就业和工资收入。这些不平等限制了女性参与发展并为提高她们的家庭生活水平做出贡献的能力。在面临个人或家庭危机、年老和经济打击时,这些不平等还会转化成更大的风险和脆弱性。①

二、对家庭事务没有决策权

家庭事务决策权的大小是衡量妇女家庭地位的一个重要指标,它直接体现着女性的家庭地位。②

家庭和家族形成性别关系,使性别规范代代相传,并根据性别确定家庭成员可获得的机遇。人的一生中,许多最重要的决策是在家庭中做出的——生育和抚养孩子的决策、工作和休闲决策、消费决策、为将来投资的决策。家庭对时间和其他生产资源(包括对孩子的投资)分配的决策,可以加剧或减轻性别不平等。有证据显示,它们的作用确实是两方面的。

家庭不是凭空做出分配和投资决策的,而是在较广阔的制度环境下做出决策的。以特定方式分配劳力或在某个孩子而不是其他孩子身上投资的决策,都受到社会和文化规范、经济激励因素、个人的愿望和影响该过程的权力等方面的影响。制度和政策环境因素的变化,必然会改变男性和女性所面临的束缚、机遇和激励,并在家庭中做出反应,甚至当这些改变不属于特定性别时,通常对男性和女性、男童和女童的影响也是不同的。这种性别差异的影响普遍深入生活的许多领域——包括就业和休闲的选择、对孩子的投资和对生产资源的使用权。③

家庭总是有秩序地将性别角色代代传承。家庭是性别社会化以及传递知识、技能和社会期望的第一个地方。孩子获得了形成一套社会能接受的男女行为及其相互关系的性别特征。孩子通过明确的教导、对不恰当行为的惩罚以及观察和模仿家庭中男性和女性的行为来了解社会。

分配资源是家庭形成性别角色的另一种方式。在极端情况下,食物分配、医疗保健和对男童与女童的重视程度的不同,意味着较多女性营养不良,限制女童教育和女性广泛参与社会的能力。但即使在不太极端的情况下,家庭对男童或女童教育投资的决策都有助于复制和加强社会可接受的性别角色。男童和女童性别角色的差异随着年龄的增加变得越来越明显。随着孩子的升学,教育开支的性别差距越来越大。家庭一般希望女孩把更多时间用在家务上,如做饭、洗衣、采集燃

---

①③ 国际复兴开发银行,世界银行. 通过权利、资源和言论上的性别平等促进发展 [M]. 北京:中国财政经济出版社,2002:56-58.

② 瓦伦丁·M. 莫格哈登. 贫困女性化?——有关概念和趋势的笔记 [M] //马元曦. 社会性别与发展译文集. 北京:生活·读书·新知三联书店,2000.③

料、取水以及照料孩子,而倾向于男孩把更多时间花在种地或挣钱上。这种时间和任务的划分有重要含义。例如,如果父母认为女儿成年时不可能参加工作挣钱,他们会认为送女儿上学不划算。无论女性在结婚后是否会成为丈夫家庭中的一部分,情况都是如此(这是一种父母对女孩相对于男孩降低教育投资的激励性习俗)。

发展中国家女性的大部分劳动是没有报酬和在家中进行的,因此经常是"看不见的",也不在政策制定者的考虑范围之内。但是认识不到家庭内时间和任务分配的性别划分可能导致政策达不到目的或产生意想不到的后果。例如,女性如果不能减少操持家务或照料活动的时间,那么增加女性劳动力需求的政策,可能不会引起预期的反应,或者母亲进入劳动队伍是以女童的退学为代价的。了解家庭如何按性别分配时间和其他资源,可以为更有效的政策、产生尽可能少的意外和不希望的后果的政策提供根据。①

在任何社会,女性都分布在不同社会阶级、不同收入、消费水平的群体内,都具有不同的生活水平和生活质量。但是,在阶级内部,性别不同很有关系,尽管对发展中国家这方面的研究很少。在穷人、接近穷人和劳苦大众中的女户主家庭比男户主家庭更受剥夺,她们得不到土地或其他资源(如牲畜),是文盲或文化水平很低,工资微薄或没有正规工作,遭到各种歧视,没有足够的或根本没有为帮助女性和儿童而设的社会计划。

城市工人阶级中的女性和城乡的穷苦女性都首先受到结构调整的不良影响。在任何社会、约占人口半数的女性并不属于同一群体,而是以不同社会阶级,加上不同的文化水平、职业资源、收入财富等划分的,因此,除了结构调整政策趋向于将调整的负担加在有固定工资或低工资的无财产的人身上,在发展中国家由于执行这些政策的方法以及社会安全网的设计和资助不同,结构调整的影响也不同。

缺乏对性别分析进行专门讨论的数据也妨碍对家庭内部和家庭之间进行精确的比较。家庭内部不平等的证据要多些。家庭内部不平等及对女孩的歧视损害了女性在家庭内的地位。

"贫困女性化"不仅说明贫困有一张女性的面孔,男女性别之间的社会关系也预示了女性易于受害。在一些发展中国家,女性拥有土地和参加挣工资的工作的可能性比男性少,在文化水平和教育程度方面男女之间的差距很大,女性更易陷于赤贫,而女户主家庭更易陷于贫困。对上学、保健付费的规定,使父母更愿意要儿子而不要女儿。无论是在男户主家庭还是在女户主家庭,母亲的贫困都影响了孩子的健康和福利。因此,在发展中国家,消除文盲、女孩免费义务教育、给女性土地权、给女性就业机会和担负得起的托儿费用,对消除贫困、制定长期

---

① 国际复兴开发银行,世界银行. 通过权利、资源和言论上的性别平等促进发展 [M]. 北京:中国财政经济出版社,2002:56-58.

的社会发展目标都是关键性的问题。

从长远来看，教育和就业可以改进女性地位，保证性别平等得到进展，这在发展中国家应成为消除贫困的主要目标。①

自从"妇女十年"运动开始以来，其强调的实现社会性别平等在三个主要的方面受到限制：一是女性在生育活动中承担了大部分的责任（如养育子女、照料病人和老人、料理家务、满足家庭的基本需要）；二是生产资料（如土地、信贷、资本、技术、信息）占有方面的社会性别差异；三是在决策过程中女性没有发言权。然而迄今为止，国际机构与各国政府对这些问题只是修修补补。要克服这些障碍，需要更大胆的政策、足够的财政划拨以及制度化的组织机制。②

劳动人民家庭中的男女关系一般说来是比较平等的关系。因为丈夫没有占有生产资料、没有私有财产，和妻子一样，同时妻子参加社会劳动，同丈夫一样有收入。因此，就没有丈夫奴役和压迫妻女的经济基础了，妻子对于家事的发言权和决定权还比较多些。但是整个文明社会还是男权统治的社会，这种社会大环境必然影响到家庭小环境；男权统治的历史长达几千年，男权统治的思想根深蒂固，也必然会影响到劳动人民的家庭。所以劳动人民家庭中的夫权思想和行为，虽然失去了经济基础，但却受到了剥削阶级思想的影响，其实质也是一种阶级奴役，是阶级奴役的特殊表现形式，是阶级奴役在劳动人民家庭中的反映。③

第五节　贫困女性社会资本的缺失

一、贫困与社会资本的恶性循环

"资本"是经济学的核心术语，是指以交换媒介为体现形式的价值凝结物，有具体的物质形式。早在19世纪末，奥地利学派的代表人物庞巴维克就提出过"社会资本"的概念，但他提出这个概念是用来与"私人资本"相对应的，他认为社会资本是指"那些用来作为在社会经济方面获得财货的手段的产品"④。这种定义与后来社会学家所理解的反映人们社会关系的"社会资本"概念存在很

---

① 瓦伦丁·M. 莫格哈登. 贫困女性化？——有关概念和趋势的笔记 [M]//马元曦. 社会性别与发展译文集. 北京：生活·读书·新知三联书店，2000.
② 罗纳克·贾汉. 难以捉摸的议题：将"妇女参与发展"纳入主流 [M]//马元曦. 社会性别与发展译文集. 北京：生活·读书·新知三联书店，2000.
③ 李静之，张心绪，丁娟. 马克思主义妇女观 [M]. 北京：中国人民大学出版社，1992.
④ 庞巴维克. 资本实证论 [M]. 陈端译. 北京：商务印书馆，1995：73.

大的差距。近年来,"社会资本"理论成为社会理论界的研究热点,其影响已经超越了社会学的学科界限,开始渗透到政治学、经济学等诸多学科领域。

法国社会学家皮埃尔·布迪厄认为:"(社会资本是)真实或虚拟资源的总和。对于个人和团体来说,由于要拥有的持久网络的或多或少被制度化了的相互默认和认可关系,因而它是自然积累而成的。"① 普特南认为,社会资本"指的是社会组织的特征,例如信任、规范和网络,它们能够通过推动协调的行动来提高社会的效率"。② 亚历山德罗·波茨认为:"社会资本指的是处在网络或更广泛的社会结构中的个人动员稀有资源的能力。"③ 后来,美国的社会学家科尔曼对"社会资本"进行了系统的论述并产生了较大的影响。科尔曼认为每个自然人从一出生就拥有了三种资本:一是由遗传天赋形成的人力资本;二是由物质性先天条件,如土地、货币等构成的物质资本;三是由自然人所处的社会环境所构成的社会资本。所谓社会资本,就是个人拥有的,表现为社会结构资源的资本财产。社会资本的表现形式有以下几种:义务与期望、信息网络、规范与有效惩罚、权威关系、多功能社会组织和有意创建的社会组织等。④ 林南把社会资本定义为"个人通过涉取镶嵌性资源以增强工具性行动或情感性行动中的期望回报而在社会关系中进行的投资"⑤。林南认为信息和资源的分布不是随机的,而是按社会等级排列的。因此,处于结构中较高地位者就拥有更多的信息和资源。在这个意义上,强关系对应于同阶层等级内部的人际联系,由于大家拥有的资源类似,其帮助不大。弱关系对应于不同等级间的人际联系,其中向下的弱关系也是没有意义的,只有向上的弱关系,即与比自己地位高的人之间的联系才能给个体带来更多、更丰富的资源。Lin 将社会资源理论概述为三大假设:社会资源假设——工具性行动的成功概率与社会资源呈正相关;位置力量假设——在等级结构中所处位置与可获取的社会资源呈正相关;关系力量假设——弱关系的运用与社会资源呈正相关。⑥ 张其仔把社会资本定义为社会网络。⑦ 边燕杰、丘海雄把社会资本定义为"行动主体与社会的联系以及通过这种联系涉取稀缺资源的能力"⑧。还有许多研究将社会资本视为"关系"(或称"关系资本")。

---

① Pierre Bourdieu. An Invitation to Reflexive Sociology [M]. Chicago: Univerty of Chicago Press, 1992: 119.
② Robert Putnam. Making Democracy Work [M]. Princeton: Princeton Univerty Press, 1993: 167.
③ Alejandro Portes. Economic Sociology of Immigration, The Essays on Networks, Ethnicity, and Entrepreneurship [M]. New Nork: Russell Sage Foundation, 1995: 12.
④ 詹姆斯·科尔曼. 社会理论的基础 [M]. 邓方译. 北京: 社会科学文献出版社, 1992: 345.
⑤ 林南. 建构社会资本的网络理论 [J]. 国外社会学, 2002 (2): 18 – 37.
⑥ Lin N. Building a Network Theory of Social Capital [J]. Connections, 1999, 22 (1): 28 – 51.
⑦ 张其仔. 社会资本论 [M]. 北京: 社会科学文献出版社, 1999.
⑧ 边燕杰, 丘海雄. 企业的社会资本及其功效 [J]. 中国社会科学, 2000 (2): 87 – 99.

关于"社会资本"的定义争议颇多,从其基本内涵看,是指不同层次的社会主体(包括个人、群体、社会甚至国家)间紧密联系的状态及其特征,其表现形式有社会网络、规范、信任、权威以及为某种行动所达成的共识等。社会资本存在于社会结构之中,通过人与人之间的合作进而提高社会的效率。[①] 社会资本的重要性及其对贫困问题的相关性可以从各国政府、国际组织和其他非政府组织的关注可见一斑。像世界银行的网站就把社会资本的讨论放在"贫穷讨论"的栏目之中,在其《世界发展报告》中也提出了不少以发展社会资本来解决贫困问题的建议。城市女性的贫困与社会资本的贫困密切相关。贫困与社会资本的恶性循环如图5-2所示。

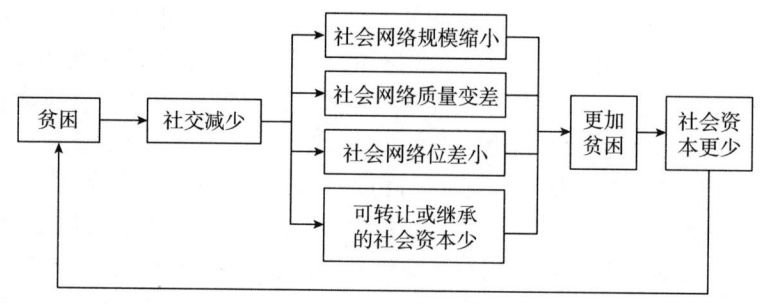

图5-2　贫困与社会资本的恶性循环

二、社会资本对缓解女性贫困的意义

1. 社会资本理论对研究贫困女性的意义

社会资本理论为研究贫困人口个体与社会的关系提供了有效的概念工具和分析框架。个人与社会的关系是社会学的基本问题。个人之间的不断互动构成了社会网络,个人与社会是一个相互建构的动态过程。现在随着信息技术的发展和社会贫富分化的加剧,个人与社会之间的张力空前紧张。一方面,社会共识与信任匮乏,社会面临失范危机;另一方面,社会转型与分化所造成的隐蔽形态的社会控制使贫困人口的权利得不到保障,社会的分化又导致个人之间交往与沟通的困难。因此,研究贫困人口个人与社会的关系成为贫困问题研究关注的热点。

社会资本理论提供了一个分析贫困人口个体与社会的关系的有效视角。社会资本的含义丰富,可以作为分析工具和技术,深入分析社会运行过程中贫困个人与社会是如何相互建构的。同时,作为一种理论和价值选择,通过创建或改造社

---

① 郑杭生,奂平清. 社会资本概念的意义及研究中存在的问题[J]. 学术界,2003 (6):78-90.

会资本,则可以促进贫困个人与社会关系的和谐,进而促进社会协调发展。由于社会资本概念及其理论研究具有很强的实践性,可以为经济、社会和政治决策提供行动的方向和科学的根据,因此它逐渐渗透到经济和社会领域的研究中。①"参与"在世界银行组织对发展中国家的援助项目中曾经是一个重要概念,但是从20世纪90年代开始,"社会资本"代替了"参与",世界银行专门成立了社会资本研究小组,集中国际学者对社会资本与世界政治、经济的发展以及相关政策进行研究。

2. 社会资本对缓解女性贫困的现实作用

社会资本理论对中国社会具有重要的理论和现实意义。中国是一个拥有深厚儒家文化传统的国家,儒家文化渗透在社会的方方面面。我国社会一直强调人与人之间的关系,无论是观念还是行为,中国人都处在一个复杂的伦常关系的网络中,人的存在和人的本质都包括在这网络之中。在这个社会中,社会关系网络对于个人具有重要的意义和作用。在当前中国社会转型过程中,社会制度处于一种动荡和变迁的状态,在旧制度的消亡与新制度的建立之间可能产生制度真空,而这对于社会的发展来说是极为不利的。因此,在正式制度缺席时,非正式制度就会来填补这个真空。作为非正式制度的一种,社会资本对处于转型期的中国社会就具有更为重要的意义。②

3. 社会资本对促进贫困女性就业的作用

就业既是个人获取经济收入、争取经济独立的一种手段,也是人们获得社会认可、自我实现、社会公平感以及各种因工作而结成的网络关系等社会资本的途径和手段。欧美学者进行的一系列实证研究均表明,即使在市场经济发展较为成熟的欧美国家,社会关系网络对个人职业地位的获得也起着极为重要的作用,其影响有时甚至会超过教育等其他结构性因素。③

此外,与就业和工作相关的社会关系网络还可以提供职业、技能等方面的培训,增加人力资本存量的机会、信息以及物质资源。从根本上说,就业是解决贫困问题的最终手段。对女性而言,在就业中积累的社会资本可以为其未来发展提供新的机会。我国现阶段劳动力供给大于需求,工作职位稀缺,社会资本可以帮助她们获取有关求职的信息、机会等重要的、稀缺的社会资源,增加其社会资本存量,增强其社会资本"再生产"能力。社会资本对贫困女性就业的影响主要体现在以下几个方面:①可以获得相关就业信息。就业信息的获取、传递等都是

---

① 郑杭生,奂平清. 社会资本概念的意义及研究中存在的问题 [J]. 学术界,2003 (6):78-90.
② 赵延东. 下岗职工的社会资本与再就业 [D]. 北京:中国社会科学院,2001.
③ 谭琳,李军峰. 婚姻和就业对女性意味着什么?——基于社会性别和社会资本观点的分析 [J]. 妇女研究论丛,2002 (4):5-11.

有成本的。社会关系网发挥着信息收集和传递功能,能够节省信息成本、加速信息流动。对于贫困女性来说,社会资本对其获取就业信息具有特殊意义。我国目前的劳动力市场发育尚不完善,大量的劳动力供给需求信息交流尚处于非制度化或半制度化的阶段,缺乏公开性、易得性。此外,贫困女性本身的文化水平偏低,了解和把握市场信息也有一定的障碍。因此,通过社会资本来获取就业信息就成为贫困女性最经济、最现实的选择。②可以提供资金借贷的信誉保障。对于某些需要大量资金投入的职业来说,贫困女性拥有的社会资本还起到了保证资金供给的作用。向银行申请个人经营性贷款时,需要提供个人或单位的担保,而且手续较为复杂。对于贫困女性来说,通过正规的途径获取贷款的过程漫长而复杂。贫困女性的社会资本多集中于亲属,通过这种强关系借款更为经济简便。③可以获得就业机会。贫困女性由于处在金字塔形的社会网络结构的底层,接近和控制社会资源的机会少,社会网络位差必然小。如果贫困女性的社会网络位差大,拥有丰富的社会资源网络,就有可能获得就业的机会。① 社会资本本质上是一种支持性的关系,它可以减少人们达到目的的成本。对于寻求保障的贫困者而言,社会资本可以转化为他所需要的帮助,减少他获取资源所需的成本,这样他就相当于得到了某种程度的保障,也就是说,社会资本对于缺乏资源的贫困者而言具有一定的社会保障功能。贫困者可能因为其社会资本而在缓解贫困中得到帮助,提升自身的社会资本水平是贫困者提高自己的保障程度的重要途径。从这种意义上来说,社会资本的社会保障功能具有明显的自助性质,社会资本发挥保障功能的空间主要是非正式支持网络和自然支持网络的涵盖领域,其中包括家庭、家族、亲戚朋友、社区共同体中包含的支持关系以及与非营利机构(主要指民间组织)建立的信任和支持关系所及的领域。

Linda Yueh 发现女性的社会资本少于男性。这也许是因为女性承担了更多的家务劳动(投入社会关系中的时间较少)。其证据是,男性在人际关系中所花费的时间平均说来略多于女性;女性用于社会资本投资的投入也较少,她们赠送的礼物价值低于男性;承担较多的家庭责任,比如照顾孩子,还意味着女性拥有较少的非货币资源。平均来看,男性与关系人的关系比女性更加亲密。

Linda Yueh 考察的劳动力市场上的结果是看挣得的收入。通过对事实分析,即在下岗样本中,如果女性能得到与男性相同的社会资本收益,那么她们的收入会增加约 13%。证据显示社会资本可以增加个人的收入,他们将从社会资本中受益。此外,男性在劳动力市场上取得的较好结果可能与他们比女性拥有更多的社会资本相关。

---

① 赵延东,风笑天. 社会资本、人力资本与下岗职工的再就业 [J]. 上海社会科学院学术季刊, 2000(2):138-146.

Linda Yueh 的发现与几种对劳动力市场上性别差异的解释实际上是一致的。收入函数中女性交变量的系数显著为负,可能是因为存在对女性的歧视、不能由社会资本解释的某些统计因素或劳动供给差异。然而,社会资本与女性虚拟变量结合的系数往往显著为正。这可以解释为社会资本可以在两个方面取得经济上的回报。一是提高效率。有社会资本的工人——用较少的交易成本就可以把事情做成——生产率更高,从而使收入增加。在收入函数估算中社会资本的系数都是非负的。二是通过创造就业机会(与工作时的生产率无关),社会资本减少了不完善市场上劳动力流动时的摩擦。在这个方面,社会资本影响了对企业的劳动力供给。尽管如此,证据表明社会资本提供了就业机会,从而增加了企业劳动力供给的弹性,增加了工资,减少了找工作时的摩擦。总而言之,如果男性和女性生产率相同,但拥有的社会资本不同,那么他们在劳动力市场上受到的待遇也会不同。这种结果可以用与这些变量的经济回报有关的机会来解释,它也为不完全市场上的经济歧视提供了支持。在中国城市目前的改革中,性别收入的不平等至少在一定程度上可以解释为两性就业机会的不同,这在市场化程度越高的经济中表现得越明显。

Linda Yueh 的发现还表明,就劳动的流动性而言,目前劳动力市场的发育不完善。就社会资本降低了交易成本而不是提高了效率而言,企业和工人之间存在着摩擦,这种摩擦可以随着成熟的劳动力市场的成长而减少。在这样的劳动力市场上,雇用关系和劳动收入更多地取决于生产率而不是关系。对此可采取的干预措施包括增加就业机会、提高雇工程序的透明度,以及各种降低找工作成本的措施,比如减少对劳动力流动的制度性限制。①

三、城市贫困女性的社会资本网络规模相对狭小

社会资本网络规模指社会网络成员的数目及其空间分布。社会成员交往的人越多,涉及的职业类别越广,其社会资本量就会越大,即社会网络规模与社会资本量成正比。一个人的社会资本越多,能动员的资源就越多,社会网络规模越大,其中可能蕴含的资源就越多,解决问题的能力就越强。

在我国传统的"男尊女卑"的社会性别制度下,男性和女性在婚姻和家庭中的责任、义务和角色分工截然不同,丈夫需要"主外",要注重社会的外部活动,如挣钱养家、维持家庭与外部世界的联系,而妻子则需要"主内",要将精力投入具体的家庭内部事务,如养儿育女、侍奉老人。这种传统的社会性别制度

---

① Linda Yueh. 社会资本投资模型及其在中国城镇妇女劳动力市场的经验应用[M]//李实,佐藤宏. 经济转型的代价:中国城市失业、贫困、收入差距的经验分析. 北京:中国财政经济出版社,2004:347-358.

使女性成为男性的附属物,女性的社会资本也只能通过丈夫的社会活动和社会关系网络产生,女性只能通过丈夫地位的变化来体现自己的价值。婚姻对已婚女性来说是一种附属于丈夫的社会资本,尽管这种婚姻是已婚女性赖以生存的社会资本,但女性本人对这种资本几乎没有控制权。①

中华人民共和国成立以后,在"男女都一样""男人能干的女人也一样能干"的政治口号中,中国女性纷纷走出家门,参与社会工作,一样成为国家的建设者,男女平等成为我国的一项基本国策。随着社会的开放和人们受教育水平的提高,女性就业数量不断增加,现代社会逐渐追求社会性别的平等,男性和女性都有了平等参与家庭之外的社会活动的机会。女性的社会网络关系不再限于亲戚网络,而是包括同学、朋友、同事以及在工作中形成的其他关系。婚姻不再是已婚女性赖以生存的唯一渠道,婚姻也不再是女性获得社会资本的唯一途径。② 虽然女性有了平等参与家庭之外的社会活动的机会,但是由于长期以来社会性别分工制度的影响,女性仍然是繁杂的家庭内部事务的承担者,将很多精力和时间投入家庭事务,生育和养育孩子使女性不得不阶段性就业,因此,女性的职业生涯必然或多或少地受到影响,因职业而形成的社会资本网络规模与男性相比较为狭小,这对于女性积累自己的社会资本是极为不利的。女性因失业、下岗而陷入贫困之后,社会交往日益减少,因职业而形成的社会资本网络逐渐萎缩。边燕杰和李煜通过研究发现,家庭的收入对家庭的社会资本总量有直接的影响。③ 经济收入水平是个人社会地位的重要标志,在人们日常交往中起着越来越重要的作用。但是走亲串友等社会往来需要一定的经济基础,城市贫困女性由于经济上贫困的原因,就是已有的社会关系网络也不得不减少联系,当然,建立新的社会关系的机会也在一定程度上减少。

四、城市贫困女性的社会资本质量低

中国自古以来就是一个社会关系十分发达的社会,个人摄取社会资源的多寡在很大程度上取决于其社会资本的质量。社会资本是个人生存和发展的重要支撑,谋求建立社会资本被人们当作占有社会资源的捷径。因此,缺乏有效关系资本支持与保护便会陷入贫困。1982 年,J. Miller Mcpherson 等研究了男性和女性的社会关系网络在类型和规模方面的差异,结果发现女性的社会关系网络一般是由其亲属、邻居等组成的强关系网络,而男性的社会关系网络一般是由他们的非

---

①② 谭琳,李军峰. 婚姻和就业对女性意味着什么?——基于社会性别和社会资本观点的分析[J]. 妇女研究论丛,2002 (4):5-11.

③ 边燕杰,李煜. 中国城市家庭的社会网络资本 [C] //清华大学社会学系. 清华社会学评论:特辑 2. 厦门:鹭江出版社,2000:12.

亲属、工作伙伴等组成的弱关系网络。有研究发现，即使女性处于和男性相似的社会地位和生活环境，女性的个人社会关系网络也是由大量的亲属关系构成的。① 女性较少能够运用社会网络资源达到工具性的目的，而男性则在求职和升迁的过程中受益于广泛而多元的社会网络资源。由于女性社会资本的这种特点，女性对就业和工作途径创造的社会资本不善于维护和利用，女性一旦失业、下岗，没有了收入来源而沦落贫困境遇，社会资本很难有保障生存和发展的作用。

贫困女性的社会资本总量较为贫乏，且多集中于亲戚、朋友的狭小圈子，获得职业信息和资源的机会不多。个人资源决定了一个人在因社会交往而发生的社会交换中给他人提供回报的能力，这就意味着个人拥有的资源越多，他就越有能力为他人提供回报，他通过社会网络摄取他人资源的能力也就越强。由于高地位者具有较强的回报能力，其他社会成员也更愿意与地位较高者建立关系，这又进一步使地位较高者更有能力通过关系摄取和动用原本属于他人的资源，他所能支配的社会资源也就成倍增长。② 城市贫困女性本身个人资源匮乏，没有可以用于交换的资源，更没有为他人提供回报的能力，其社会资本的质量也就只能一直处于低水平的维持状态而难以提高。城市贫困女性也就容易步入越穷越无人帮助，越无人帮越穷的恶性循环之中。

五、城市贫困女性的社会网络位差小

社会网络位差是社会网络中职业声望最高的成员与职业声望最低的成员之间的资源差别。社会网络位差越大，说明社会成员所拥有的社会资源的跨度也越大，社会资本量也会增加，所以社会网络位差和社会资本量成正比。社会网络位差是指社会网络的顶端与底部的落差。社会网络的顶端所能达到的高度是不同的，同时社会网络所能到达的底部也是不同的。两个社会网络如果其他方面均相同，那么落差大的社会网络要比落差小的社会网络蕴含的资源更大。原因是位差大的社会网络可以更多地克服社会网络资源的重复性。③ 社会资本取决于社会接触的机会，个人只有通过与他人的接触才有机会建立社会联系。据专家研究，不同的职业提供的接触他人的机会是完全不同的，排版工人和煤矿工人只能在同事之间建立联系。④ 男性的网络资源在整体上高于女性的重要原因是男性接触的人

---

① 桂勇，张广利. 求职网络的性别差异：以失业群体为例——兼论社会资本的中西差异 [J]. 南京社会科学，2003（7）：53-61.
② 胡荣. 社会经济地位与网络资源 [J]. 社会学研究，2003（5）：58-69.
③ 边燕杰，李煜. 中国城市家庭的社会网络资本 [C]//清华大学社会学系. 清华社会学评论：特辑2. 厦门：鹭江出版社，2000：12.
④ Fischer C. S., Oliker S. J. A Research Note on Friendship, Gender, and the Life Cycle [J]. Social Forces, 1983, 62 (1): 124-133.

比女性多。尽管中国城市女性就业比例较高,但有关研究表明,女性的高层次就业比例大大低于男性,而在以体力为主的服务行业和商业职业中,女性的就业比例与男性较为接近。① 中华全国妇女联合会调查显示,男女两性在单位的职位等级上存在明显的差距,一个单位60.7%的女性处于职务较低的等级,男性获得职位晋升的概率远远高于女性,这直接影响了男女之间收入及福利的差异,反映了女性的社会地位与男性所存在的差异。② 由国家发展和改革委员会产业发展研究所专家组所做的一项报告显示,中国女性就业呈现出边缘化趋势,非正规就业将成为中国女性的主要就业方式。该研究所原所长马晓河2003年9月16日在"中国加入WTO对妇女的挑战"研究成果发布会上说,由加入WTO所引发的市场变革,必然导致女性就业的"非正规化"。开放的劳动力市场使低素质、低文化的女性面临着更大的就业压力。

城市贫困女性社会资本的规模狭小,社会联系不仅少而且距离短,日常生存所依靠的密切联系很少超出其居住区,因此失去了获得其他地方就业机会的信息来源以及获得这些机会的方法,又因其社会资本质量低、社会网络异质性差,因此社会网络位差小,女性从事不稳定、低报酬、无保障的非正规就业的比例过高,就业层次较低。

六、城市贫困女性可转让或继承的社会资本少

在家庭本位的中国社会中,很多社会资本是可以借用、转让甚至继承的。比如,父母亲持有的社会资本,如果他们愿意,子女可以通过转让或继承的方式来获得。在现实生活中,很多社会关系正是这样扩大的。1978年以来,家庭背景因素和制度因素对个人教育机会的影响明显上升。家庭的社会资本、文化资本和经济资本等出身背景因素对子女的教育机会的影响力从20世纪80年代初期的9.9%猛升至90年代的17.9%。近年来,这种影响还在持续上升。从中国社会资本的构成来看,主要是家庭、单位、学校等要素。中国社会文化传统特别强调家庭和血缘关系。正如《当代中国社会流动》所称,目前我国公正、合理、开放的现代社会流动模式尚未最终形成。这样,当个人寻求自己的社会发展平台时,先赋性资本必然会广泛介入。③ 城市贫困女性由于处于整个社会的底层,个人所积累的社会资源少,个人资源比较贫瘠,可以继承的先赋性资源少,可以转化给下一代人的先赋性个人资源也少,因而在改变其社会地位、进行社会流动时就极

---

① 刘伯红. 中国妇女的就业趋势 [J]. 今日中国, 1995 (9): 16–18.
② 赵晓辉, 肖红, 孟娜. 中国妇女维权路漫长 贫困是妇女发展最大障碍 [DB/OL]. [2008-10-27]. http://news.china.com.cn/zhuanti/2008fndh/2008-10/27content_ 16674756.htm.
③ 陆学艺. 当代中国社会阶层研究报告 [M]. 北京: 社会科学文献出版社, 2002.

其困难。①

第六节 贫困女性社会权利的匮乏

社会权利的匮乏是城市女性贫困的原因之一。表达和追求自己利益的能力弱，掌握的资源少，城市贫困女性不能或者难以维护自己的正当权益，她们的声音很难在社会中发表出来。

美国宾夕法尼亚州西切斯特大学教授洪朝辉认为，经济贫困其实是社会权利"贫困"的折射和表现，经济贫困的深层原因不仅是各种经济要素不足，更重要的是社会权利的"贫困"，还包括与社会权利相关的政治、文化和经济权利的"贫困"。② 城市贫困女性社会权利贫困主要有以下特征：

一、女性社会权利的贫困呈现制度化倾向

社会对女性的歧视和排斥得到法律、制度和社会习俗的认可、保护甚至纵容。例如，许多企业明确规定，女性必须在45岁退休；用人单位甚至堂而皇之地宣称，本企业只招男性求职者。女性所背负的社会职责——家务和生育，已经成为女性参与发展直接的和潜在的阻力。女工下岗、女性失业、女大学生难就业、妇女回家及农业女性化等问题，从另一方面暴露出了市场经济发展中女性所处的不利境遇。③ 社会歧视各国皆有，但西方文明国家至少不敢公开宣扬歧视，"只能悄悄做、不能公开说"是西方各国实施歧视的一贯"底线"和基本"规则"。但在中国，不仅敢做，而且敢说，这种制度性歧视不但大行其道，而且毫无遮蔽地公开宣扬。相对男性而言，女性更多地表现为非正规就业、低端就业和年轻就业（指许多用人单位只用女职工的黄金年龄段）；在招工时，女性更多地遭遇性别歧视、年龄歧视（如以潜规则形式存在的用人单位不要35岁以上女性的现象等）、地域歧视（用人单位对来自不同地域如城镇或乡村的女性，给予的工资待遇、保障福利往往不一样），上述这些歧视导致的结果是城镇下岗失业女性再就业难，女大学生择业难。

据中华全国总工会的统计，目前我国女职工已占职工队伍总数的38%，在

---

① 吴玲，施国庆. 论城市贫困女性的社会资本 [J]. 江海学刊, 2005 (4): 97-101.

② 洪朝辉. 论社会权利的"贫困"——中国城市贫困问题的根源与治理路径 [J]. 当代中国研究（美国），2002 (4): 5-30.

③ 吴玲，施国庆. 我国社会性弱势群体发展的五大趋势 [J]. 南京社会科学, 2005 (7): 64-69.

许多行业,女职工所占比例还要高甚至过半。但是,一项关于上海、广州、沈阳等六个城市的调查显示,女性在下岗大军中平均比例高达56.7%,有的甚至达到67%。另据劳动和社会保障部对62个定点城市劳动力市场职业供求状况的调查结果,有67%的用人单位对女性提出了性别限制或明文规定聘用期不得怀孕生育。显然,女职工要在就业权上成为名副其实的"半边天",其进程依然艰难而缓慢。①

二、城市贫困女性人格尊严受到蔑视

实施社会救济应当以救济对象为中心,一切救济行为都应当以尊重其权利、人格和尊严为前提,以满足其需要和促进其发展为目的,从本质上讲,它首先应该建立在对人的尊重和关爱的基础上。但是在我国最低生活保障制度实施的过程中,许多规定和做法存在无视救济对象权利的情况。②

就我国国情来讲,在最低生活保障制度中规定救济对象不能有小汽车、摩托车是合情合理的,但规定穷人不能购买空调、冰箱,家庭电话月费用不能达到当地城市低保标准50%以上,不能安排子女自费择校就读或出国留学等,其合理性令人生疑,似乎救济对象就不应该分享现代文明和社会进步的成果,就不应该有生活情趣,要申请低保金就没有选择自己生活方式的权利。这是无视救济对象权利的表现,违背了平等原则。核定低保工作的重点应该放在家庭收入而不是生活方式上面,而我国不少地方的"最低生活保障工作规范"或"低保实施细则"却有点儿本末倒置:对救济对象的生活方式规定得事无巨细,而对决定谁能享受低保的问题却不明确。虽然核定低保资格是一个全世界都头疼的难题,但是不能因为核定低保资格有困难,就可以侵犯救济对象的权利。作为核定低保资格的民政部门,在这一问题上明显存在管理的缺位与越位,既干涉了贫困女性的正当权利,又没有能够阻止部分不应当享受低保的人进入低保队伍,甚至在个别地区还出现了个别社区居委会成员甚至民政所所长冒领、私分、贪污低保金的违法行为。

关于贫困女性参加公益性社区服务劳动的问题也存在无视救济对象权利的嫌疑。《城市居民最低生活保障条例》第十条规定:"在就业年龄内有劳动能力但尚未就业的城市居民,在享受城市居民最低生活保障待遇期间,应当参加其所在的居民委员会组织的公益性社区服务劳动。"这项活动被认为具有"软性甄别"贫困女性的作用,其意义"并不在于最后能够甄别出去多少不符合条件的人,更重要的是能够证明这项制度救助的都是穷人"。③毫无疑问,从这个方面讲是有

---

① 王娇萍. 渴望平等就业——关注女职工权益状况报道[N]. 工人日报,2005-03-29(5).
② 吴玲,施国庆. 我国最低生活保障制度的伦理缺陷[J]. 南京师大学报(社会科学版),2005(2):20-25.
③ 唐钧,沙琳,任振兴. 中国城市贫困与反贫困报告[M]. 北京:华夏出版社,2003.

其积极的意义的,但是,公益性劳动肯定是无报酬的义务劳动,而按劳取酬是一项法定权利,所以参加公益劳动的原则应是公民自愿而非政府强行规定。有的地方甚至规定凡累计两次不参加公益性社区服务劳动的低保人员,将减发或暂时停发其享受的低保金;累计三次不参加公益性社区服务劳动的,不但要取消其低保待遇,而且不得再申请城市低保待遇。这部分低保金,不就成为其参加公益劳动后的劳动所得了吗?因此,对申请享受低保的公民来说,判定其有无享受最低生活保障金资格的依据,应定位在其实际收入和生活状况上,而不是在其各项权利上做文章。① 而且,笔者认为,这样的规定不利于激励贫困女性摆脱贫困,要摆脱贫困还是要靠就业,我们的社会为何不能宽容一点,在救济对象最困难的时候给予帮助,在他们渡过难关之后自然可以停发低保金。

三、救济过程缺乏人文关怀

不管是制度化的社会保障还是非制度化的社会保障,都应该体现人文关怀精神,不能单纯地从政治、经济和社会的层面来看社会保障,还应该从伦理的角度来看社会保障。我国在实施最低生活保障制度过程中出现的这些苛刻条件与人文关怀精神是相背离的。

人文关怀是反贫困过程中应确立和体现的核心理念之一,对贫困者而言,物质上的补给固然重要,但这并不意味着可以忽视精神上的关怀。在反贫困过程中,人文精神缺失的一个重要根源就是长期以来,人们对穷人的刻板印象是"懒散""愚昧""好逸恶劳",他们的贫困很大程度上是自己造成的。虽然不能完全否认有这方面的因素,但事实上,即便是这样也多源于穷人对其所处境况的一种无奈反应,更何况贫困形成的原因是非常复杂的。

社会救济体现的是人道主义精神,它不问致贫原因,没有什么资格限定,只看受助者是否真的贫困,它是社会保障制度的最后一道安全网。社会救济的责任仅仅是使受助者的生活相当于或略高于最低生活需求,以避免产生依赖心理乃至不劳而获的思想。只要受助者的收入超过最低生活标准,救助行动即告一段落。② 现在许多国家对申请者只做收入调查,以证明他们达到了国家所规定的最低生活标准,从而由国家或社会给予救助,除此之外,并没有就申请者做道德和法律的调查。甚至近年来,一些国家不再对申请援助者申报的家庭财产状况进行核实,而是根据要求和标准发放救济金,避免了对受益者带来的人格和心理上的伤害。但我国一些地方政府出台的政策,不但在程序上繁杂,条件苛刻,收入调

---

① 周士君.公民有权享受"纯粹的低保"[J].社区,2004(8):8.
② 唐钧,沙琳,任振兴.中国城市贫困与反贫困报告[M].北京:华夏出版社,2003.

查严格,甚至进行公示①,使申请者毫无隐私可言。有的家庭为了不伤害孩子的自尊心或怕孩子遭受同学的歧视,往往家庭经济再困难也不敢申请低保金。

我国各级政府在制定"低保条例"时都把"有赌博、吸毒、嫖娼等违法行为造成生活困难尚未改正的"人列为不能享受低保的对象,认为这些有越轨行为的人会滥用最低生活保障金。殊不知,对这些犯法或不符合社会价值观、道德观的人进行处罚,累及的是家属,女性和儿童往往成为无辜的受害者。无论是福利国家,还是不发达国家对未成年人的救济都是社会保障的重要组成部分。为了保证未成年人的合法权益,有些国家针对有儿童的贫困家庭的援助甚至是无条件的。在我国的儿童救济制度尚不完善时,对家长实施的惩罚,最终受害的往往是儿童。政府不但要保障遵纪守法的公民的生存权,而且要保障有过错的公民的生存权,无论是本着人道主义精神,还是从政府的职责来看,他们都应该享受其应有的权利。更何况在社会转型时期,穷人的贫穷并不一定是他们自己造成的,更大的可能是社会制度不公造成的②。

一个社会如果不能理性地、有效地处理好贫困群体问题,必将遭到弱势群体的"社会报复"③。"社会报复"通常有两种类型:一种是主动的积极的方式,如犯罪、暴乱、政治反抗甚至发动革命;另一种是消极的被动的方式,主要是自暴自弃,主动地边缘化、底层化。④ 由于贫困,贫困女性还常常遭遇社会排斥,缺乏各方面的关怀和支持,大部分贫困女性由于经济负担沉重,情绪压抑,时常郁闷、苦恼、焦躁,自卑感强烈,有的还可能发展成为仇视社会,极易出现闹事、违法犯罪、自杀、上访和被别有用心的人利用从而妨碍社会安定等社会问题。普通人烦恼时可以选择购物、娱乐、旅游等排解、宣泄情绪的渠道,而贫困女性由于经济条件捉襟见肘,可选择的渠道极其有限。与贫困女性接触的部门和工作人员,如果忽视其心理和情绪的疏导,在工作中不注意方式方法,任由社会排斥和种种社会不公长期存在,会诱发贫困者不同程度的认同危机和心理危机,当这种危机达到一定程度时,就会导致极端的反社会行为。无论是哪种方式的"报复",对于整个社会的健康协调发展都是有害的。所以,在最低生活保障制度这项关系千千万万弱势群体生存发展和整个社会稳定的民心工程的实施过程中,更应该以人文关怀为价值归宿,渗透对人的生命、尊严的真情关心、尊重和爱护。

---

① 应当承认,在现阶段低保工作中,公示的确起到了增强工作透明度的作用,但是其对低保对象的负面影响也是显而易见的。"公示"在我国低保工作实施中已经成为一项必经程序,而且相关部门还将其作为一种成功的经验进行推广(舒顺林,李彦昌. 公正 透明 规范——北京崇文区推出低保公示 [J]. 中国民政, 2001 (6): 42 – 43.)。

② 杨立雄. 最低生活保障制度实施过程中存在的问题 [J]. 社会, 2003 (4): 21.

③④ 吴鹏森. 论弱势群体的"社会报复" [J]. 江苏行政学院学报, 2003 (1): 58 – 63.

第六章 中国城市贫困女性社会安全网的构建

第一节 城市贫困女性社会安全网的框架

一、社会安全网的含义

安全是人类生存的基本需求，社会安全网是指在一定社会经济条件下，为解决或避免居民因各种原因导致的经济生活困难，包括国家、社会组织、家庭及其他社会成员为维持个体基本生活所必需消费的商品和服务的最低费用，所提供的社会保障措施与社会支持途径所组成的网络体系。它也可以理解为是架设在贫困边缘上的一道防护网，是立足于城市居民最基本生活需求上的包括家庭、社会、国家政府的种种反贫困的途径与措施。[①]

世界银行《1990年世界发展报告》强调了发展中国家缓解贫困的两大战略，即发展劳动密集的外向型经济以创造更多的就业机会，以及对贫困人口的人力资本投资（例如对教育和卫生事业的投资），此外还明确指出："为遭受灾难、不能从反贫困战略中获益的人们提供社会安全网也是必须做到的。"社会安全网的构建是反贫困战略的辅助措施。在世界银行《2000/2001年世界发展报告》中，社会安全网被提升为三大反贫困战略之一，其概念也得到进一步的发展：它不仅包括在风险冲击后向穷人提供临时救济和补助，即应付风险，还包括在风险来临前为穷人预防风险和缓解风险。

社会安全网指的是由那些具有保险、救助和服务等防范风险和不确定性功能

---

① 乐章，陈璇. 城市居民的社会安全网[J]. 华中科技大学学报（社会科学版），2001（4）：56-62.

的正规和非正规制度构成的社会保护体系。社会保障制度是现代工业发展的产物，到了现代工业国家才占据了社会保护体系的主导地位，社会保险只是其中的一个组成部分。朱玲认为，如果把视野扩展到整个社会，构建社会安全网的诸多保护手段显然远远超出了社会保障的范围。无论是以往的传统农业社会，还是现存发展中国家的乡村都缺失社会保障制度，但是不乏其他防护措施来保障其成员的生存安全。与社会保障制度相比，社会保护体系是外延更宽、内涵更具一般性的概念。①

在国际上，社会安全网作为一套具有特殊含义和意识形态背景的社会政策的概念从20世纪80年代开始被广泛使用。20世纪90年代初，当世界银行把社会安全网作为在发展中国家减少贫困的重要战略措施来提倡时，安全网成为非常流行的概念。尚晓援在《中国社会安全网的现状及政策选择》一文中认为，社会安全网在使用中有两个既互相联系又有区别的含义：第一个含义是一种具有特殊含义和意识形态背景的政策手段；第二个含义是在困难时为人们提供帮助的社会保护体系。作为一种具有特殊含义和意识形态背景的社会安全网概念，主要指政府通过社会救助或收入支持的方式对社会上最困难的群体提供最低生活水平保障的政策。因为社会安全网概念及其意识形态背景，所以社会安全网也意味着政府在提供福利服务时利用家计调查的方法认定服务对象，福利供给的原则从普遍性向选择性的转移。除了作为政策手段以外，社会安全网还指人们在遇到困难时可以依赖的社会保护网络。遇到经济困难时，不同的人从不同的来源寻求帮助，每个社会群体都有自己独特的方式应付最困难的状况。在政府提供帮助之前，人们在困难时广泛地依赖家庭成员、亲属、朋友、社区、社会上宗教或非宗教的慈善组织或慈善活动提供的帮助。政府的帮助实际上是非常晚近的事。这就是社会上实际存在的"安全网"，没有这个"安全网"，政府面临的压力将非常巨大。②

在政府正式承担起对最困难的群体提供帮助的责任之后，作为社会保护体系的"安全网"即成为混合的制度，由政府提供的各种正式的制度安排和各种非正式的保护制度共同构成。具体说来，我国的社会安全网一般包括下述几种制度安排：社会救助（最低生活保障制度、五保制度和贫困救济制度等）、失业保险和对下岗职工的帮助、扶贫项目及非正式的制度安排（如家庭成员和家庭网络成员之间的互助）、社区的服务等。③

二、中国社会安全网的缺失

1997年以前，我国的社会保障制度主要有：保障城市职工收入安全的社会

---

① 朱玲. 试论社会安全网 [J]. 中国人口科学, 1999 (3)：11–17.
②③ 尚晓援. 中国社会安全网的现状及政策选择 [J]. 战略与管理, 2001 (6)：1–11.

保险和对最困难的社会群体提供社会救济与服务。社会保险主要在城市社会主义部门实施。就其高福利高保障水平的制度特征看，类似北欧的"社会民主"模式。受益者认为接受保险福利是他们基本的公民权的一部分，国家的经济负担很重，企业和个人要付高额代价以支持这种福利制度。20世纪30年代，美国总统富兰克林·罗斯福曾在其著名的"炉边谈话"中提出："在早先的日子里，安全保障也是通过家庭成员之间的互相依靠和小居民点内各个家庭之间的互相依靠而取得的。大规模社会和有组织行业的复杂情况，使得这种简单的安全保障方法不再适用。因此，我们被迫通过政府来调动整个民族的积极关心，以增进每个个人的安全保障。"① 社会发展到了今天，我们不能再企望仅仅依靠传统的家庭保护和非正式的社会支持去抵御市场经济给城市居民的基本生活带来的巨大经济风险，最优选择是充分发挥家庭保护、社会支持和社会保障在整体社会安全网中的各自优势，以共同保证城市居民的经济生活安全。

社会救济主要实施于城市非社会主义部门和农村，国家或社区为无自理能力、无雇主同时无直系亲属的人提供水平极低的贫困救济。其他人在生病、年老或遇到其他意外时必须依靠自己或自己的家庭。这种制度类型被称为"补缺型"福利制度。在这种制度下，接受救济的人生活很贫困，受到社会歧视。大多数人会通过努力工作以避免落入这种境地。所以，国家或社区的救济开支很有限，以把税收维持在较低的水平，从而保证社会经济的竞争力。我国社会保障制度的基本特征就是这两种反差极大的制度类型同时并存。我国社会分成三个制度部门：城市社会主义部门、城市非社会主义部门和农村。城市社会主义部门，尤其是国有部门的雇员享受高保险福利。然而，城市非社会主义部门和农村人口几乎不享受任何保险。按我国目前的实际情况，劳动就业制度和社会保障制度已经社会化，而劳动工资制度和职业福利制度是与城市中的"单位"制度紧密相连的。

我国社会救助的条件比任何其他制度都苛刻。不仅要进行收入调查，还要附加其他条件，如无直系亲属、无劳动能力，甚至对于个人的消费情况也严格控制。这种体制下，在社会保险和社会救济两大块中，社会救济这一部分太弱，无法起到"安全网"的作用。社会安全网在社会政策中是"缺失"的。真正在经济上起到"安全网"作用的是对生活必需品的定量分配制度和价格控制、充分就业的经济政策等。同时，由于我国民间组织发育不健全，在社会保护中的作用微弱。②

从制度特征看，在这种历史背景下建立和发展起来的社会保障体制极度向社会保险倾斜，极度向城市倾斜。这两个特点反映在中国社会福利的支出结构和覆

---

① 关在汉. 罗斯福选集 [M]. 北京：商务印书馆，1982：58.
② 尚晓援. 中国社会安全网的现状及政策选择 [J]. 战略与管理，2001 (6)：1-11.

盖结构上。从支出结构看,96%的社会保障支出花在社会保险上,只有4%左右花在社会福利和社会救济上①。

三、中国城市贫困女性社会安全网的构成框架

在社会安全网的构建中,有的已经成为正规制度的法律条文,如社会保险、社会救助和公共补贴;有的虽然并非法律规定,但是已成为绝大多数人所遵守的规范或习俗,可视为非正规制度,例如邻里互助和其他自助性合作保护行为。我国城市贫困女性的社会安全网由正式的社会保障制度和非正式的社会支持构成(见图6-1)。

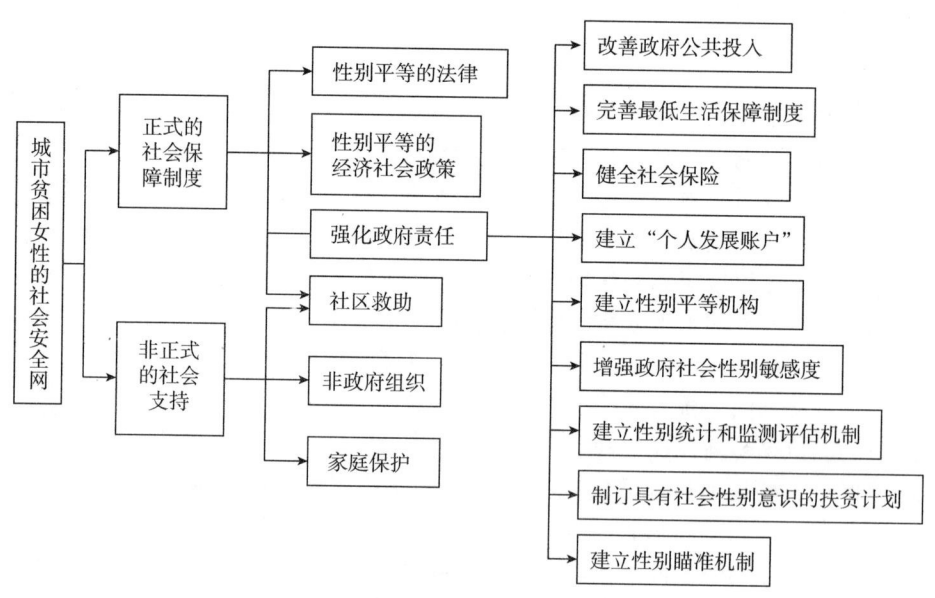

图6-1 城市贫困女性的社会安全网框架

正式的社会保障制度是城市贫困女性社会安全网构成的重要保障,性别平等的法律、性别平等的经济社会政策、强化政府责任、社区救助四个方面的作用都不可忽视。强化政府责任是构成城市贫困女性社会安全网的核心内容,改善政府公共投入、完善最低生活保障制度、健全社会保险、建立"个人发展账户"、建立性别平等机构、增强政府社会性别敏感度、建立性别统计和监测评估机制、制订具有社会性别意识的扶贫计划和建立性别瞄准机制是政府的当务之急。社区救

---

① 朱庆芳,盛北荣.社会保障指标体系[M].北京:中国社会科学出版社,1993.

助介于正式的社会保障制度和非正式的社会支持之间,具有非常重要的意义。在正式的社会保障制度缺失时,非正式的社会支持对于贫困女性具有重要的支持作用。非正式的社会支持包括社区救助、非政府组织和家庭保护。

从理论上来讲,社会安全网可以从不同方面保护城市贫困女性免受生存危机的磨难。建立健全城市贫困女性的社会安全网,既是社会稳定和经济发展的需要,又是贫困女性生存和发展的需要。

第二节 制定性别平等的法律

一、中国相关性别平等法律的缺陷

男女平等在《中华人民共和国宪法》以及1949年以后政府采取的很多政策和法律措施,尤其是20世纪90年代以后的法律里都有所体现。中国在1980年签署了《消除对妇女一切形式歧视公约》(CEDAW),并定期向联合国汇报该公约的实施进展情况。1992年颁布的《中华人民共和国妇女权益保障法》、2001年修改的《中华人民共和国婚姻法》等都强调了法律平等的总原则以及在女性处于劣势的领域促进社会性别平等的具体措施。

但是,在我国法律的很多领域中,保护女性权利的法律和实施之间存在很大差距,这是由很多因素导致的,比如公众、警察、法院和其他利益相关方得到的信息不足、理解不够,获得法律援助的机会有限,通过法庭和警察申诉的法律渠道不足,法院通过的判决难以实施等。现行女性权益保障法作为中国推动男女平等的专门立法,对于消除对女性一切形式的歧视只确立了原则,而没有对"性别歧视"做出清晰的界定,这也是联合国消歧委员会从1997年对中国第三、第四次国别报告审议以来的结论性意见中一直提出的问题。①

二、中国相关性别平等法律的完善

女性作为市场经济条件下的弱势群体,其社会价值的实现在很大程度上需要合理公正的社会保障制度。国际上很注意社会保障的性别比较,国际劳工组织也很重视女性的社会保障。② 尽管我国政府正在为实现男女平等做不懈努力,已形

---

① 薛宁兰. '95世妇会以来中国妇女人权法律保障述评[J]. 妇女研究论丛,2015(6):47-56.
② 郑功成等. 中国社会保障制度变迁与评估[M]. 北京:中国人民大学出版社,2002:275.

成以《中华人民共和国宪法》为基础,以《中华人民共和国妇女权益保障法》为主体,包括国家各种单行法律法规、地方性法规和政府各部门行政规章在内的一整套保护女性权益和促进性别平等的法律体系。国家司法机关也不断加大执法力度,依法对各种侵犯女性权益的犯罪行为予以制裁。但必须看到,我国有些法律虽已针对女性的生理特点做出了一些特殊规定,具有一定社会性别视角,然而我国更多的法律却是中性的。在这些中性的法律中,对男女两性在法律上权利义务的规定都是相同的,看不出对女性有任何歧视。但如果从社会性别平等角度来审视,某些对男女做出同样规定并同样适用的法律制度,其施行的结果并不能真正使女性获得与男性完全平等的法律保护。因此,要真正消除男女间的不平等,实现对女性权利的平等保护,在公共政策包括法律的制定中应当具有社会性别视角。正如美国康奈尔大学的安可·维塞尔斯(Anke Wessels)所说,"我们不承认越来越贫困和弱势是做母亲不可避免的结果,而是考察了男性中心的观念如何被用来剥夺母亲获取经济稳定的机会,并说明要使母亲免遭经济上的无保障,先要改变这些社会建构""如果妇女既要成为尽心的母亲又要成为经济行为人,她们就造成了政治领域和经济领域的断裂。因此,贫困妇女做了母亲开始承担照看孩子的工作以后,即使她们人还在工作岗位,现行的规则和限制也使她们失去了平等进入劳动市场的机会。因此,政府目前的任务,是制定经济政策,推翻而不是强化提供经济成功机会的男性中心的观念"。①

　　社会制度、法律制度和经济制度共同构成我们观察到的性别不平等的基础,在减少那些不平等的问题时,它们既是障碍又是工具。促进性别平等的制度改革必定是促进广泛和持续发展这一战略的首要因素。从短期看,社会制度的变革会很难和很慢,但是即使是巨大变革也是可能发生的——尽管常常面临巨大阻力和付出高昂代价。政府通过法律和法规的改革,在执行强有力的行政命令方面起着明显的作用。但是法令改革的有效性主要依赖于政府贯彻和执行的能力,以及依赖于其他社会团体的领导能力和作用。市场同样能够减少性别歧视。当市场开放运行时,它们使信息交换很方便,并包含一组强有力的激励机制,做出选择是基于生产效率的,而不是性别、种族或年龄。制度改革对个人和家庭的决策和行为,能产生深刻的影响,并最终影响到发展战略的效能。②

　　当前我国应完善立法、加强执法,保障女性就业的权益。为了确保男女平等就业权利的实现,根除就业方面对女性的歧视,应进一步完善相关立法。同时,

---

① 安可·维塞尔斯. 剥夺母亲的工作和福利救济 [J]. 国际社会科学杂志(中文版), 2004, 21 (1): 79 – 87.

② 国际复兴开发银行, 世界银行. 通过权利、资源和言论上的性别平等促进发展 [M]. 北京: 中国财政经济出版社, 2002: 56 – 58.

根据各行业的用工特点及女性自身的特点,制定一些有利于招收女工的政策,为女性平等参与就业竞争创造有利条件。另外,应继续贯彻执行《劳动法》《妇女权益保障法》等有关法律法规。加强劳动监察,对侵害女性就业权益的行为,坚决予以处罚。应尽快建立针对女性和其他弱势群体的"就业机会平等法",规范用人单位的行为,保护女性的劳动权益,禁止从职业进入工作评价、职位晋升、职业安全等就业全过程的性别歧视。在已经出台的《劳动法》《国家公务员暂行条例》《党政领导干部选拔任用条例》等法律、法规及条例的"录用"或"任用"章节中明确加入性别平等条款。制定对就业歧视行为的惩罚和补偿制度,确定惩处和补偿细则。规定用人单位在消除就业歧视中的责任和义务。为提高法律的效力,应借鉴一些国家处理性别歧视案件的有效做法,实行举证责任倒置制度。

应尽快列入修法范围的法律法规有:

(1)《社会保险法》。要将生育社会保障纳入基本社会保险范围,由国家、企业和个人合理分担生育费用,使生育保险法制度化、社会化,从根本上缓解女性就业压力。

(2)《女职工劳动保护特别规定》(以下简称《规定》)。要扩大法规的适用范围,将女职工劳动保护的内容纳入用人单位的劳动合同;根据最新的研究成果修改有关女性禁忌劳动的范围;明确女职工劳动保护经费的来源。随着改革的深入发展,现行《女职工劳动保护特别规定》已呈现诸多方面的不适应,亟须修改。例如,《女职工劳动保护特别规定》第一条明确指出制定本规定是"为了减少和解决女职工在劳动中因生理特点造成的特殊困难,保护女职工健康"。首先,基于生理特点的保护,其本意是为了保护女性劳动权益,但无意中强化了女性的家庭角色认同和女性弱者形象,造成了事实上不利于女性平等就业的结果。[1] 其次,《规定》中关于不得在女职工怀孕期、产期、哺乳期解除其劳动合同的规定,未明确任何前置条件,并且与《劳动法》第二十九条"女职工在孕期、产期、哺乳期内的,用人单位不得依据本法第二十六条、第二十七条的规定解除劳动合同"不相符合。再次,《规定》中只对企事业女职工生育产假时间做出规定,但未明确产假待遇。目前相当多的女职工特别是大量个体、私营企业女职工生育待遇没有保障。最后,《规定》中的部分条款内容与有关法律法规的内容不相一致,有欠衔接,造成在具体实施中因所依据的法律条款不明确,劳动执法部门、司法机关和工会等组织维护女职工合法权益和特殊利益面临着困难。[2]

---

[1] 宁国良,李雪芹. 论我国妇女劳动保护就业政策的缺陷及其完善 [J]. 湖南科技大学学报(社会科学版),2013,16(2):85-88.

[2] 王娇萍. 渴望平等就业——关注女职工权益状况报道 [N]. 工人日报,2005-03-29(5).

(3)《国家公务员法》。应体现男女同龄退休原则,实行男女相同的退休年龄政策。①

(4)《反歧视法》。为了加快反贫困进程,我国亟须借鉴美国的经验与教训,制定《反歧视法》,落实公民和贫民的社会权利,在法律、资源、组织和舆论等方面保障民众的合法权益。通过政府的行政力量,要求在所有招聘和招生广告上,必须申明不得因为性别、地位、身体、种族、年龄、地域不同而有所歧视。维护社会公正、保护公民权利、消除各种歧视的行政干预。② 我国的立法虽然不少,但是法制还不完备,操作性较差,应借鉴国外的《反性别歧视法》,针对我国就业中的性别歧视现象进行反就业歧视立法,进一步细化规定,明确列出可以有年龄、性别、学历等特殊要求的行业或单位或岗位,拟定不同行业企业中男女比例的底线,此外则属于严格禁止范围;规范用人单位的招聘广告;明确用人单位违反法律规定应承担的后果;明确政府职能部门对就业市场歧视性行为的监管职责;明确规定受歧视者的诉讼权利和程序;规范劳动用工市场,对用人单位应加大奖惩力度,对依法平等雇用女工的单位实行女工专项补贴或在税收上给予优惠,或两者兼有,以冲减用人单位因此增加的雇用成本,平衡企业雇用不同性别员工的收支预算(这样可有效地解决可能"因立法引起的雇用女工成本上升反而导致女性就业下降"这种极有可能出现的南辕北辙的结果),对超额雇用女工的单位给予必要的奖励,对在用工过程中歧视女性的单位给予必要的惩处等。③④ 赵友宝和曹靖宇提出了反用人中的性别歧视的措施是将生育成本社会化、完善平等就业的法律法规,加大执法力度、通过立法和制定优惠政策,大力扶持女性灵活就业⑤。

任何社会都会有天灾人祸,都会有一部分女性由于先天或后天的原因而暂时或永久地丧失劳动能力,政府有责任以立法和制度的形式对这部分女性的基本生活予以保障。政府通过经济政策和社会政策的制定与实施,协调社会矛盾,解决社会问题,向贫困女性提供社会支持。这种支持不仅是单纯的经济和物质上的给予,而且还应该激励和培养她们自我生存和发展的能力。重视保护贫困女性的特殊利益是中国共产党和中国政府的一贯政策。中华人民共和国成立以来,党和政

---

① 蒋永萍. 关注劳动力市场中的性别平等——"中国妇女就业论坛"综述 [J]. 妇女研究论丛, 2003 (2): 51 - 58.

② 洪朝辉. 论中国城市社会权利的贫困 [J]. 江苏社会科学, 2003 (2): 116 - 125.

③ 伊兰伯格, 史密斯. 现代劳动经济学理论与公共政策 [M]. 潘功胜译. 北京: 中国人民大学出版社, 1999.

④ 李建新, 赵瑞美. 性别歧视与女性就业 [J]. 妇女研究论丛, 1999 (1): 4 - 8.

⑤ 赵友宝, 曹靖宇. 反用人中的"性别歧视": 一种经济学分析及对策 [J]. 经济体制改革, 2005 (1): 29 - 33.

府高度重视贫困女性保护工作，保护贫困女性是我国的重要政策。但是，我国缺乏对贫困女性的宪法司法保护手段，由此导致贫困女性越来越被边缘化。在现实中，贫困女性的权益受到侵害而又得不到宪法保护的情况并不鲜见。由于我国缺乏宪法司法保护机制，贫困女性的权利救济极其困难。我国没有采用宪法司法手段保护贫困女性权利的原因比较复杂，既有文化观念和物质条件制约的原因，也有宪法法律体制存在缺陷的原因。

运用宪法司法手段保护贫困女性的权利，应当借鉴其他国家的有益经验并考虑我国国情。宪法是治国安邦的总章程，是其他一切法律的依据，具有最高的法律效力。要从法律上解决贫困女性问题，必须首先从修改宪法开始。我国宪法的有些条文已经明显不合时宜，应当修改宪法，增加贫困女性的宪法权利，赋予宪法基本权利具有直接司法适用效力。同时，要落实宪法精神，完善法律体系，对相关的法律和制度、政策也要进行修改，特别是户籍制度、劳动制度、教育制度、社会保障制度等，消除针对贫困女性的各种歧视性制度、法律与政策，建立公平的社会竞争环境和竞争规则。此外还应该进行司法体制改革，提高司法机关的地位和权威，为维护贫困女性的正当权益提供有力的司法保证。

在立法的同时，政府也可以通过行政手段来保障贫困女性平等就业，设立专门的政府机构来负责相关事务。可以借鉴美国的经验，设立公平就业委员会，由其负责对用人单位的管理层进行就业平等的教育培训，向求职者普及相关法律知识，甚至作为受歧视者的代理人出庭起诉等。

三、借鉴国外关于性别平等的立法

国外关于性别平等立法方面有很多值得我国借鉴。

1. 《法国劳动法》中对女性的保护

《法国劳动法》规定：招聘启事或任何形式的公开招工广告中都不得指明招聘对象的性别和家庭状况，招聘单位也不得以性别或家庭状况为由拒绝聘用。对于同一项工作，雇主支付一个新招聘的男性雇员的工资多于一个已经干了几年的女性雇员，就构成性别歧视。涉及歧视女性的劳动案件，不是由原告女雇员证明歧视的存在，而是由雇主拿出证据来证明自己的做法不是出于性别的考虑。男女平等在《法国劳动法》上不仅是一项基本原则，而且更是体现为雇主对雇员要承担的实实在在的非歧视的义务。这一义务的履行有一整套司法诉讼制度作为保证：法国有作为一审的劳动法庭，上诉法院和最高法院也都分别设有社会法庭，以处理劳动方面的歧视案件。《法国劳动法》对女职工的保护比目前我国有关法律法规的规定更详细和具体。其中，从生理因素出发对女性的特殊劳动保护，与我国类同，而法国在劳动立法和司法上对女性的劳动保护，则对我国具有借鉴意义。

为了保障女性享有与男性平等的就业权,《法国劳动法》规定了数条禁止性条款对女性进入劳动力市场给予保护。1983年7月13日发布的《男女职业平等法》明确规定：招聘启事或任何形式的公开招工广告中都不得指明招聘对象的性别和家庭状况，招聘单位也不得以性别或家庭状况为由拒绝聘用。1977年7月12日发布的《妇女保护和儿童教育法》规定：雇主不得以女性怀孕而拒绝招聘该女性或在试用期解除其劳动合同，或擅自调动其工作；禁止雇主查询有关当事人妊娠的情况；申请求职的女性或女雇员并无公开其妊娠状况的义务。另外还规定：任何人不得因为其出身、性别、家庭状况、籍贯、习俗、种族、政治观点、宗教信仰、工会活动等被拒绝在招聘程序之外、被惩罚或被解雇。

根据这些规定，性别不能成为被拒绝招聘的合法理由，雇主不得在招聘广告中写明要招聘男性或女性，否则即构成性别歧视；雇主也不得指明招聘对象是已婚或未婚。婚姻、家庭状况属于私生活范围，与招聘没有必然的联系。根据《法国民法典》的规定："每个人都享有私生活被尊重权。"司法判例表明，以性别为由而拒绝招聘女性的案例很少，而大量发生的是，雇主在招聘时不知道应聘者已经怀孕，聘用之后，该女工才表现出妊娠状态，这时，雇主要解雇该女工。

在职业方面的保护，表现为法律对女性劳动者在劳动报酬、晋升机会、工作调动、享受有关待遇等方面享有与男性同等权利的保护。《男女职业平等法》中规定："雇主在采取任何措施，尤其是在涉及报酬、培训、任用、授予资格、定级、晋升或调动工作方面所采取的措施时，不得出于性别的考虑。"即从法律上提出了男女平等待遇的原则。因此，平等原则在这里也倾向于女性的例外，通常是通过签订行业集体合同或协议的方式来规定，尤其是在那些女性就业比例不高的行业中，规定女性享有一定的优惠待遇，如晋升、休假等。

在保障机制上的保护，首先，在企业内部，雇主要向企业委员会提供年度报告，其中特别要报告本企业男女职工报酬的变化情况；300人以上的企业，雇主每个季度要向企业委员会报告男女职工总数及其职位变化情况，300人以下的企业，每半年报告一次。另外，企业设立的安全卫生委员会也要负责女职工职位和生育方面的问题。其次，法定强制的年度集体谈判时，雇主有义务向雇员代表提供涉及男女职位、工资、职务和工时等方面的资料并说明理由。再次，在企业外部，行业集体谈判应每年一次就本行业男女职位、工资、职务演变情况进行分析和检查，并提出报告。雇主组织应事先提出书面报告。最后，通过一些司法制度的建立来保证女性在劳动领域的权益。任何违反男女平等原则的规定和做法都要承担相应的法律责任。任何违反劳动法平等原则的规定和做法都是无效的，雇主要承担相应的赔偿责任。另外，任何雇员均不得因为证实雇主或其代理人的性骚扰行为或说出此行为而受到处罚或解雇。涉及歧视女性的劳动案件，与传统的民事举证原则不同，不是由原告女雇员证明歧视的存在，而是由雇主拿出证据来证明自己的做法不是出于性别的考虑而是出于其他的客观因素。劳动法典明确规定：在证据上如有疑问，法官应从有利于雇员的角度判断。①

2. 韩国法律对女性的保护

韩国政府为了促进男女平等，维护女性合法权益，提高女性地位，于1995年制定了《韩国女性发展基本法》。该法是从社会、教育、雇用、增加女性的福利待遇、家庭扶助、防止暴力、国际合作活动、大众传媒、志愿服务等各领域规定有关女性问题与女性地位的特别法。该法的颁布，不仅有助于促使《家庭暴力特别法》《男女差别禁止法》等相关法律的制定，而且对一些社会团体制定有关女性优惠政策等起到促进作用。《韩国男女平等雇佣法》是韩国政府于1987年制定，并于1989年修改实施的。该法分为总则、雇佣中男女平等的机会与待遇、保护母亲及福利设施建设、纠纷调解、罚则、附则六章二十四条。该法旨在保障男女劳动机会和待遇均等，提高女性劳力的地位与福利。

根据该法，国家、地方团体和社会在招工时应给予女性与男性同等的劳动机会，男女实行同工同酬。在劳动者的教育、工作安排、晋升、退休、解聘等方面，雇主应实行男女平等，不能以结婚、怀孕与生育为由解聘女职工。另外，雇主应允许产后一年以内的女性留职养育子女，养育期应算工龄。国家、地方自治团体和雇主应为女职工提供教育、育婴、住房等福利设施。因性别歧视而产生劳动争议时，由地方劳动行政机关设立的雇用问题调解委员会进行调解，调解委员会对提出的问题应在申请之日起，30日内做出答复。对违反男女平等雇用法情节严重者，根据情况，可以处两年以下的拘役或者500万韩元以下的罚金。

韩国2001年修订《男女雇佣平等法》《劳动基本法》和《雇佣保险法》，努力消除阻碍女性参与经济活动的障碍，出台拓宽女性就业渠道的劳动力市场政策，建立积极反映两性平等观点的劳动制度和工作环境。韩国政府认识到，女性过多地从事非正规劳动，将使女性人力资源难以得到积累，弱化了成长潜力，准备进一步引用经济合作与发展组织（Organization for Economic Co-operation and Development，OECD）国家的法律，如时间段育儿休假制、在家工作制、灵活调整工作时间制、禁止对非正规劳动者的滥用以及保护原则等，以提高女性的就业的可能性与适应能力。②

---

① 郑爱青. 男女平等：是原则更是义务——法国劳动法中对女性的保护 [N]. 中国妇女报，2002-02-27 (3).

② 全国妇联妇女研究所信息中心. 世界各国性别平等意识与公共政策现状一瞥 [J]. 中国妇运，2004 (7)：44-46.

第三节 强化政府责任

现在政府的职能已不再是统治,而是要通过其社会管理职能为全社会提供服务。在现代社会保障制度中,社会救助是政府的一种责任与义务,受救助者接受救助是一个公民的基本权利。当前在我国经济和社会转型时期,造成女性贫困的原因当中社会原因多于个人原因,所以构建社会安全网,保障贫困女性最低限度的日常生活,保证社会的公平和稳定发展,是我国政府义不容辞的责任。救助贫困女性不是对贫困女性自身的单纯施舍和恩赐。由于贫困女性具有经济上的低收入性、生活质量上的低层次性、政治上的低影响力和心理上的高敏感性,她们在社会生活中具有极大的脆弱性,仅仅依靠自身的力量是很难迅速摆脱自身困境的。笔者认为,救助贫困女性问题应该充分发挥政府的作用。

能否找到妥善解决贫困女性的制度性社会机制,是一个政府是否成熟的最重要的表现之一。我们的政府是人民的政府,全心全意为人民服务、满足人民日益增长的物质和文化生活需要、提高人民的生活水平是人民政府的神圣使命。何况贫困女性说到底是社会资源不平等分配的受害者。社会资源具有稀缺性,任何社会都无法保证社会资源的均衡分配,必须要通过某些制度安排和政策导向,在稀缺的社会资源与各种社会需求之间寻求一种配置平衡。在社会生活中,贫困女性是社会不可分离的一个组成部分,救助贫困女性是社会的责任,更是政府的分内职责。

政府负有保护每一个公民福利的责任,在城市反贫困过程中起主导作用,政府在城市贫困女性的救助过程中担负主要职责,具体体现在以下方面:①发展经济,努力消除贫困;②构建社会救助体系,保障基本生活,政府在构建社会救助体系的过程中,负有制定包含社会救助目标、救助标准、覆盖面、资金筹措、运作和发放等各个环节的统一政策,整合各项救助政策,提供资金保障,规范管理的职责;③制定扶贫战略目标,开展以帮助穷人增加收入和扩大就业为目标的发展项目;④政府还具有动员社会力量、支持社会公益性事业发展的责任。概言之,政府是扶贫战略和救助政策的制定者、救助工作的管理者,政府在城市消除贫困过程中发挥主导作用。①

---

① 金一虹. 社区:消除城市贫困的实践和机制 [J]. 南京社会科学, 2005 (11): 89 – 94.

一、改善政府公共投入

对于任何一个国家的经济与社会发展来说，公共投入都是必不可少的。一个国家想要有效地判断政策取向，仅仅只看政策宣言是不够的，还要看财政资金的流向。没有哪个政府的财政资金是完全充裕的，它必须取舍和权衡急需花钱的地方。因此，资金的流向更能准确揭示政府政策的轻重缓急和价值取向。政府往往大张旗鼓地宣称"重视"某个领域（如教育），却舍不得向那个领域投入财政资金，而财政资金的流向才是实实在在的。

我国社会正处在急剧转型时期，各种与公共事业相关的难题纵横交错、层出不穷。与之相适应，中国社会进行公共投入的总量应当是充足的，公共投入的投向、种类也必定是多方面的。但是，目前我国的公共投入占GDP的比重过小。例如，作为公共投入基本前提的中央财政收入在GDP中所占的比重远低于高收入国家和中等收入国家，仅达到低收入国家的平均值（见表6-1）。这种状况对我国的长远发展十分有害。更为严重的是，我国公共投入的结构十分不合理，公共投入的优先顺序出现了严重颠倒，致使我国本来占比就小的公共投入难以起到应有的作用。

表6-1 2014年主要国家中央财政收入占GDP比重状况比较　　　　单位：%

国家和地区	比重	国家和地区	比重	国家和地区	比重
高收入国家	25.3	美国	19.2	波兰	32.1
中等收入国家	21.1	法国	45.1	印度（2013年）	12.6
低收入国家（2010年）	13.4	日本	12.5	巴西	26.9
—	—	中国	15.8	俄罗斯	25

资料来源：中华人民共和国国家统计局. 国际统计年鉴2017 [M]. 北京：中国统计出版社，2018.

公共投入应当有一个次序的排列，最重要的理应优先。对于公共投入的优先次序，应本着先考虑基本的民生问题、再考虑发展的原则进行安排。公共投入的优先次序不仅事关社会的公正问题，而且直接影响到社会经济发展的整体质量。中国目前在这方面存在严重的缺陷。①

在社会保障、贫困、义务教育等直接关乎基本民生的头等大事上，政府的公共投入明显不足。以扶贫为例，2002年是公认的对城市贫困群体援助力度最大的年份，有809万户2053.6万人的城镇居民直接受益，进入了城市最低生活保

---

① 吴忠民. 公共投入的优先顺序不宜颠倒 [J]. 重庆社会科学，2004（1）：98-100.

障的范围。即便如此,实际上政府的支出也只有112.6亿元。我国的公共教育和公共卫生事业的落后和滑坡应该说主要责任也在于政府公共投入的不合理,这和世界其他主要国家比较即可看出(见表6-2)。

表6-2 主要国家在基本民生方面的公共投入占GDP的比重　　单位:%

国家	社会保障和福利支出 (1994~2000年)	公共教育经费支出 (1998~2000年)	卫生保健公共支出 (2000年)
中国	3(2000)	2.1	1.9
美国	5.4	4.8	5.8
法国	16.5	5.8	7.2
日本	—	3.5	6
俄罗斯	7.5	4.4	3.8
波兰	17.4	5	4.2
印度	—	4.1	0.9
伊朗	3.9	4.4	2.5
巴西	12.7	4.7	3.4
南非	1.1	5.5	3.7

资料来源:《国际统计年鉴2003》《2003年人类发展报告》《中国统计年鉴2003》。

中国现阶段存在的城市贫困、社会保障以及义务教育等问题之所以没有能够得到有效的解决,财政实力的不足固然是一个原因,但是更为重要的是公共投入次序的颠倒[①]。公共投入的次序如果继续颠倒,将加剧基本民生问题的严重性,浪费公共资源,损害公众对于政府的信任,破坏正常的市场经济秩序。

二、完善最低生活保障制度

最低生活保障制度,即根据维持最起码的生活水平的消费需求设立一个最低生活保障标准,每一个公民,当其收入水平低于最低生活保障标准、生活遭遇困难时,都有权利得到政府按照明文公布的法定程序和标准提供的现金和实物救助。目前,世界上大多数国家把社会救助看成是政府义不容辞的一项社会责任。对于穷人,不管导致其贫困的原因是什么,只要其收入低于贫困线,就有权利申请并且获得社会救济。接受社会救济是公民的基本权利。最低生活保障制度建立的宗旨是极力使每一个公民不至于在生活困难时处于无助状态。

---

① 吴忠民. 公共投入的优先顺序不宜颠倒[J]. 重庆社会科学,2004(1):98-100.

最低生活保障制度是保障城市居民基本生活权利的制度,是以家庭调查为前提的选择性救助制度。最低生活保障制度实际上是"最后的安全网"。相对于职工最低工资制度、下岗职工基本生活费补助制度、失业人员救济制度以及老年人退休金制度,城市居民最低生活保障制度是较晚正式出台的。这项制度设计的前提是:在其他制度有效实施的情况下,对于生活仍然困难的居民给予最后的保障。由于是最后的保障,所以,一般要求先落实其他的保障,再落实最低生活保障制度。而且,最低生活保障制度的保障标准要与其他制度的保障标准相衔接,只能是最低的标准。这也是全国低保标准整体偏低的原因之一。①

对我国而言,建立城市居民最低生活保障制度,是对传统社会救济制度的改革和发展,是建立和完善城市社会保障体系的重大步骤。它有利于化解社会矛盾、维护社会稳定、促进社会公平、保证经济体制改革的顺利进行。最低生活保障制度的实施标志着在社会救济方面的政府职能由传统的以发放救助金、特困补贴、受灾救助等为标志的"道义性救助"转变为"义务性救助",实现了从个体主义贫困观向结构贫困观、从施恩论向权利论的转变。②

最低生活保障制度经过不断地改进、完善和规范化建设,已经有了长足的进步,在中国城乡社会经济发展中所起的作用有目共睹。然而,从某种意义上来说,所有的经济政策和社会政策都是"双刃剑",优点与缺陷犹如一个硬币的两面。作为一项政策工具,随着对低保制度理解的加深,政府对这项制度的运用也越来越得心应手。但是,在讨论低保制度的现状时,也应清醒地看到这项制度的缺陷。

最低生活保障制度的实施是一种典型的政府行为,其设计的基本理念是在保障公民的基本生存权利方面国家应该承担主要责任。但是,我国在最低生活保障制度的实施过程中,实施主体的救济理念还存在缺陷,这些认识缺陷的存在有其历史背景,实施理念的转变还有一个过程。

1. 传统救济"三无"对象的情结难解

中华人民共和国成立以来,"多劳多得,少劳少得,不劳动者不得食"渐渐成为全社会的共识,大部分人自食其力,我国在计划经济体制下形成的社会救济制度只是针对少数没有劳动能力、没有收入来源、没有法定赡养人的"三无"人员。到了20世纪90年代,由于经济、社会的转型和变革,爆发了大规模的下岗、失业浪潮,在工作岗位不足、没有劳动机会成为城市贫困问题的主要原因时,人们的这种思维定式仍然难以转变,甚至转变为干扰社会救济制度改革的

---

① 洪大用. 当道义变成制度之后——试论城市低保制度实践的延伸效果及其演进方向[J]. 经济社会体制比较, 2005 (3): 16-25.

② 徐道稳. 论我国社会救助制度的价值转变和价值建设[J]. 社会科学辑刊, 2001 (4): 62-63.

"潜规则"。有人认为穷人之所以贫穷,是由于他们不遵守国家法律法规、违背了社会的道德价值观,他们应该为自己的行为负责,而不应该由政府来"买单"。

由于以上原因,一些地区对于最低生活保障制度的科学含义理解不够,还把其当作传统的社会救济制度的延续,眼光仍局限于传统的"三无"对象,不能有效地拓宽低保的覆盖面。

2. 恩赐思想仍有市场

有些基层民政干部的公民权利意识淡薄,将公民应当享有的最低生活保障权利当作本部门的恩赐,片面强调"不养懒汉"。他们认为,最低生活保障制度会产生依赖于制度的"懒汉"阶层,为了道德的完善,必须对不符合社会规范的穷人或有劳动能力的穷人进行严格的限制。

实际上,以我国现有社会保障的水平不可能导致一个依赖救济的"懒汉"阶层的产生。据民政部的统计数据,2015年全国城市低保平均标准为每人每月451.1元,全国城市低保月人均补助水平为316.6元。① 如此低的补助水平难以满足最低生活保障,"懒汉"阶层何以产生?更何况,我国传统把社会救济看成是不光彩的事,许多救济对象觉得接受救济会被别人看不起。有劳动能力的保障对象大都希望自食其力,靠自己的劳动生活,既能减轻国家的负担,又能改善自己的生活。② 许多贫困家庭宁愿由亲友接济、勒紧腰带过日子,也不申请低保金,对低保制度不利用。可见,"懒汉"阶层目前在我国没有产生的思想基础和现实条件。

有些地方用自己的价值取向选择救济对象,有污点的人及其亲属往往遭遇社会排斥。一些地方政府规定,申请最低生活保障金的居民家里不能有吸毒、赌博人员。

由于以上原因,造成相当一部分城市最低生活保障对象的比重仅为千分之几,一大批应该享受社会救助的穷人被排除在社会保障的保护之外,实施最低生活保障制度的本意被扭曲了。

三、建立性别平等机构

《内罗毕战略》文件指出:"必须建立或加强有效的机构和程序,以全面地监察妇女的状况,找出各种传统和新的造成歧视的原因,并帮助制定新的政策和有效地执行战略和措施,以便消除歧视。"要实现真正的男女平等,就必须有一

---

① 中华人民共和国民政部. 2015年社会服务发展统计公报[EB/OL]. [2006-07-15]. http://www.mca.gov.cn/article/sj/tjgb/201607/20160715001136.shtml.

② 林莉红,李傲,孔繁华. 从宪定权利到现实权利——我国城市居民最低生活保障制度调查[J]. 法学评论,2001 (1):19.

个有效的运转机制,性别平等机构应该是政府中的一个决策机构乃至监督机构。为了能够发挥作用,这种机构应当为政府高级机构,并保证它拥有充足的资源、责任和权威,这样才能对各项政府政策对女性的影响提出意见①。

我国的各级妇联组织,在国际上被划为非政府组织(Non Governmental Organizations, NGO),不属于政府机构;在国内,它在协调和推动政府部门解决女性问题上也存在一些体制上的不顺。长期以来,妇联做了大量的女性工作,但妇联工作存在着职责不清、职能不分的现象。按章程,妇联是群团组织,但实际上,妇联相当于党委的一个工作部门,同时又代行了政府部门的某些职能,造成了党群不分、政群不分现象。所以妇联改革的关键是职能归口、在理顺内部关系的同时,要理顺与外部的关系,即理顺与党、政府的关系,将妇联无力承担的任务分解转移到党、政职能部门、人大立法部门和政治协商部门去。既然妇联改革要分解这部分职能,那么党和政府部门就应分别设立相应的专门的机构来行使其应履行的职能。

全国妇联是在中国发挥巨大作用的全国性机构,其在促进性别平等的各个领域,包括在女性反贫困中发挥着巨大作用。但是,由于它只是一个准职能部门,在人员和预算上具有很大的弱势。各级政府给妇联的预算基本上只是保证人员工资和部分日常工作经费,而很少有其他项目预算。因此,在妇联参与的扶贫工作中,其作用在于调动女性的参与和具体组织活动,决策参与程度很低。寻求变化的一个切入点是借鉴其他国家的经验,去研究和考察其他国家的性别平等的国家机构在政府机构内的地位和运作方式,从而来评估中国的状况,寻求在中国加强性别平等国家机制的可能的途径。②

政府是社会中最具资源、权力和影响的组织,政府对女性贫困问题的态度、决策和倡导,不仅能够起到事半功倍的效果,而且对于社会其他部门和公众对女性贫困的态度和行为将起决定性的影响。另外,一些对于女性贫困至关重要的措施,比如制定性别敏感的法律和政策等,是只有政府才能够完成的,政府具有不可取代的地位。

为适应国际上普遍在政府,设立提高女性地位机构的趋势,为更有效地促进我国女性的进步与发展,1990年2月,国务院妇女儿童工作协调委员会成立,1993年8月,正式更名为国务院妇女儿童工作委员会。2006年,中国首次发布的《妇女绿皮书》指出,1995~2005年,中国在提高女性地位的国家机制建设上实现了三个重大突破:一是形成了以宪法为基础,以女性权益保障法为主体,包括国家各种单行法律法规、地方性法律法规和政府各部门行政规章在内的一整

---

① 蔡磊.平等·发展:当代国际妇女的目标与实践[M].太原:山西经济出版社,1995:30-33.
② 林志斌.中国妇女与反贫困的回顾与展望[J].妇女研究论丛,2005(4):37-41.

套保障妇女权益、促进性别平等的法律体系；中国相继制定和修订了《婚姻法》《人口和计划生育法》《农村土地承包法》以及《妇女权益保障法》等相关法律，颁布实施了母婴保健法实施办法等一百余件涉及女性权益保障的法规和规章。二是形成了纵向贯通政府各级组织、横向协调政府有关部门、纵横交错的女性工作网络。到2005年，全国所有省、区、市、地、县的地方人民政府均成立了妇女儿童工作委员会。三是颁布实施了两个全面推进性别平等与女性发展的国家行动计划。国务院妇女儿童工作协调委员会是我国政府负责全国妇女儿童工作的协调议事机构，在协调和推动政府有关部门做好维护妇女儿童权益工作，制定和组织实施妇女儿童发展纲要，为开展妇女儿童工作和发展妇女儿童事业提供必要的人力、财力、物力，以及指导、督促和检查各省（自治区、直辖市）政府妇女儿童工作委员会工作等方面，这个机构发挥了重要作用。但是由于它不是一个职能机构，而只是一个协调议事机构，因此在国家决策过程中其作用非常有限。要实现真正的男女平等，就必须有一个有效的运转机制，在政府中设置一个决策机构乃至监督机构，并且国家的有关性别政策、法规应该像欧美一些国家那样具体化，应该增强操作性。

  国外政府在设立提高女性地位机构方面有很好的经验可以借鉴。20世纪80年代以来，在联合国的推动下，各国政府和政党对女性的重视程度有所提高，世界各国比较普遍地建立了社会性别平等机构，有的设立了政府的妇女部，有的下属政府的有关部门，有的设在总理或总统办公室，形式不一。1995年在北京召开的第四次世界妇女大会通过的《行动纲领》明确界定了提高女性地位国家机制的设置和权限。1985年，127个联合国成员国中90%的国家建立了这种机构。如1953年美国肯尼迪政府建立了"国家妇女地位委员会"，1975年日本成立了以首相为首的"妇女政策计划促进部"；1983年奥地利在社会事务部下设有"妇女事务局"；突尼斯设有"妇女发展部"；毛里求斯设有"妇女权利和家庭福利部"；1981年加拿大设有"妇女地位部"；埃及在社会事务部内设有"妇女事务局"；西班牙设有"妇女局"；葡萄牙部长会议下设有"妇女地位委员会"；法国政府事务部设有"妇女地位代表处"。此外，不少国家特别设有"男女就业平等委员会"。① 虽然，这些国家都存在着实际上的男女不平等现象，但就其机构设置这点而言是可取的。很多国家的女性机构比较健全，值得我国借鉴。

  比如，日本政府成立有"妇女问题计划推进本部"，由总理大臣亲任本部部长。总理府设"妇女问题担当室"作为办事机构。"担当室"通过调查研究提出解决妇女问题和提高女性地位的计划，它能以总理大臣的名义召开政府各职能部

---

① 蔡磊. 平等·发展：当代国际妇女的目标与实践［M］. 太原：山西经济出版社，1995：30-33.

门的会议，协调和研究女性切身问题，也可以下达文件、通告，促进有关女性事务计划的执行。日本"妇女问题计划推进本部"是在联合国妇女十年的推动下建立的，虽然到1985年联合国妇女十年活动已经结束，但是日本政府决定将"推进本部"的设置延续下去，进一步促进联合国《1986－2000年提高妇女地位前瞻性战略》文件的实施。日本各级政府也设立"妇女问题计划推进部"及其办事机构"妇女政策室"。此外，在政府的一些职能部门设有女性机构，如日本劳动省内设立"妇女局"，局下设妇女就业科，负责女性劳动对策的制定、女性的劳动保护和福利、女性家务劳动政策以及就业行政机构的设置等。在各都、道、府、县设"妇女少年室"。在日本的文部省的教育局设有"妇女教育科"，各地都设立"妇女会馆"，全国共有160多所妇女会馆。

日本政府的决策部门、立法部门、职能部门、审议部门、咨询部门的女性机构都有代表性。另外，推进女性事务的机构团体有男性参加，这些都很有特色。1994年，日本为实现妇女打入决策机构，将原"妇女问题计划推进本部"改名为"男女共同参与策划推进本部"，将本部成员升格为阁僚一级，以便能更好地推进各项妇女政策。①

再如挪威，专司男女平等的官员称"平等事务专员"。平等事务专员的产生可追溯到挪威《男女平等地位法》的出台。挪威的《男女平等地位法》自1979年起生效。《男女平等地位法》产生的背景在于男女之间的差异，女性就业人数远远少于男性，随年龄与家庭规模的不同，女性的就业情况也不同，女性受教育水平低于男性，夫妇双职工的，女性比男性花费更多的时间照顾孩子和做家务。挪威的《男女平等地位法》不仅涉及就业领域，而且涉及教育、政治生活和家庭生活等方方面面。《男女平等地位法》问世含有两重目的，一方面力争确保在可能的各个领域使男女受到平等待遇，另一方面力争影响人们对性别角色的态度，以便当局积极致力于男女平等的工作。

挪威的《男女平等地位法》交给"平等事务专员"这个准司法监督人员及"平等地位上诉委员会"这个准司法机构来实施。专员由国王委任，机构由政府资助。平等事务专员有调查和举证的责任，受理的诉讼程序不收费，而且不用律师的帮助照样能办理，但专员无权做出有约束力的决定。"平等地位上诉委员会"可以做出有约束力的决定，但对于违法方不能要求他作损害赔偿，也不能裁定受雇者的更换。专员的优势是当法院某项决定没有做出但即将准备裁定时，可以对还在协商中的决定加以干涉。平等事务专员为了依法加以干涉，就必须掌握包括书面文书在内的材料。《男女平等地位法》就赋予了专员这种权力，这种材

---

① 蔡磊. 平等·发展：当代国际妇女的目标与实践 [M]. 太原：山西经济出版社，1995：30－33.

料不必专员作任何保密誓约就可以得到。平等事务专员依据劳动力市场男女就业比例比较和男女群体就业工资差别等比较,对歧视女性的案例提出自己的意见。为了保护儿童权利,挪威政府还单独设立了儿童与家庭事务大臣。①

设立相应的推进社会性别主流化的进程机构,是确保相关的政策和措施落到实处的组织保障。同时,工作人员的社会性别平等意识也同样重要:因为只有提高认识,才能在日常工作、项目中自觉纳入性别平等的考虑。根据实际情况设置机构,才能使它有效地协调和推进社会性别平等政策和计划的落实。一方面,在组织机构内部设立机构,如建立社会性别平等的专门协调机构,可以有效地协调资源和跨部门合作。目前,许多国际机构都设立了"社会性别平等联络员"。这些联络员往往是中层以上官员,兼职联络和协调本机构有关社会性别平等的工作。在我国,劳动和社会保障部在与国际劳工组织合作的项目基础上,也在本机构设立了"社会性别平等官员"。另一方面,除了在本组织内部建立机制,各组织之间还可以建立关于社会性别平等的合作机制,以加强联络,分享经验、信息,开展联合行动。各组织之间的机构除了由机制内部相关组织的人员组成,也可以吸纳机制之外的人。如联合国开发计划署建立了一个"社会性别知识网络",其成员包括134位联合国开发计划署驻世界各地办公室的社会性别平等联络官和20位社会性别专家。这个网络虽然松散,但却有力支持了社会性别平等方面的信息交流和经验分享。

在劳动力市场招聘、录用、工作场所职业安全卫生和劳动保护更加规范的同时,政府应在市场监督管理上加大政策指导和支持力度,规范企业和劳动中介机构的行为。人大设立专门的性别平等政策评价、监督机构,劳动部门设"性别平等"监管办公室,劳动市场设监控窗口处理投诉,使遭遇性别歧视的女性劳动者有正规的投诉渠道。建立由政府相关部门和用人单位合作执行的积极的反对就业歧视的行动计划和方案,将使用和培养女职工比例作为考核企业承担社会责任的重要指标。发挥女职工董事、女职工监事和工会、妇联等非政府组织的维权作用,工会和妇女组织有权要求雇主定期汇报本企业录用、报酬福利、职位晋升的性别情况。②

四、增强政府扶贫的社会性别敏感

在中国扶贫开发的政策和具体实践中,社会性别意识在逐步得到加强,社会性别敏感性在不断提高。但是,目前的扶贫政策制定及执行以及各种反贫困的具体实践的努力,并没有调整原有的社会性别结构,传统两性关系的改变非常有

---

① 蔡磊. 平等·发展:当代国际妇女的目标与实践 [M]. 太原:山西经济出版社,1995:30-33.
② 林志斌. 中国妇女与反贫困的回顾与展望 [J]. 妇女研究论丛,2005(4):37-41.

限。表现在：①女性加入原有的发展机制中，但由于没有系统地对传统的社会性别关系进行调整，女性的参与及贡献被现存的机制、传统的社会性别关系边缘化了。②注重生产领域，却忽略了女性的再生产劳动，单方面强调女性在生产领域的创收及对发展的贡献，加重了女性的双重负担，没有针对男性提出分担女性原有劳动的要求。③忽视了男女的合作关系，女性不是独立于社会关系之外的，她们存在于多样、具体的社会关系中，既有自己的阶级利益，又有自身的性别利益，女性与男性的关系既有矛盾又有合作，在女性的发展中男性也要做出相应的努力。但传统上在制定发展方案时单一地针对女性，忽视了男性的合作与调整。④在权力再分配时往往忽视女性，把女性作为被动的发展受益者，而不是发展的主人；在制定发展政策和实行发展项目中很少咨询女性。

要增强政府的社会性别敏感性，首先必须提高决策者对经济政策和社会政策的性别分析能力，将性别意识贯穿于决策、执行、评估的全过程，建立性别平等咨询机制和监督机制。其次要提高政府官员对公共政策的性别分析能力，是促进性别平等主流化的重要前提，它可以有效地避免公共政策中的性别缺失和事后补救，在国家的法律、政策和发展规划中充分体现性别平等的原则。为相关部门提供社会性别的专业咨询也是经常和重要的，为此应组建包括各界专家在内的技术咨询队伍，针对各机构的需求提供服务。从长远和发展的角度看，还应建立国家性别平等咨询机制和监督机制，以发挥其在推进我国性别平等进程中的作用。①

五、制订社会性别敏感的扶贫计划

中国 2006 年 3 月首次发布的《妇女绿皮书》指出，1995 ~ 2005 年我国制定并实施了向女性倾斜的扶贫政策。自 20 世纪 90 年代以来，中国扶贫开发政策越来越关注女性参与扶贫并从中受益的问题。国家把消除女性贫困作为国家战略的重要组成部分。2004 年，中国政府在全球扶贫大会上，发表缓解和消除贫困的政策声明，强调按照平等优先的原则积极支持贫困女性参与扶贫项目的实施，女性参与人数占总参与人数的比例不低于 40%。在中国八个扶贫开发目标群体和贫困村识别的指标中，将女性长期患病率和中小学女生辍学率两个指标纳入其中。

在扶贫开发项目的设计和实施中要提高社会性别敏感性：一是在扶贫开发项目的整个周期中始终贯彻社会性别敏感的参与性原则；二是在扶贫开发项目的设计和实施中，将社会性别盲点的技术推广转变为具有社会性别敏感的技术推广；三是在扶贫开发项目的设计和实施中，增加以性别平等为目标、针对当地突出的社会性别问题进行系统或策略性干预的项目内容；四是在扶贫开发项目的设计和

---

① 吴晨光. 两百余名高层决策者回答中国男女平等真相 [N]. 南方周末，2004 - 09 - 12.

实施中，鼓励在社区建立妇女小组并帮助和支持妇女小组成长的各项活动和预算安排，推动妇女小组作为女性民间组织，参与到社区管理中。

建立具有社会性别敏感的参与式扶贫体系。探索并建立能够反映和表达女性群体声音的各种机制和程序；转变新阶段扶贫开发工作方式与运行机制，对扶贫资金的传递和扶贫项目的管理要从制度上保证女性代表的自主、充分参与；支持妇女组织的建立和培育；围绕扶贫开发规划项目的实施管理、监测评价以及其他经济社会发展活动对女性开展有效的培训。

加强社会性别与扶贫开发的分析与实践能力建设。重视在贫困与社会性别的研究和社会性别意识和分析能力的能力建设；从中央到各省区的扶贫开发系统要注意建设、引进或培养具有社会性别敏感的政策研究和社会性别分析的专家人才队伍，在系统内部的培训班中增加社会性别意识与分析理论、方法等内容，为社会性别纳入扶贫开发政策和实践的主流建立基础；运用社会性别分析的理论和方法，对现行扶贫开发模式进行效果研究；加强与国际组织、非政府组织的合作，充分利用国际发展项目的优势，有计划地开展各类研究，如社会性别敏感的扶贫开发规划的制定与实施等；通过扩大与倡导社会性别平等的妇女组织、民间组织、国际发展机构等合作的途径，组织力量收集、翻译、研究国际相关的实践经验和研究成果，并在扶贫系统、相关部委、学术界、扶贫民间组织、妇女组织乃至更广的范围内进行研讨与交流。①

六、建立性别瞄准机制

"瞄准机制"一直是中国扶贫实践的重要问题。1986年以后，国家花了大量资金推进扶贫计划，但是扶贫资金的效益却不尽如人意，甚至资金漏出率高得惊人。如果我们把扶贫干预比喻为一杆枪，那么，瞄准机制只是一部分，要想命中目标，必须有三步：首先是射击者选择正确的目标；其次枪上的瞄准器能够保证弹道不出偏差；最后还要有稳定、正确的射击动作。扶贫资金漏出现象可能是选择目标的问题，也可能是管理体制的问题，也就是枪的瞄准器本身有问题或者可能是实施过程的问题，即射击动作的问题。但无论如何，选择正确的目标是前提。

性别瞄准机制要求我们以女性的目光来看待扶贫问题，正如玛格丽特·艾克勒所言："女人和男人，由于各自在社会中所处的地位不同，对社会的看法也就不同，这种情况会持续下去。只要社会的性别结构不变，这种情况也不会变。所以女性有自己的看法，对同样的问题，女性的看法至少同男性的看法具有同样的

---

① 黄承伟. 中国农村扶贫开发社会性别问题分析与对策研究[J]. 学术论坛, 2005 (7): 54–58.

价值,说不定比男性的看法更有价值。之所以如此,是因为社会地位低的人在洞察社会运行时比社会地位优越的人更敏锐……"扶贫中的性别瞄准机制是性别研究与发展理论研究在实践中的应用。20世纪70年代早期,"妇女参与发展"(WID)说被提出,把学术界的关注点引向了两性分工及发展。从现代化战略对两性造成的不尽相同的影响上,此后又提出了"妇女与发展"(WAD)论题,以后又有"社会性别与发展"(GAD)论题,把生产与再生产的社会构建作为女性受压迫的基础,关注社会性别的社会关系,对不同社会中赋予男女两性角色的合理性提出了质疑。也就是说,在现有文化制度环境下,不改变家庭内性别权力关系,女性扶贫还将面临困难。因此,人们进一步提出,衡量一个扶贫模式是否成功,要看能否赋权于女性,能否使女性地位得到提高。

1995年世界妇女大会的《行动纲领》将"贫困"确定为女性问题的核心。它呼吁各国政府和多边发展机构以贫困女性为目标,全面改善社会经济条件和政策以减轻女性的贫困,尤其是保证家庭有足够的食物,使女性能够获取到粮食,推进家庭内部食物的公平分配,提供女性在危机时期维持生计和财产的保护网,调动其他消除贫困的资源。

在开发式扶贫政策及措施中提高社会性别敏感性。在现有的统计系统(按区域或户)中增加按性别划分贫困人口的数据,建立性别瞄准机制。引导、组织女性以积极参与者的身份而不是以被动受益者的身份参与反贫困的决策、管理、实施、协调和监测过程,逐步建立性别敏感的参与式扶贫机制。建立贫困女性社会安全救助网,包括食品和营养安全保障(如直接的食品补贴)、基本医疗条件保障、增加财产及家庭经营多样化的保险机制等。在加强贫困人口能力培养的制度建设中关注贫困女性的基本需求,重点为贫困女性提供基本的社会服务。从法律、机制、具体措施上消除城市就业中的性别不平等,建立有利于贫困女农民进城务工和劳动就业的环境和制度。在整合、协调多层次、多部门、多形式的社会扶贫资源的新机制、新方式中纳入性别意识和视角。

中央财政扶贫资金的瞄准一直受到众多学者的关注,尽管已经有不少研究对财政扶贫资金使用中存在的各种问题进行了研究,但目前为止很少有研究对实际中扶贫资源的来源与分布状况、各种扶贫资金在实践中的使用效率与效果、扶贫资金的渗漏、扶贫资金分配的瞄准机制及扶贫项目瞄准贫困群体实际需求等方面问题进行深入的分析。李小云等根据翔实的实地调研的数据和信息,对中央财政扶贫资金的重点县瞄准、贫困村瞄准和贫困群体瞄准情况进行了深入分析,发现目前我国中央财政扶贫资金流出重点县的比重超过了规定的70%;贫困村识别能够在一定程度上提高瞄准精度,但由于指标式的贫困村确定方法而从制度上排挤了一些真正的贫困村进入瞄准范围;项目依托式的扶贫资金到达贫困农户手中的比重最低,信贷资金不能瞄准贫困群体的问题仍然十分突出。①

七、建立性别统计和监测评估机制

性别统计是分析、研究社会经济发展变化的一种统计方法,也是衡量男女两性在社会经济发展中地位、权力、作用和发展状况的尺度。建立和完善性别统计,是联合国对各国政府提出的明确要求。从20世纪90年代开始,联合国在《人类发展报告》中就纳入了性别发展指数和性别赋权指数,通过分析性别统计和数据的收集、分析,可以使各国政府和社会认识男女两性的生存状况和社会地位差距,为决策提供依据。应该把分性别统计指标纳入国家统计制度,建立分性别数据库,为国家制定规划和科学决策提供依据。国务院新闻办公室2005年8月24日发表的《中国性别平等与妇女发展状况》白皮书指出,国家重视对妇女状况的数据收集和分析研究工作,成立了实施纲要监测评估机构,制定了纲要监测统计指标体系和评估方案,各省(自治区、直辖市)建立了妇女状况监测统计网络和工作制度。刘伯红在"2005年全球消除贫困联盟——中国千年发展目标论坛"上指出,应该有和国际接轨的指标体系,应该有各种分层的统计数据,还应该有监测评估这样的体制,否则这个承诺也是空话,它仅仅是承诺,不是行动。国家有关部门虽然在不断改进统计制度,增加分性别统计指标,性别统计制度也在逐步完善,但是进展依然缓慢。

我国的数据统计很不完善,特别是存在社会性别盲视。例如,我国贫困人口的统计数据中有地区、家庭的数据,有文化素质、人口健康状况、资本情况等数据,却没有按性别划分的数据,因此也不能反映出女性的贫困状况。以居民户为单位的统计数据掩盖了居民户内部不同性别的差异,因而无法揭示某一群体内部人们享有机会的不同。在全人类都在促进性别平等主流化的时代,经济政策和社会政策不能建立在一个假设上,即男女人口是同质的,并有相同的需求。女性作为个体要求与男性在各方面的完全平等,但是由于制度、历史、文化等多种因素,到现在我国女性还是一个处于相对脆弱状态的群体,如果忽视性别差异的现实,那么看似对所有人一视同仁的经济政策和社会政策却恰恰可能是对女性的不公平。

我国的民政统计应该加强性别的统计,不能所有数据不分性别,应该有和国际接轨的一个指标体系,应该有各种分层的统计数据,还应该有监测评估的体制。国务院妇女儿童工作委员会负责督促国家执行联合国《北京行动纲领》和其他有关性别平等公约和协议的执行情况,2000年向联合国妇女问题特别联大

---

① 李小云,张雪梅,唐丽霞. 我国中央财政扶贫资金的瞄准分析[J]. 中国农业大学学报(社会科学版),2005(3):1-6.

提交《行动纲领》执行状况的国家报告，定期发布妇女发展年度报告以及纲要中期和终期报告。国家和省级都建立了实施中国妇女发展纲要的监测评估领导小组，下设统计监测组和专家评估组；责成国家统计局制定纲要监测统计指标体系，确定监测指标，明确纲要指标的定义、计算方法、计算单位及数据来源等，并开展对省级统计监测骨干的培训。但由于种种原因，至今分性别统计项目、分性别统计体系的工作依然如故，不能令人满意，对于性别歧视实行制裁和赔偿的制度仍然没有建立，监测性别平等法律和政策的执行力度不够，必须通过法律和政策（建立培训晋升、休假制度、社会补偿制度①、社会保险等方面的法律和政策）来改变②。

加强分性别统计数据的收集以便指导制定性别敏感的政策。通常在统计数据中很难找到分性别统计的数据，在贫困问题的统计数据中同样如此。这不只是中国的问题，而是全世界都面临的一个问题。贫困的女性化趋势已经得到广泛的认同。中国提交的《中华人民共和国执行〈北京行动纲领〉(1995) 和〈第23届联大特别会议成果文件〉(2000) 情况报告》中提供的关于女性和贫困的数据中很少有分性别的数据，而多是一些没有同男性对比的女性参与和受益的数据。统计数据是制定政策的依据，贫困统计数据中分性别数据的缺失使得政府很难制定出带有性别视角的反贫困的政策。将性别统计融入国家或部委的数据收集系统是提高性别意识、推动制定具有性别意识的政策的切入点。③

开展性别统计和监测评估。第一，国家统计局可以参照瑞典等国家的做法，适时提请全国人大和国务院修改、完善《统计法》和《统计法实施细则》，将分性别统计作为国家统计制度中的内容和要求；第二，由国家统计局和国务院妇女儿童工作委员会牵头，与政府有关部门及全国妇联合作，根据国际社会对性别统计的要求，结合我国的实际情况，制定分性别统计指标，并将其列入国家统计局和相关政府部门的常规统计报表，定期收集性别统计数据，定期发布统计结果；第三，建立缺口数据抽样调查制度。目前，一些重要的性别统计指标难以通过各部门常规年报收集数据，如时间利用分配、家庭暴力、女性贫穷、分性别收入等。因此，建议国家统计局与国务院妇女儿童工作委员会及全国妇联合作，建立重要缺口数据滚动抽样调查制度，每年安排 1~2 个专题进行抽样调查，每个专题每隔 5~6 年重复调查一次，以弥补常规报表收集数据的空白。

---

① 苏如娟和张胜芳在《影响女性人才埋没的经济因素浅析》中将"社会补偿制度"定义为：对企业接受女性就业所带来的"性别亏损"，给予合理补偿的调节制度，为女性在生育期提供经济补偿，把原先要求由个别企业支付的成本转化为社会支付。
② 武玉英，高秀娟. 论女性人力资源的社会开发模式 [J]. 中华女子学院学报，2005，17 (3)：53 - 58.
③ 林志斌. 中国妇女与反贫困的回顾与展望 [J]. 妇女研究论丛，2005 (4)：37 - 41.

建设分性别的扶贫开发监测与评价系统。第一，将扶贫开发项目的性别敏感性纳入项目设计和效果评价的范围；第二，创新扶贫开发监测评价体系，在传统的扶贫开发监测评价系统中增加性别指标，建立贫困户参与式监测评价系统，保证项目社区真正有贫困人群和女性的参与并在项目的监测和评估中发挥主体作用；第三，在扶贫开发监测评价中建立和使用适当的客观的性别敏感指标，包括健康、教育和经济机会，并且应与女性生活的各阶段相关；第四，增加衡量扶贫效果的社会性指标，更加灵活全面地反映女性的体验和感受。

第四节　社会支持网络的重构

社会支持是与弱势群体的存在相伴随的社会行为，一般是指来自个人之外的各种支持的总称，通常分为正式支持与非正式支持两类。正如前文所述，救助贫困女性是国家不可推脱的职责。社会支持对于社会的稳定发展具有重要的保障功能，随着人类文明的发展与社会的进步，对贫困女性的关注与支持已越来越成为政府与社会的重要职责与任务，最典型的范例就是社会保障制度的建立，从制度上保证了贫困女性最低生活的经济来源。

政府不仅应向城市贫困女性提供物质与服务福利，保证其基本生存，还应该在提升城市贫困女性社会资本方面发挥重要作用。政府可以从重构城市贫困女性的社会支持网络入手来提升其社会资本。政府应为城市贫困女性创造条件，提供各种形式的职业培训的机会，提高其就业能力和素质，以适应市场经济发展的要求。

在就业方面，下岗女性离开了原来的工作单位，又不具备较高的人力资本，政府和企业的就业支持越来越不可靠，市场组织的支持也不太现实，非正式支持系统由此逐渐浮出水面。

由朋友、同事、同学等各种关系构成的社会关系网络，具有广泛性和异质性，一般能够提供较多、较高质量的就业信息，而且可以发挥一种中间人或担保人的契约效用，因而能够提供更重要的支持。张宛丽认为，社会关系网络同政府权力安排、市场交换一起成为地位获得的主要机制。作者在研究中发现，社会关系网络在就业支持方面比正式的社会支持系统更为积极主动，比家庭及亲属关系更为有效。当然亲属关系和社会关系往往交织在一起，共同发挥作用。①

---

①　张宛丽. 非制度因素与地位获得——兼论现阶段中国社会分层结构 [J]. 社会学研究，1996 (1)：64 - 73.

社会关系网络提供的情感支持与家庭及亲属关系所提供的支持一样重要。朋友、同事关系是平等、亲密的关系，因而能为下岗者提供重要的情感支持。另外，有的下岗者由于不愿增加配偶或家人的压力，也往往把同事或朋友作为倾诉对象。①

我国以国家和市场为主体的社会保障体系虽然已取得了一些成绩，但由于国家财力有限，其覆盖能力仍难以满足日趋增多的城市贫困女性的多方面需求。因此，把中国社会保障的侧重点仅仅集中在以政府和市场为主体的社会保障和社会救济层次上显然是不够的，应在社会支持网络中充分发挥政府、市场和社会的不同作用，发挥社区服务、非政府组织在社会救助和社会互助中的作用，并使社区服务、非政府组织的社会救助活动成为社会支持网络的重要组成部分。

一、社区救助

社区在消除城市贫困中具有双重角色和双重作用：一方面它是政府制度救助的协理者；另一方面它可以扮演社会资源的链接者和反贫困主体的积极建构者，对缓解和消除城市女性贫困可发挥多种功能。

（1）社区就业机会多，有助于贫困女性摆脱贫困。在市场经济体制下，工作单位已逐渐向原功能实体回归，单位对个人的支持主要体现在谋生的职业上，其他的保障功能已逐渐社会化，社会成员正在成为真正意义上的"社会成员"并回到社区去。由于贫困女性中绝大部分缺乏就业保障（无业、失业或半失业）或已退出就业领域（退休、工伤等），社区就成为她们社会生活的主要空间，她们中的大多数没有可能回到社会的主导产业之中，也没有可能再回到稳定的就业体制之中。由于其自身的素质与能力等方面的限制，朝阳产业不可能为她们提供多少就业机会，而且期望通过正规就业摆脱贫困的可能性不大，最现实的选择，就是通过社区就业，实现"可持续生计"。社区在帮助贫困者获得可持续生计上，可开辟通过社区的社会网络推荐就业、支持贫困者社区创业和通过挖掘潜力由社区直接提供就业岗位三大途径。

（2）社区是社会支持资源的主要集聚地。在建设中逐渐发育成长起来的社区不仅是一个生活共同体，也是社会支持工作的最终落脚点之一，各种社会支持的资源最终要流向居住在社区中处于弱势的贫困女性。如果充分利用社区资源，建立社区救助体系，可以弥补制度救助的不足。城市最低生活保障制度使救助资金有了稳定可靠的来源，但这一政策也有保障标准偏低、覆盖面有限等缺陷。在纳入最低生活保障的人口之外，还存在一个数量很大、对贫困具有高度敏感的相

---

① 张艳霞. 城市非自愿离岗女性的社会支持系统——北京市个案研究［J］. 妇女研究论丛，2001（1）：4-11.

当脆弱的贫困边缘人群。这些都需要在制度性援助之外给予临时的社会援助。特别是现有的保障制度没有区分不同的保障需求,统一按照人均发放低保金。被救助者家庭结构、年龄、性别、健康因素等带来的需求差别,都未加考虑。低保户中女性户主、残疾人、单亲家庭、独居户比例远高于非贫困家庭。这类家庭自助能力弱,对社会救助需求迫切,且他们的需求从物质帮助、照料服务到生计指导、精神慰藉、子女教育、不良行为矫治等又是多种多样的。制度化的救助很难兼顾到贫困女性需求的多样性,而社区对贫困女性的需求更为敏感,有及时、灵活提供多样补充救助和服务的可能。目前超出基本生存的需求,也可以通过非制度性救助,如关爱救助来实现。

(3) 社区有助于贫困女性建立社会支持网络,消除社会排斥,促进社会融合。社会互助是社区的一项重要功能。人们对社区有归属感和依赖感,是因为他们不仅能够从社区组织中获得物质需求的满足,而且能够通过社区中人与人之间的互相帮助、互相鼓励和支援获得精神的慰藉。每个社区都有自己的互助体系和相应的行动方式,以此为本社区的居民提供尽可能的帮助和支持,这反过来又可以进一步强化居民对社区的信任感和归属感。① 长期居住在一起会使人们在心理上产生认同感,通过互动而相识的社区成员容易产生信任感,而信任又是社会网络得以存在与维持的基础。社区对于促进贫困女性的社会参与,防止被"边缘化"具有重要作用。贫困女性和非贫困群体之间不断加大的差距蕴藏着对立和社会冲突的危机,社区是不同阶层近距离面对面互动的重要场所,也是居民参与社会公共事务的重要平台,社区具有创造不同阶层互动机会、为贫困者提供社会支持、创造贫困者"发声"渠道和参与机会、帮助贫困者融入主流社会的功能,对于促进贫困女性的社会参与,减弱社会排斥,促进社会融合有积极的意义。

(4) 建立贫困女性救助的动态管理和治理机制。社区在贫困救助管理中的功能主要表现为贫困的甄别与监督,具体为确定救助对象,不让一个应该救助的贫困者"漏网"。这关系到扶贫资源能否公平地分配到贫困者手中。城市贫困甄别是城市扶贫的一个重要也是难度颇大的技术性环节,社区通过民主监督机制可使这一过程增加透明度。②

社区在城市贫困女性的救助中的功能如图 6-2 所示。社区就业活动与政策的社会目标清楚明确,无论是缓解贫困、社区综合发展,还是将劣势群体重新整合进劳动市场、创造更多就业机会,社区就业活动与政策设计都起源于社会关怀,旨在谋求社会经济的协调发展与绝大多数人福利的最大化,而且社区就业政策的社会化倾向越来越明显,人的发展处于核心地位。

---

① 李会欣,刘庆龙. 中国城市社区[M]. 郑州:河南人民出版社,2002:13.
② 金一虹. 社区:消除城市贫困的实践和机制[J]. 南京社会科学,2005 (11):89-94.

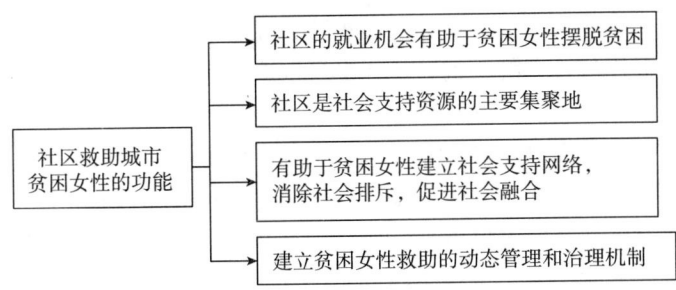

图6-2 社区救助城市贫困女性的功能

在政策实践中,社区就业为贫困女性摆脱贫困、避免社会排挤提供了更多的选择机会,促进和推动了第三部门的发展,催生了非政府组织和志愿服务机构,有助于社会经济和市民社会的健康发展,提高社会经济结构与组织体系的多元化程度。① 社区就业在相当程度上履行和发挥了社会整合与社会团结的功能,降低了社会排斥,有利于穷人和弱势群体的融合。

社区服务的潜力很大。当前中国社会人口老龄化、家庭小型化的特点越来越明显,而且工作压力和生活压力不断增大,使得各种生活服务需求日益增加。要将这些潜在的需求变为有效需求,需要建立一个规范有序的服务市场。应该利用中国社会组织化程度高的优势,以基层组织为依托,在社区服务方面深入挖潜。虽然工作岗位可能是非正式部门的,但却是年龄偏大而文化素质又较低的失业、下岗贫困女性的一个比较切合实际的职业选择。

但是现实的社区建设并没有对贫困女性的社会参与给予足够的重视。尽管近年来各城市大力开展了社区建设工作,力图由城市社区组织和依托于社区的民间社会支持网络来代替原来工作单位的一些社会职能,但迄今为止许多城市中的社区组织和依托社区的各种非政府机构仍然处于初期的发展过程中,它们掌握的资源还很有限,因此还不能完全承担起原来由工作单位所承担的各种社会职能。由于不存在相应的社区互助组织,城市贫困女性只能回到封闭的家庭,很少与人往来,社区对她们而言属于相对消失状态。在这种状态下,街道办事处、居民委员会因为拥有行政权力资源和经济资源,而成为社区唯一有效率的组织者和资源配置者。因此,目前街道办事处、居民委员会有责任为城市贫困女性提供更多社会参与的机会,通过组织公益活动,帮助城市贫困女性增强自信心,让她们更多地融入社会。

发展社区经济,扩大社区服务就业功能对于缓解女性贫困具有积极意义。目

---

① 刘继同. 就业与福利:欧美国家的社区就业理论与政策模式 [J]. 欧洲, 2002 (5): 89-97.

前，社区成为全球社会公共管理的基本单位，充分利用社区资源，逐步构建以公民为主体的新型公共管理的架构，最终实现政府、市场和社区相互信任、相互制衡的理想社会状态，显然，这对建立新公共管理体制具有强烈的吸引力。城市社区是一个巨大的待开发的空间，是解决当前中国女性就业难题的重要出路之一。借助社区这个平台缓解女性贫困、发展社区经济、扩大社区服务就业功能是其必然的选择之一。目前，许多城市社区发展起来的保洁、保安、家政服务、家电维修、商品配送、美容美发等正成为吸纳下岗失业人员再就业的重要渠道。当然，社区服务经济必须纳入制度性建设和公共性规划才能可持续发展。

二、积极发挥非政府组织的作用

一般认为，"非政府组织"这一术语最初是在1945年6月签订的联合国宪章的第七十一款正式使用的。非政府组织是在地方、国家或国际级别上组织起来的非营利性的、自愿公民组织。非政府组织面向任务，由兴趣相同的人们推动，它们提供各种各样的服务和发挥人道主义作用，向政府反映公民关心的问题、监督政策和鼓励在社区水平上的政治参与。它们提供分析和专门知识，充当早期预警机制，帮助监督和执行国际协议。有些非政府组织是围绕诸如人权、环境或健康等具体问题组织起来的。非政府组织具有志愿和公益服务、自治性、非营利性分配、正式合法纳税组织、专业性等特点。

中国政府重视发挥与妇女发展有关的非政府组织的作用。中华全国妇女联合会、中华全国总工会、中国共产主义青年团中央委员会、中国残疾人联合会、中国科学技术协会等，都根据其宗旨有效开展和推进性别平等工作。中华全国妇女联合会是中国最大的促进性别平等和妇女发展的非政府组织，其组织体系包括各级地方妇女联合会和团体会员，具有广泛的代表性、群众性和社会性。全国妇联和地方各级妇联在团结、动员广大妇女参与经济建设和社会发展，代表妇女参与国家和社会事务的民主管理、民主监督，代表和维护妇女权益等方面发挥了重要作用。近年来，政府部门与妇联等非政府组织合作开展多种活动，使社会资源得到有效利用，并通过这些活动有力地促进了性别平等和妇女发展。

尽管以政府为主体的城市反贫困工作取得了巨大成就，但政府在反贫困中自身的一些局限性也越来越明显。这种局限性主要表现在以下方面：①政府行为的持续性难以保证。尽管政府机构是常设的，但是政府官员是流动的，在目前情况下，官员的流动对于政府行为的持续性影响较大。与此同时，政府总是要考虑它的多个目标，并根据社会形势的变化不断调整其目标，从而也影响到政府行为的持续性。②政府反贫困很难细致化。政府从事反贫困工作的人员是很有限的，有限的人力很难保证将反贫困工作做到实处，这样容易对反贫困工作的实际效果造成负面影响。③政府机构的层级性特征不仅很容易导致官僚主义,而且妨碍信息的流转,容易导致反贫困工作中的信息失真。政府出台的反贫困计划往往同穷人的愿望和需要有较大偏差。④由于腐败的存在,政府机构的效率值得怀疑,很难保证其所掌握的资源真正有效地用于反贫困工作。⑤政府反贫困由于具有全局性和政策性,所以其试错的成本太高,从而会抑制其反贫困的各种创新活动,不利于创新更加适用的反贫困模式。

非政府组织在救助贫困女性方面有很多优势:第一,降低了解决社会问题的成本。非政府组织作为一种互助合作的组织形式,它们的活动能够减少交易成本。非政府组织依靠积极动员社会力量,提升公民的社会责任感,从自己身边的事做起,关心自己身边的贫困女性,以一种社会的方式解决,从而降低行事成本。非政府组织可以发挥桥梁与纽带作用,在贫困女性、政府、企业、社区、各社会团体以及公众之间传送信息、物资和情感,帮助贫困女性组织起来自助互助。第二,有利于促进社会融合。由于非政府组织既没有企业那样的营利目标,也不像政府那样需考虑税收、安全等多方面事务,所以可以用主要精力为边缘社会群体服务,将他们带入经济、政治与社会发展的主流。第三,深入社会基层,贴近贫困女性的优势。非政府组织最大的优势,是能够接近贫困女性,促使她们参与与其切身利益有关的决策和资源分配。城市贫困女性处于社会的底层,没有参与政治的机会,在政治生活领域往往由于等级地位、性别以及无能力等原因遭到排斥,影响力低。非政府组织同社会基层和贫穷女性的密切联系,能真正了解问题的实质,从而为提出切实有效的解决方案打下基础。非政府组织可以以民众代表的身份和政府以及重要的营利性机构建立合作关系,利用组织和信息优势影响政府的公共政策,支持和帮助贫困女性维护利益,建立社会公平机制。提高贫困女性的参政能力,增加政治参与机会,才能达到提升贫困女性的政治影响力的目的。第四,承担风险的优势。作为民间团体,非政府组织便于从事一些有风险、前景不明确的活动,在取得成功经验之后,其方法可以为政府或企业所采纳推广,这种先导作用,使得一些受地方历史、传统、文化以及政治等条件影响和限制,政府不便推行的活动的开展成为可能。非政府组织还可以利用其有利的中介位置,成为信息加工与处理的枢纽,将有关各方连接在统一的信息网络之中,进行信息的传递与交流。①

妇联、中国妇女发展基金会等民间组织在救助贫困女性方面的贡献是有目共睹的。中国妇女发展基金会"大地之爱·母亲水窖"项目使38万人受益,不仅解决了西部干旱地区的用水困难问题,也改善了贫困女性的卫生环境,还提高了

---

① 纪晓岚,赵维良. 断裂与融合:非政府组织在城市反贫困中的作用分析[J]. 内蒙古社会科学(汉文版),2005,26(4):128-133.

中国城市女性贫困问题研究

贫困女性的参与意识和社会资本,促进了贫困女性的发展。① 天津市妇联在联合国开发计划署的援助下,在下岗女工中试行"小额贷款"项目,通过学习、培训和交流活动,帮助城市贫困女性构筑互助合作网络,提升她们的社会资本,提高了她们的脱贫信心与自我脱贫能力。这也值得民间组织借鉴。2017 年,中国儿童少年基金会总收入达到 5.12 亿元,同比增长 12%,公益总支出 3.97 亿元,占上年度总收入的 87%,新增受益儿童 218.7 万人。由其发起并组织实施的"春蕾计划"累计救助春蕾女童 357 万人次,捐建学校 1732 所,发放护蕾手册 203 万套,受益儿童超过千万,其中近一半为女童。② 妇女非政府组织主要是通过项目的实施体现组织的主旨,以参与式理论作为指导,以参与方法作为手段,求得发展援助的效益,如"妇女健康项目""暴力受害者援助项目""救助辍学女童项目""大地之爱·母亲水窖"项目等。虽然妇女非政府组织力量还不够强大,其呼声在社会舆论环境中还很微弱,但是,通过这些项目可以引起人们对贫困、健康、暴力、女童辍学等各种问题的重视,创造广大妇女与政府对话的环境和途径。

第五节 家庭保护

一、家庭保障的重要功能

家庭是基本的资源配置和生活安排的制度结构。家庭制度是中国传统社会结构的核心,然而随着社会的发展和变迁,以及传统的家庭制度和传统的式微,家庭原有的分配社会资源的作用在减弱。随着生产、生活方式的改变,家庭规模的缩小,子女与父母间的经济与生活依赖程度削弱。尤其是中国实行计划生育政策,家庭结构亦发生变化,因此,许多家庭功能随着社会现代化将逐步转移至社会,家庭功能逐步削弱,充实和完善社会保障制度正是社会向前发展的必然要求。但是,在现代化社会中家庭成员之间的亲情关系、伦理、道德仍然存在,尤其是当父母失去生活来源和自理能力时,子女在力所能及范围内有责任赡养和照料父母,子女对于父母的生活照料和精神慰藉是现代社会保障功能无法完全替代

---

① 吴玲. 论"母亲水窖"与西部贫困农村女性的发展 [J]. 河海大学学报(哲学社会科学版),2003(1):8-10.
② 中国儿童少年基金会. 中国儿童少年基金会 2017 年年度报告 [EB/OL]. [2018-06-15]. http://www.cctf.org.cn/report/year/2018/06/15/4677.html.

第六章 中国城市贫困女性社会安全网的构建

的。因此，即使在老年社会保障很健全、社会化服务程度很高的条件下，家庭的有些功能是在任何社会中都不可完全替代的。家庭的一些功能是社会保障体系的又一道挡风墙。在现代化社会保障进程中应充分肯定和重视家庭的作用，将社会保障功能与家庭功能作用有机结合，对于经济不发达的发展中国家显得尤为重要。①

家庭纽带的作用得到了道德力量的强化。道德不像法律是靠国家的强制力量实行的，道德靠的是人们的自觉行动，是基于良心的约束，这种道德观念不仅是一种自上而下的倡导，而且是人们在日常生活中长时间形成的。中国家庭关系中渗透出传统的道德力量，特别是对于老年人的关系，形成了以孝为基础的伦理秩序，强调敬老。中国的伦理观念强调家庭整体的利益和价值，强调家庭成员之间的互助，这对于家庭的稳定性以及家庭在完成赡养功能方面的作用是巨大的。与国家进行的社会再分配相比，家庭赡养表现出几个优点：一是行为动机不一样，"养儿防老"带有一定的功利性，而不是单纯的尽义务，因此动力强；二是存在情感和道德维系，使赡养成为自觉自愿的行动，不需要外力的干预，从而可以保证效率，也不增加外部管理成本。②

随着市场经济的发展和企业社会功能的剥离，非正式的社会网络在弱势群体的社会支持结构中已开始发挥越来越重要的作用，其中，以血缘关系为纽带建立的家庭在经济上和就业上给予女性最重要的支持。虽然近年来中国人的收入有了很大提高，但一个普通人的收入还不足以达到仅靠工资就足以养活全家人口，因此，当女性被迫下岗或待业时，她们只能寻找各种临时的间断性的工作或低收入无保障的工作来维持家庭的生计。无论是家庭角色还是社会角色，女性都在社会中起着不可忽视的作用。女性不仅是家务劳动的主要承担者，而且女性的收入也成为家庭收入不可缺少的部分。③

国内关于家庭权力的研究，大多与女性的家庭地位相联系。众多研究将女性是否拥有家庭事务决定权作为衡量妻子家庭地位高低的主要变量或指标之一④⑤⑥。妻子承担较多家务劳动也被上述大多数研究视作女性家庭地位较低的指

---

① 郭崇德. 现代社会保障发展进程中的几个理论和实际问题探讨 [J]. 社会学研究, 1997（5）: 50 - 53.
② 张健, 陈一筠. 家庭与社会保障 [M]. 北京: 社会科学文献出版社, 2000: 14.
③ 佟新, 龙彦. 反思与重构——对中国劳动性别分工研究的回顾 [J]. 浙江学刊, 2002 (4): 207 - 212.
④ 沙吉才, 熊郁. 当代中国妇女家庭地位研究 [M]. 天津: 天津人民出版社, 1995: 362 - 363.
⑤ 韦惠兰, 杨琰. 妇女地位评价指标体系研究 [J]. 兰州大学学报（社会科学版）, 1999, 27 (2): 97 - 103.
⑥ 单艺斌. 女性地位评价方法研究 [M]. 北京: 九州出版社, 2004.

标或影响因素之一。影响女性家庭地位的个人资源既表现于有形的、物质的（如学历、经济收入及婚前的个人和家庭背景），更蕴含于无形的、情感的和持家能力资本（如家庭责任心、家事管理能力、服务贡献和爱、亲属支持资源）。这主要是因为家庭决策的判断力、知识和能力未必来自教育和专业训练，而是更多地依赖于生活实践和经验积累；持家能力较强者的个人意见往往有理有据并容易被接受；为家人投入较多服务、更操心和付出更多的爱，更易获得家庭成员的尊敬和信赖，也往往更有决策影响力。①

家庭权力和两性地位既是多维度、多侧面的，也是一个动态、复杂的交互作用过程，婚姻中的成本投入、资源交换和权威的确立，常常建立在爱、尊重、持家能力和服务贡献等无形的人际和符号交流基础上，并具有模糊性、间接性和潜在性等特征，因而难以精确测量②。

二、家庭资源的平等配置

家庭资源可分为有形资源和无形资源。有形资源包括家庭拥有的人力资源和物力资源。家庭的人力资源包括家庭拥有劳动力及潜在劳动力的数量、素质、受教育程度、文化、职业、社会地位、身体健康状况、生产经营管理的经验、家政管理的技能及消费生活的能力等。家庭的物力资源又分为生产性资源、消费性资源和金融性资源。无形资源包括家庭拥有的声誉、家风、社会声望抑或"门第"、家人的和谐、友爱及各种可资联络、有用的血亲、姻亲的亲族网络和其他社会资本。③

资源分配与权力安排是分不开的，各种资源的变化导致了家庭中夫妻权威结构的变化。总的来说，各种资源的相对稀缺性和替代难易程度决定了资源拥有者在权威结构中的地位。家庭资源分配机制中存在着等价交换机制和文化阻碍机制作用的发挥正说明了这一点。④

家庭占有资源的目的在于在社会、家庭的多功能活动中，组织合理而有效地配置与运用资源，以最大限度地满足家庭的共同生活需要和家庭成员各自的特殊要求，实现家庭整体利益的最大化。而家庭这种资源配置的机制及利益最大化目标的实现，是否完全符合社会整体利益的需要；国家社会应对家庭资源配置提出何种要求与标准；当家庭个人利益与国家社会利益不可避免发生矛盾冲突时，又

---

① 徐安琪. 婚姻权力模式：城乡差异及其影响因素 [J]. 台大社会学刊, 2001 (29).
② 徐安琪. 夫妻权力和妇女家庭地位的评价指标：反思与检讨 [J]. 社会学研究, 2005 (4)：134 – 152.
③ 柴效武. 家庭资源配置机制探析 [J]. 浙江学刊, 1999 (5)：50 – 52.
④ 何海涛，张峻豪. 家庭空间扩展过程中的家庭资源与夫妻权威结构 [J]. 云南民族大学学报（哲学社会科学版），2005, 22 (1)：38 – 43.

应遵循何种原则寻找最佳方式得以解决,已成为社会与家庭面临的重要课题。

在家庭最低生活水平的分配上,在家庭资源,比如上学的资源、医疗的资源分配上,男女老幼的分配是不平等的,家庭并不是互惠互利的天堂。由于家庭内部权力结构关系的不平等,导致女性在资源分配和利益共享上处于弱势地位,在政策上的关注也不够。家庭内部营养品的分布、消费等方面的不公平现象是明显存在的。这种性别差异导致的资源分配不公平以及在家庭内部决策的不平等,如果扶贫政策和措施不改善这种不公平的结构,那么瞄准男户主的扶贫政策会加重不平等的社会性别的建构,而解决女性贫困的问题肯定是不彻底的。

1. 发展机会的性别平等

发展指的是创造一种能够充分发挥人的潜力的环境,使人们得以按照自己的需求和兴趣,获得富有创造性的和多彩的生活。在这个意义上,经济增长只是发展的一种手段,它可以扩展人们选择自认为有价值的生活方式的能力。人们选择生活方式的基本能力是获得健康、知识、资源和参与社区生活的能力。没有这些能力,就不可能得到生活中的其他机会。

2. 家务劳动的合理分担

要解决这一问题,首先要解决家务劳动与其他劳动形式完全分离的状态,即男性从事其他劳动,女性专门从事家务劳动这一种分工形式必须改变,要使女性能够参加社会的生产劳动,同时参与社会财产分配。正如恩格斯所说:"妇女的解放,只有在妇女可以大量地、社会规模地参加生产,而家务劳动只占她们极少的工夫的时候,才有可能。"① 另外,要改变家务劳动的私人性质,把家务劳动纳入社会劳动范畴,参与社会分配。因为家务劳动虽然不能像其他劳动一样可以参与交换,但家务劳动同样是社会所不可缺少的一种劳动,尤其是在家务劳动社会化程度较低的情况下更是如此。即便在家务劳动社会化程度很高时,男女之间由于生育子女而进行的分工也仍然存在,女性作为人类自身再生产的主体地位不会改变,而生育子女同样不是纯粹的"私人事务"。它不仅是人类社会生存和延续的需要,也是为社会提供后备劳动者力量的必需。因此,必须根据不同时期社会的不同需要,给女性在生育子女方面付出的劳动给予价值补偿。托夫勒在《第三次浪潮》一书中说:"家务劳动确实是十分重要的生产性的劳动,应该承认它是经济的一部分。为了提高家务劳动的地位,不管是妇女还是男人,是个人还是集体来完成的,我们都必须支付工资,或承认家务劳动的经济价值。"② 只有这

---

① 马克思,恩格斯. 马克思恩格斯选集(第四卷)[M]. 中共中央马克思恩格斯列宁斯大林著作编译局译. 北京:人民出版社,1972:52.

② 阿尔温·托夫勒. 第三次浪潮[M]. 朱志焱译. 北京:生活·读书·新知三联书店,1983:311.

样,才能使女性有平等的财产分配权①。

家务劳动是保证家庭成员生活能够正常进行的一项重要工作。各个国家经济发展水平不同,文化传统与风俗习惯的差异是很大的。家务劳动除了转向社会的部分,就家庭内部来讲,不管哪个国家,仍是妻子承担得多。② 通过家务劳动,不仅可以保证家庭生活正常进行,还可以增进家庭成员特别是夫妻间的感情,也可培养个人某些方面的兴趣与爱好,其中自有它的快乐,并不都是苦事。虽然家务劳动随着科学技术的发展而逐渐减轻,而且很多将由社会取代。但是城市贫困家庭的家务劳动由于经济上的压力而极少寻求付费的社会化服务,因此,男性应当主动分担家务劳动,以缓解女性的压力。

三、家庭成员的情感支持

贫困女性的情感支持需求往往比男性更为强烈,主要原因是贫困女性的社会地位更为边缘,生存和就业压力更大,心理上的负面感受较突出,普遍处于一种相对紧张或危机的心理状态。另外,改革前国家通过单位对女职工实施的全方位的劳动保护,满足了公有制企业女性的特殊利益需求,得到女性的高度认同,使女职工对企业在经济依赖之外还产生了一种特有的依赖——心理上的归属和权力地位的认定。但是改革和经济社会的转型给女职工带来了深刻的影响,尤其是下岗女性,除失去了经济支持、就业支持之外还失去了来自国家和企业的精神支持,因此社会失落感和相对剥夺感更强烈。此时,家庭成员感情上的支持具有重要作用。

一般家庭可以为个人提供最基本最可靠的经济保障。一方面,家庭成员的收入,尤其是配偶的收入,对于供养整个家庭,包括下岗者的基本生活都是至关重要的。单位支持退出后,下岗者被迫回归和依赖家庭,家庭作为基本的生活单位,直接承受了下岗者下岗或失业的冲击,家庭的自我供养和经济功能得到恢复和增强。另一方面,亲属关系在下岗人员的经济支持中发挥着较为重要的作用。在急需帮助时,能从亲属那里得到资助或借款,在日常生活中则不时得到一些实际的物质帮助。父母常常无偿地帮助下岗人员及其家庭,经济状况好的兄弟姐妹也参加进来,主要的形式是给钱给物和支持下岗者的孩子上学。这种帮助是实质性的支持。但是对于夫妻同时下岗或家庭收入低的家庭而言,经济上的支持作用是非常有限的。另外,如果亲属中有几人下岗,那么其亲属间的经济支持显然是缺乏的。

---

① 赵英荷. 人权与妇女权利 [M]. 西安:陕西人民出版社,1999:27-130.
② 马有才,刘英,盛学文. 妇女就业与家庭——中日比较研究调查报告 [M]. 北京:社会科学文献出版社,1992:66.

此时，贫困家庭成员之间的情感安慰和心理支持更为可贵。家人的理解和支持，对于化解下岗女性的消极情绪起到了重要的作用。把希望寄托在子女身上，也是很多下岗女性的精神安慰。①

四、提高个人人力资本禀赋

人力资本是现代社会最根本的资本，尤其是随着经济活动日益全球化，人力资本的重要性也在迅速增强。当今社会已经进入知识经济时代，知识对经济社会发展的贡献空前增大。知识贫困是一切贫困的根源。人们多将贫困问题视为收入缺乏问题，实际上收入方面的问题只是贫困问题的一个表面特征，贫困深层的原因在于人的基本能力的缺乏。② 阿马蒂亚·森认为，贫困必须被视为是对基本能力的剥夺，而不仅仅是收入的低下。③ 舒尔茨指出：贫困，在很大程度上是人力资本投资机会受挫的结果，因而在经济增长过程中，决定性的因素不是空间、耕地的资源，在经济社会落后的地区知识是最稀缺的资源。④ 胡鞍钢、李春波在《新世纪的新贫困：知识贫困》一文中指出："知识贫困衡量的不仅是教育水平低下的程度，而是指获取、吸收和交流知识能力的匮乏或途径的缺乏，换言之，也就是对人们获取、吸收和交流知识能力和途径的剥夺。"⑤ 知识贫困不仅指教育水平低下的程度，还包括获取、吸收和交流知识能力的匮乏或途径的缺乏。

人力资源的科学文化素质、价值观念及其生活方式以及文明程度，从更深层次上决定着人们是否贫困的命运。因此，从这个意义上说，贫困不仅是物质资源的贫困，更是社会资源的贫困，即智力贫困、信息贫困、观念贫困、文化贫困。现代世界经济发展史也证明，物质资源的匮乏并不是一个国家发展的决定性障碍；相反，如果缺乏高素质的人力资源，即使拥有更多的物质资源也难以持续地发展。"发展最终所要求的是人在素质方面的改变，这种改变是获得更大发展的先决条件和方式，同时也是发展过程自身的伟大目标之一。"⑥

从宏观而言，国际经验表明，教育投资增长要快于国民收入增长，但是从国际比较来看，中国教育经费支出占 GDP 的比重比较低。从家庭微观投资看，由于贫困家庭人均收入水平低，生活艰苦，家庭的教育投资非常有限，人力资本较

---

① 张艳霞. 城市非自愿离岗女性的社会支持系统——北京市个案研究 [J]. 妇女研究论丛, 2001 (1): 4-11.

②⑤ 胡鞍钢, 李春波. 新世纪的新贫困：知识贫困 [J]. 中国社会科学, 2001 (3): 70-81.

③ 阿马蒂亚·森. 贫困与饥荒：论权利与剥夺 [M]. 王宇, 王文玉, 译. 北京：商务印书馆, 2001.

④ 西奥多·W. 舒尔茨. 论人力资本投资 [M]. 吴珠华, 译. 北京：北京经济学院出版社, 1990. 67.

⑥ 阿历克斯·英格尔斯. 人的现代化 [M]. 殷陆君译. 成都：四川人民出版社, 1985: 6-7.

低是城市贫困女性贫困的深层原因。由于贫困家庭经济基础薄弱,抗风险能力较差,追求现实物质利益的意愿更为强烈,有的父母不仅自己不注重文化知识的学习和积累,而且不愿让子女上学,贫困家庭的子女失学辍学现象仍然十分严重。

女性要树立性别平等意识。社会普遍存在着女性应当为家庭和丈夫牺牲自己利益的期望,社会化的过程已使一些女性愿意且认为应当做好家务①。当今社会普遍流行的新消费主义的观点在传媒消费文化的推波助澜下,大力把女性的角度归于家庭,宣传所谓的女人味、消费和家庭生活等,并由此建立评判好女人的标准。正是这些传统观念和传统观念的复活强化着女性对于家庭的自愿式牺牲。城市贫困女性要积极转变观念,增强自我意识,改变传统的"男尊女卑"的社会性别观念,充分发挥自主性、创造性,积极争取应有的社会地位。女性只有努力提高科学文化素质,才能摆脱贫困。

1. 教育、培训是提高贫困女性人力资本的重要途径

虽然"男女平等"是我国的基本国策,但是事实上在教育政策、教育资源的占有和教育过程中还存在男女不平等的现象。提高自身素质是女性更好地为全面建设小康社会做贡献的重要前提,也是广大女性促进男女平等不断实现自身全面发展的必然要求。提高女性素质与促进男女平等是相辅相成的,女性素质的提高是促进男女平等的关键因素,而男女平等的真正实现应以男女素质达到一个新的层面为衡量标准。①女性科学文化素质的提高是促进男女平等的前提。当前,国家之间综合国力的竞争,实质上就是民族素质的竞争,我国女性占总人口的一半,女性整体素质的提高及其在社会发展中的地位和作用,都是国家实力强弱的综合反映。在当前女性整体素质低于男性整体素质的前提下,要实现真正意义上的男女平等,必须不断提高女性科学文化素质。②提高女性科学文化素质是时代的需要。中华人民共和国成立以来,在党和政府的关怀下,广大女性的科学文化水平有了显著提高,精神面貌也发生了很大变化。但是,我们也应该看到,当前,广大女性的科学文化水平仍然偏低,还不能适应现代化建设和各项改革的需要。在农村,女性文盲、半文盲的数量相当多;在工厂,女职工文化、科技、专业水平普遍偏低,缺乏必要的科学文化知识和操作技能,技术性强的岗位女职工少;在女科技人员中,高级科研和教学人员很少。我国女性占总人口的半数,无论是在物质文明、精神文明还是在政治文明建设中,都起着举足轻重的作用。女性科学文化素质的高低,直接关系到整个中华民族的科学文化素质的高低,关系到中华民族能否在世界经济一体化的进程中独立自主地发展。我们必须从战略的高度充分认识到,大力提高女性的科学文化水平是时代的需要,是我们中华民族

---

① 童芍素. 角色的困惑与女人的出路 [M]. 杭州:浙江人民出版社,1995.

伟大复兴的需要。③提高科学文化素质是女性自身彻底解放的内在要求。当今时代，我们面临着世界新技术革命的挑战，面临着经济体制改革的挑战，在这种新形势下，社会对劳动者和广大女性的文化知识、专业技能和管理水平提出了更高的要求，人的知识和才能越来越成为生产力发展的决定性因素。如果不提高女性的科学文化素质，在新技术革命的浪潮中，在激烈的竞争中，女性就不可能获得自身的彻底解放，也很难和男性并驾齐驱，充分发挥应有的作用，在优胜劣汰的竞争中，就很可能被淘汰，已经取得的平等地位也难以得到巩固，实际生活中的男女平等也就难以实现。④提高女性科学文化素质是提高我国人口素质的需要。女性的科学文化素质对家庭、婚姻以及人口素质会产生直接和间接的影响，提高女性的科学文化素质，对提高整个民族的人口素质乃至促进人类的发展具有重要的战略意义。具体表现如下：女性科学文化素质越高，女性的平均初婚年龄越大，这样必然会推迟育龄，使代际间隔年限加大，从而减缓人口的增长速度，间接地提高人口素质；女性科学文化素质越高，其生育率就越低，而人口的增量又是随育龄女性生育率的降低而减少的，从而人们可以通过减少人口数量来间接提高人口的质量；女性科学文化素质越高，就会越主动地学习和接受"优生、优育"的科学知识，从而大大降低了新生儿的死亡率，减少了先天性疾病和遗传性疾病的发病率，提高了下一代的身体素质；女性科学文化素质越高，就越注重对子女的教育和培养，对子女的教育期望值就越高，越懂得如何教育子女，其子女的在校率也越高，同时其子女的成才率也就越高。

知识就是力量，这是一个亘古不变的真理。知识在不断地更新，我们不能将学习简单地理解为接受学校一次性的普通教育，而应理解为在人生的各个阶段都需要寻求学习的机会，才能使自己始终跟上或超前于时代的发展。21世纪的一个显著特点就是知识更新速度加快，新观念、新理论层出不穷，科学知识目前正以每年10%~20%的速度老化。文凭在贬值。然而虽无过硬的文凭，但不断学习从而拥有大量新知识的人，往往能够成为社会的领军人物，所以，女性提高自身科学文化素质，体现社会价值绝不能仅仅满足于接受学校的一次性教育上，更重要的是要树立从一次性教育向终身教育观念的转变。1994年11月在意大利罗马，1997年3月在加拿大渥太华已先后召开了两次世界终身学习会议，会议提出了"终身学习是21世纪的生存概念"的口号。可见终身学习，不仅对于女性，而且对于世界上的任何一个人，都是必需的。在我国，学校教育之外的自我教育已成为一种必行的教育模式。综观女性的各个阶层，我们发现，对接受过高等教育的知识层而言，职前教育、终身享用的传统模式已经落伍，就职后的继续学习、自我教育，即继续社会化的功能日益突出。女性要适应职业角色，在工作中取得进步和创新，就必须以各种途径继续接受新信息、新知识，开阔视野，培植创造性思维，提高创新能力和解决实际问题的能力，否则同样会在社会激烈的竞争和飞速发展中被筛选掉。大多数文化程度低，从事简单、落后生产的女性群体，重返学校回炉提高已不可能，只有采用多种社会教育手段，进行弥补教育，如企业里的岗位培训、转岗培训等，以及社会上的下岗人员技能培训。在此基础上营造浓厚的社会学习氛围，促进女性个体学习的主动性，加强学习能力、学会学习、善于学习、继续学习，使学习成为每个女性个体持续终身的需求。

母亲作为家庭文化环境中的特殊主体，其文化程度、素质水平直接影响家庭文化的建构，既可以体现其家庭生活质量的程度，又可以体现其对下一代教育的能力限度。研究表明，母亲对孩子的影响远远大于父亲，母亲的熏陶是孩子健康人格的养料。较高素质的女性必定有较高的文化水平，因为文化水平会从根本上影响一个人的理解力及社会参与意识。女性较高的文化水平使其不仅有较强的参与社会的机遇与能力，而且能潜移默化地影响子女的科技意识与人格行为，能起到较好的表率作用，还极易在子女面前树立威信。无怪乎人们常说："教育一个男人等于教育了一个人，教育一个女人等于教育了一个家庭。"即女性的文化水平、自身素质对下一代的影响是至关重要的因素。

提高贫困女性战胜贫困的知识和能力，是城市反贫困战略的重要构成部分。教育、培训是提高贫困女性人力资本的重要途径。①加强基础教育，重点解决贫困家庭子女的教育问题，实现教育资源分配的公平性原则。②发展高等教育和高等职业教育，实行高校贫困生的多元资助方式。除了继续给予贫困学生助学贷款、困难补助、助学金、奖学金等，还可实行多样化助学资助与劳动报酬方式。③发展职业技能教育、电视教育、远程教育、网络教育等成人教育体系，为贫困人口的继续教育创造条件。④加强就业培训。就业培训是城市贫困女性提高劳动技能、增加人力资本积累、重新就业的必要手段。当前，就业培训工作要抓紧以就业市场预测、职业培训、职业指导、职业技能鉴定、职业资格证书制度、职业人才成长激励机制为主要内容的就业培训体系的建设。从提高贫困女性的人力资本出发，继续开展下岗失业人员的再培训工作。再培训计划中要着力解决"40、50"就业困难群体的再就业培训，特别是对年龄偏大、职业技能偏低、家庭生活困难的下岗失业女性开展专项的再就业培训服务，使她们掌握一两门适应市场需要、经济实用的劳动技能，通过社区就业、非全日制就业等形式实现这部分女性的再就业；而再就业援助、小额贷款都要将她们列为重点帮扶对象，扶助她们再创业，尽量克服劳动力市场中的性别歧视和自身人力资本的脆弱性对她们再就业的冲击。①

2. 医疗保健是提高贫困女性人力资本的重要保障

①建立医疗救助专项基金，负责对贫困女性的医疗救助工作。同时，鼓励职

---

① 王朝明．中国转型期城镇反贫困理论与实践研究［D］．成都：西南财经大学，2004．

工组建职工医疗互助互济组织，开展职工医疗互助活动，帮助职工缓解自付医疗费的困难。②对贫困女性的费用给予适当减免或优惠。③加强社区卫生服务中心及服务站建设，提供廉价便利的服务。④建立廉价医院、廉价门诊，并且综合组织和广泛利用社会医疗卫生资源，投入医疗救助活动中，将其闲置资源整合利用，转化为"慈善医院""慈善病床"，专为贫困居民提供医疗服务。同时，接受国际慈善组织和发展组织对我国城市贫困居民的医疗救助，提高城市贫困人口卫生服务的可及性。

此外，要加强社会保健工作。①加强母婴保健工作，降低婴儿死亡率、新生儿破伤风率、孕妇死亡率。对贫困家庭的孕妇产前检查、分娩和儿童计划免疫与保健实行免费服务。②加强公共卫生保健知识的传播，改造城市公共卫生环境，提高贫困女性的公共卫生意识，制定规章制度对破坏公共卫生行为给予惩处。③促进贫困女性锻炼身体。以社区为依托，积极开展各种文体活动，组织贫困女性参与体育健身活动，提高其身体素质。④加强贫困女性心理咨询。有针对性地对贫困女性进行心理咨询，帮助其摆脱下岗失业、疾病贫困带来的阴影和失落，尽可能帮助贫困女性树立脱贫的信心，推动其人力资本的积累。

3. 营养计划是提高贫困女性人力资本的重要前提

确立一个适合城市贫困女性营养发展救助的计划具有重要意义。由于在以前的发展计划中对着重于女性发展的政策未能给予足够重视，贫困女性营养改善的政策空间较为宽广。

改善贫困女性的营养状况能大大提高生产的边际效应。很多研究表明，营养与劳动生产率之间的关系并不是线性的，也就是说改善营养状况对生产边际效应的影响，会随着人们经济状况的改善而递减。如果人们处于特别贫困、营养极其匮乏的状态下，营养的改善将对劳动生产率产生很强的边际效果。随着收入水平的提高和营养的进一步改善，营养对劳动生产率提高的效果会逐渐降低。当营养的绝对水平达到一定值的时候，它对劳动生产率的作用效果趋于下降。① 提高贫困女性的营养水平在促进生产边际效应上的作用是十分显著的。

营养救助的对象为享受低保的贫困女性，经费由各级财政负担，提倡社会各界予以捐助；营养救助的发放虽然依赖城镇居民最低生活保障的工作系统，但不纳入最低生活保障金的构成之中，而以食物形式救济为宜。这是因为，调查发现贫困人群的食物消费以谷类为主，动物性食物、蔬菜、水果、奶类、豆类及其制品的摄入量很低。② 实际上，并不是所有改善营养的方法都以收入提高为前提，对膳食结构进行合理的调整也会起到提高营养水平的效果。如营养专家提供的旨

---

① 蔡昉. 中国人口问题报告——教育、健康与经济增长［M］. 北京：社会科学文献出版社，2001：172.
② 王朝明. 中国转型期城镇反贫困理论与实践研究［D］. 成都：西南财经大学，2004.

在改善学生营养水平的"大豆行动计划",也可用在改善城镇贫困女性的营养状况上。大豆及其制品不仅在蛋白质上可以替代一部分肉类,含植物性脂肪,而且大豆具有肉类所没有的多种生物活性物质,有利于预防多种疾病。更重要的是,豆类及其制品的价格低于动物性食品,因此对贫困女性而言更加经济可行。

普及营养保健知识是改善贫困人口营养状况的重要措施。由于贫困女性大多受教育程度低,缺乏基本的营养常识,存在不合理的膳食结构和育儿方式,这会使本来身体素质就差的贫困者雪上加霜。有研究者发现,在西部贫困农村许多家长把家里的鸡蛋攒起来,拿到市场卖掉后,然后再去买方便面给孩子当点心吃。市场上四个鸡蛋换一包方便面,殊不知鸡蛋含有优质蛋白,一包方便面的营养不及一个鸡蛋的1/4。① 因此,克服营养知识的贫乏与改善营养状况的其他措施同样重要。这意味着提高承担育儿重任的贫困家庭母亲的文化知识水平,对改善贫困女性的营养状况和膳食结构有重大影响。据测算,贫困人群的收入每增加100元,可以降低1%~3%的儿童营养不良发生率,而如果将其与营养知识的普及等措施结合起来,则会有非常明显的效果。②

4. 积累个人社会资本是增强贫困女性人力资本的重要方式

城市贫困女性要积累社会资本,就要扩大社会网络规模。城市贫困女性的社会网络关系应该不再限于以血缘和地缘为主的社会关系网络,应该拓展以业缘为纽带的生活圈子,以获得更加广泛的社会支持。与此同时,要提高社会资本质量,增加社会网络位差。增加社会网络位差对于城市贫困女性积累社会资本具有重要意义。在拓展社会网络规模的同时,要有意识地提高社会资本的质量,增加与强势人群的联系,使之能对自己的就业和发展提供帮助。

应当承认,社会资本对于缓解贫困而言有很多积极作用,但是也有消极后果。由于城市贫困女性的社会资本存在网络规模相对狭小、网络质量低、网络位差小、可转让或继承的社会资本少等状况。此外,她们大多受教育程度较低,缺乏技能,难以通过正式途径找到工作,因此,只能更多地依赖社会关系网络,但其网络现状又注定了她们很少有可能通过社会网络获得质量更高的工作。要打破这样的贫困恶性循环,就必须通过培训和其他教育方式不断提高城市贫困女性的人力资本,同时要积极为她们提供进入正式劳动力市场的途径。③

---

① 杨宜勇. 中国转轨时期的就业问题 [M]. 北京:中国劳动社会保障出版社,2002:282.

② 蔡昉. 中国人口问题报告——教育、健康与经济增长 [M]. 北京:社会科学文献出版社,2001:172.

③ 吴玲,施国庆. 论城市贫困女性的社会资本 [J]. 江海学刊,2005 (4):97-101.

第七章　缓解城市女性贫困的经济社会政策

研究城市女性贫困问题是为了更好地制定相应的经济社会政策，是否运用社会性别工具进行经济政策和社会政策分析，在一定程度上体现了一个社会的进步和文明的程度。城市女性的贫困是一个涉及经济、社会、政治、文化等方面的复杂问题，需要政府和整个社会的共同努力才能解决。从广义上看，任何经济发展都具有反贫困的意义，因为经济发展是消除贫困的基础条件和重要的促进力量；从长期看，经济不发展最终导致贫困问题越来越严重；经济发展的成果最终会使包括穷人在内的所有社会成员都受益。但是单纯靠总体上的经济发展而促进穷人生活状况的改善将是一个长期的过程，并且它只具有经济的和绝对水平上的反贫困意义，而难以消除社会的心理的和相对的贫困问题。因此，在坚持经济发展的同时还必须实行一些特殊的反贫困政策[①]。本书研究的目的是为处于性别弱势、经济弱势地位的城市贫困女性寻求缓解贫困的公正的经济政策和社会政策。

第一节　就业政策

一、就业领域的社会性别不平等

就业是女性经济独立的重要途径，女性如果拥有了经济上的自立，相对而言就容易获得人格上的自立。工资差异是造成女性屈从地位的主要因素之一，女性只有从事有报酬的工作，在经济上处于和男性相同的地位，才有可能摆脱其对男性的依附，改变女性的从属地位。此外，就业还可以满足女性其他的需要，如人

---

① 关信平．中国城市贫困问题研究［M］．长沙：湖南人民出版社，1999：320.

际交流的需要、被尊重的需要、稳定的需要、成就的需要等,这些需要都不能完全在家庭中获得,尤其是成就的需要。由于工作有一套相对完善的升迁和加薪机制,女性可以在工作中获得直观的感受,从而产生成就感和满足感。而在家庭中没有这样的机制,家务劳动的成就感和满足感就会大打折扣,或者需要依赖家人的评价才可获得。但是女性要进入就业领域就会面临各种不平等的事实。①

1. 就业机会的不平等

就业是指进入某一职业从事社会劳动并取得劳动报酬或经营收入,包括专职人员、兼职人员以及临时上岗人员。就业机会是指进入职场,包括首次和重复进入的机遇。虽然我国法律规定禁止性别歧视,要求对不同性别的人群给予公平对待,但在现实生活中,仍存在多种多样的歧视。就业上的歧视尤其明显和后果严重。从性别角度而言,就业机会的不平等是一个关键性的问题,也是一个严重的问题。就业中的性别歧视按照时序可以分为先劳动力市场歧视、雇用歧视和后劳动力市场歧视。

先劳动力市场歧视是指未就业前社会中就业群体因某种因素所形成的歧视。如就女性群体而言,女性受教育程度低、工作经验不足、工作流动不如男性方便、负面评价多等,这些因素导致女性就业层次低,工资待遇低。但这些因素并不是与生俱来,也不是女性所必然特有的,而是因为性别歧视的存在才造成了如此明显的性别差异,而这些差异导致女性在进入职场前就处于相对劣势的地位。比如,女童的辍学率高于男童,在这些女童成为劳动力时,就会出现先劳动力市场歧视问题。但女童辍学并不是因为女性天生比男性愚笨,而是因为重男轻女思想的存在,才使更多的女童失去了受教育的机会,而女性的教育程度低反过来又会加剧两性之间的差距,加剧对女性的歧视。另外一种先劳动力市场歧视表现在雇用单位考虑到劳动力成本,拒收育龄妇女。要改变这些歧视就需要改变社会环境,给予女性更好的受教育机会和培训机会,给予女性公平正面的评价。

雇用歧视是指女性进入劳动力市场后所遭遇的歧视。对女性而言,常见的歧视有岗位流动少、工资待遇低、晋升困难或者缓慢、容易被解雇、易受性骚扰、退休时遭遇与男性不同的被歧视的待遇。这些歧视直接导致女性在工作中不能拥有和男性相同的资源和机会,使得女性在职场中进一步处于劣势。雇用歧视的改变更多地依靠完善政策法规和努力消除性别刻板印象。

后劳动力市场歧视是指在离开劳动市场后,女性在社会待遇和保障方面的不利情况。后劳动力市场歧视和前面两种歧视紧密相关。因为在离开劳动市场后,人们所能享受的待遇往往和在就业时的收入基础、职位等紧密相关,也和社会保

---

① 沈奕斐. 被建构的女性:当代社会性别理论 [M]. 上海:上海人民出版社,2005:235.

险的投保情况相关（一般男性会更多地投险），同时因为女性比男性早退休，所以女性的退休工资普遍比男性低，这就使得女性在离开劳动市场后所能享受的物质保证要比男性弱。后劳动力市场歧视的解决依赖于前两种歧视的解决。

2. 行业的性别隔离

不同的行业和职业是有性别的，因性别造成的工作隔离包括行业上的隔离和职业上的隔离。行业上的隔离一般是指人们会认定某些行业是以男性为主，或者是男性擅长的行业，如建筑师、装修工人、程序员、警察等，人们会认为这是一个男性为主或者男性擅长的行业；而护士、家政人员、空中乘务员、幼儿园教师等被认为是一个以女性为主的行业。人们从工作的性别隔离可以发现一个具有共性的现象：女性通常承担的是地位较低且工资较少的工作。也就是说，行业隔离并不是平行线的隔离，而是有等级的隔离，女性被归入等级低的行业中。男性和女性的工资存在显著差距，即使是按教育、工作地点和企业类型来比较也一样，女性的平均工资是男性的77%。而且，自20世纪80年代中期以来，男性和女性的工资差距越来越大。这种差距不是由于教育或工作地点的不同而引起的，大多是因为女性的工作集中在低报酬的经济领域。国有企业改革的进程可能加大男性和女性工资的差异，因为下岗对女职工的影响更大。虽然目前还没有可靠的全国性分性别统计数据，但是目前看来女性占据了超过一半，可能是60%的下岗工人，尽管她们仅占城市地区正式就业的39%。大部分自谋职业的女性在收入低、安全性差的非正式经济领域工作，政府在促进女性就业方面也主要是在服务业，尤其是社区服务工作，如打扫卫生、照看小孩和老人等报酬低、地位低的家务劳动的延伸工作。

女性很难在竞争激烈的新劳动力市场上立足，雇主希望雇用年轻、受教育程度高的员工，而且为了避免承担女性怀孕期间的费用，在招聘时，女大学生遭到公开歧视。雇主经常指明只招聘男性，尽管这种做法违反了《劳动法》和《妇女法》，但是类似的做法屡见不鲜且有愈演愈烈之势。同工同酬以及男女工作机会均等的法律已经很完善，但是在市场经济下没有得到重视。现在，经济单位自负盈亏，比起保护平等权利，竞争摆在前位。企业认为雇用女性的成本高。两性角色的至关重要的区别是女性事实上承担了生育并抚养照顾后代、管理家庭的主要责任，耗费了女性大量的时间和精力，从这个角度上讲，按照人力资本理论的分析，女性在工作上的投入确实具有阶段性的特点。另外，我国政策规定，女性的生育费用、产假期间的工资、奖金由其所在单位支付，并且女性比男性要早退休，因此，女性的福利支出要高于男性。出于经济理性，雇主很自然就考虑到雇用成本这一现实，即使条件相同也倾向于雇用和提拔男性。

对于行业为何会有性别隔离，一种观点认为是两性天生的性别特征决定的，是自然的"性别分工"。比如,照顾和养育儿童的职业往往被认为是女性更擅长的职业,和女性的"母性"吻合,所以,更多地由女性来从事。但社会性别的理论告诉我们,这种所谓的天生的性别分工是不存在的,它是由社会和文化建构的,因此,性别分工和行业隔离都是性别歧视的结果,而不是原因。

另一种观点认为,由于处于男权社会,所以价值体系总是倾向于男性。行业本身的价值是不定的,确定其等级的是行业中性别的比例和分层。当某一职业中女性占多数时,除了少数男性在这一职业中占据领导位置外,多数男性会脱离这种职业。男性对某种职业的脱离必然降低这一职业的地位。① 按照金一虹教授的观点:"男人生活"和"女人生活"是可以互换的,在所有的变换背后都是利益原则在起作用。② 比如在农村,耕田原来是一个男性为主的行业,故而耕田在农村是一个等级相对较高的行业。当农村出现某种制造业工厂的时候,男性劳动力转移到制造业中,女性成为耕田行业的主要劳动者,耕田行业的等级就下降了,制造业成为相对等级高的行业;而如果农村出现了高科技产业,大部分的男性劳动力转移到高科技的产业中,制造业成为女性的行业,那么制造业的等级下降,高科技行业成为等级较高的行业。由此可见,行业的等级是由其主流劳动力的性别以及其他的一些因素,比如知识等共同作用决定的。目前农业处于相对低的劳动地位,和男性出来打工,由女性务农的情况有直接关联。

不论原因何在,明显的事实是行业的性别隔离对女性而言是非常大的职业发展障碍,使得女性的所谓"自由选择"至少打了一半的折扣。消除行业隔离,使得两性更为自由地选择行业和发展自己,是社会性别研究者不懈努力的方向。

3. 职业的性别隔离

如果说行业隔离是因为生理差别,那么,有趣的是,即使在一些似乎女性擅长的行业中,处于顶端或者领导位置的却是男性。可见生理差别绝对不是真正的原因。因为除了行业隔离外,还有职业隔离。所谓职业隔离是指同一行业内女性居于某些固定职位或者相对较低的职位,而男性居于较高职位的情况;或者女性在行业中处于较为初级的阶段,而男性处于较为高级的阶段。

职业隔离的第一层意思是指女性升迁的步伐要慢于男性,女性想要成为领导的难度要大于男性。比如女性是秘书,男性是领导。在金融业,处于基础操作层的职员中女性的比例大于男性,而处于领导岗位或者关键职位的职员中男性的比例远高于女性。在大学中,女教师的比例高于女教授的比例。在政府机关中,女科长的比例远大于女局长的比例。这一系列的职业性别比说明职业隔离是一个非

---

① 李慧英. 社会性别与公共政策 [M]. 北京:当代中国出版社,2002.
② 金一虹. "男人生活"与"女人生活":苏南农村工业化过程中的性别分工变化 [C] //李小江,朱虹,董秀玉. 主流与边缘. 北京:生活·读书·新知三联书店,1999.

常现实的问题，其中的天花板问题已经引起了普遍的关注。职业隔离突出表现为男女在某一职业中的构成比例与其在全部劳动力人口中的比例不一致；并且如果说某一职业员工的人数按照其职位、责任、收入等因素形成一个金字塔形，那么，在几乎所有的职业中，在具有较高的技术、责任、地位和收入的职位中，女性人数所占比例低于男性人数所占比例，并且越往金字塔的上方，女性所占比例相对于男性有不断下降的趋势。①

职业性别隔离的第二层意思是指在同一行业中，男性总是处于技术的尖端。比如，制造业最高的技艺为男性所垄断②，而一向被认为擅长煮饭炒菜的女性却被排除在厨师的行列之外。当某一项技术或者能力成为高价值商品时，拥有者或控制者往往变成了男性。

许多发展中国家的实证资料表明，在非正规就业者中，女性在所处的行业和职业及收入等方面都处于不利地位。我国也存在明显的行业性别隔离和职业性别隔离。通过对"第二次中国妇女地位调查"数据分析发现，我国非正规就业者的确存在非常严重的行业和职业性别隔离以及由此决定的收入方面的性别差异。③

造成职业性别隔离的原因是复杂的，既有经济和社会的因素，也有制度和结构的因素。计划经济时代国家对女性的就业安置是平均主义，生产与效益脱节，女性的大规模就业被看作女性解放的一个明证。随着改革开放的深入，市场经济的发展进一步深入，女性就业问题日益呈现边缘化倾向。不仅是下岗女工再就业困难，而且具有高等学历的女性就业也出现困难。很多女性不得不从事技术含量不高、报酬较少的工作。造成我国职业性别隔离的原因在于招之即来挥之即去的就业地位。在国家经济困难时，为了提高生产力，国家通过行政的力量要求女性就业，提出"男人能干的事女人也能干"，女性在和男性一样就业时还要担负家务劳动的重担，但没有男人提出"女人能干的事男人也能干"，就算女性和男性一样承担了养家糊口的责任，和男性有一样的经济收入，很多男性和社会也不会认为男性应该承担或者分担家务劳动。女性在就业领域始终处于一种"招之即来挥之即去的就业地位"。

当国家就业岗位稀缺，劳动力过剩时，人们首先想到的又是女性。面对市场经济的冲击和下岗失业的增加，有学者提出实行"男人留岗女人回家"的政策，理由一是我国劳动总量目前过剩两三亿，因此，与其让夫妻双双回家或夫妻俩都

---

① 蓝李焰. 女性就业的边缘化——中国目前的职业性别隔离状况及其原因 [J]. 中共福建省委党校学报, 2004 (9): 68-71.

② 金一虹. "男人生活"与"女人生活"：苏南农村工业化过程中的性别分工变化 [C] //李小江, 朱虹, 董秀玉. 主流与边缘. 北京：生活·读书·新知三联书店, 1999.

③ 谭琳, 李军锋. 我国非正规就业的性别特征分析 [J]. 人口研究, 2003, 27 (5): 11-18.

上班,不如一人回家一人留岗;理由二是市场的选择和政府的引导倾向于男性留岗女性回家,因为男性在市场竞争中是强者且社会贡献大,女性是弱者且女人特殊的生理使命和几乎全部家务劳动在传统上都由女性承担(女性回家就可以减轻社会负担,专心做好家务,解决了社会职业角色和家内角色的冲突)。①

有人提出一种通过把矛头指向女性以减少剩余劳动力的措施,其中包括支持"阶段性就业"的原则(工人在家里休息几年、照顾家庭,没有报酬)。虽然在全国人民代表大会上提出的这个条款并没有指明特别针对女性工人,但是大家普遍认为该条款的初衷就是针对女性。其后,媒体、全国人民代表大会和中国人民政治协商代表大会上开展的辩论强调了这一点。因此,中华全国妇女联合会的领导和代表们成功地从全国人民代表大会上总理工作报告中去掉了这一想法。然而,政府政策中所允许的"各种形式的就业",实际上包括了阶段性就业的概念。

另一种减少剩余劳动力的策略是企业员工提前退休(称之为"内退")。女性法定的退休年龄比男性早五年(不同工作有不同的标准;对于国家公务员来说,女性退休年龄为55岁,男性为60岁)。内退时,女性退休年龄与男性的差异更大。这种做法对女性一生的收入、养老金收入、升迁潜力、职业发展和作为决策者平等参与都有负面影响。

中国妇女解放在总量上可能是最前列的,因为中国人多、女性多,但相对的比例上并非前列;实际上这种男权视角始终没有看到女性之所以成为市场化中的弱者,根本原因是长期以来男权文化的影响和控制,长期以来女性的教育权利、经济权利乃至政治权利被剥夺;而忍受市场挫折所带来的痛苦又再一次把女性推回到被动顺从的地步,女性的独立解放永远是一个空洞的口号。②

二、消除就业政策的性别盲视

我国的就业政策还很不完善,特别是存在社会性别的盲视。虽然我国《宪法》《劳动法》规定了男女平等的就业政策,但是这项政策没有具体的实施细则和办法。由于女性本身的生理特征,在劳动过程中必须有相应政策保护,但女性在就业过程中始终没有获得平等的机会,就是国家机关在实际工作中对女性的就业也存在不能完全执行《宪法》《劳动法》规定的情况。各级政府决策部门在制定就业政策和决策时缺乏性别视角,至今没有制定一部具体的、可操作的保护女性就业权益的法律,从法律角度确保男女平等的劳动权,从制度上和政策上保证凡是适合女性从事劳动的岗位或工种,用人单位不得以性别为由拒绝录用女性或

---

① 钟朋荣. 跨世纪难题:谁为中国人造饭碗 [M]. 北京:中国经济出版社,1998:232.
② 颜烨. 20世纪90年代社会学视野下我国社会政策和社会问题研究中的社会性别分析述评 [J]. 当代中国史研究,2001,8(2):6-23.

提高对女性的录用标准等，但是这样的现象比比皆是。①

男性和女性分属于不同的阶层和集团，经济政策和社会政策也不能建立在一个假设上，即男女人口是同质的，并有相同的需求。任何经济结构本身必然有其社会性别的结构，劳动的性别分工特征、产业的性别集中趋势、工资收入的性别差异等是这种社会性别结构的主要内容。社会政策基本上是维持这一社会性别结构的。女性作为个体要求与男性在各方面的完全平等和作为一个处于相对脆弱状态的群体希望得到保障是一个客观存在的事实。如果忽视这一性别现实，那么看似对所有人（不分男女）都一视同仁的社会政策却恰恰可能是对女性的不公平对待。②

性别平等和女性发展是社会发展的重要组成部分，也是衡量社会进步的基本尺度。城镇单位就业人员女性比例是衡量我国男女平等现状的核心指标之一，女性就业状况体现了女性在人格独立和教育平等的基础上平等参与经济和社会发展，获得相应社会经济地位的程度。就业指标既反映了权利和起点的平等，也反映了机会和结果的平等。强调"城镇单位"是因为在党政机关、事业单位、高等院校、医院、大中型企业等就业部门中，其女性就业人员拥有更高的就业层次和发展机会，能够更高程度地参与经济与社会发展，更大程度地促进社会进步。③

建立女性创业发展的专项基金。鼓励女性自主创业，建立扶持女性创业发展的组织网络，建立女性创业发展的专项基金。国家和地方政府推出的向下岗失业人员提供各种降息、贴息和无息创业贷款等优惠政策，应有意识地向女性倾斜。发展适合女性特点的职业指导和职业介绍等。

完善就业市场，制定有利于就业机会均等、消除再就业性别歧视的各项政策，促进就业领域的社会性别主流化是当前政府的一项重要任务。要使各级决策部门确立两性就业机会平等、经济社会发展与女性发展相协调的理念，使之在政策制定和调整的过程中注意到对男女两性的不同影响。从事非正规就业和传统服务业会制约女性职业发展，形成社会保护的空缺，加重劳动力市场的性别隔离。政府和非政府组织应在努力扩大女性就业领域的同时，重视劳动力市场上的女性利益和女性的职业发展问题。发展社区公共服务业，扶持有发展前景、技术含量高的新兴产业，引导社区服务市场产业化。完善向女性弱势群体倾斜的出中心入劳动市场的配套政策，为女性弱势群体解困。发展劳务型企业，挖掘就业岗位。

---

① 颜烨. 20世纪90年代社会学视野下我国社会政策和社会问题研究中的社会性别分析述评 [J]. 当代中国史研究，2001，8（2）：6-23.

② 彭希哲. 社会政策与性别平等——以对中国养老金制度的分析为例 [J]. 妇女研究论丛，2003（2）：25-30.

③ 胡果. 男女平等，用数据说话 [N]. 人民日报，2003-08-26（5）.

通过政策性的税收减免，消除就业领域内的性别歧视。对性别比达到一定幅度的企事业单位可减免税收，也可以通过投资抵免，刺激投资者向适合女性就业的行业投资。

完善对非正规就业的社会保护。在法律和政策上确立非正规就业的地位，保证从事非正规就业的劳动者享有社会保障。探索适合非正规就业形式的"一揽子"简单社保品种，探索对非正规就业者实行以劳动时间为依据的社会保障管理和缴纳保费制度。制定合理的保护性税收政策，在个人所得税的征收上对非正规就业者采取一定的优惠政策。①

三、制定贫困女性的可持续生计政策

可持续生计概念最早见于1991年世界环境和发展委员会的报告。"它从一开始就是要维系或提高资源的生产力，保证对财产、资源及收入活动的拥有和获得，而且要储备并消耗足够的食品和现金，以满足基本的需要""稳定的生计可以使有关政策协调地发展、消除贫困和可持续地利用资源"。

在1995年社会发展峰会上通过的《哥本哈根宣言》中是这样表述的："使所有男人和妇女通过自由选择的生产性就业和工作，获得可靠和稳定的生计。"纳列什·辛格和乔纳森·吉尔曼在《让生计可持续》一文中指出："消除贫困的大目标在于发展个体、家庭和社区改善生计系统的能力。"② 可持续生计是指个人或家庭为改善长远的生活状况所拥有和获得的谋生的能力、资产和有收入的活动。在此框架内，资产的定义是广泛的，它不仅包括金融财产（如存款、土地经营权、生意或住房等），还包括个人的知识、技能、社会关系和影响其生活相关的决策能力。

首先，政府和全社会都应该以积极的眼光看待城市贫困女性，她们也是宝贵的人力资源，应该发掘她们的潜能，相信她们能够通过自己的努力去创造适合自己的就业岗位，从而获得可持续的生计。对城市贫困女性而言，劳动力配置市场化并非仅仅指的是靠打工出卖劳动力，还应包括以自由职业或自雇的"自谋职业"的方式直接走向市场，而且不应受现成的"三百六十行"的限制，创造向上流动的机制。其次要解决就业问题，政府应制定优惠政策鼓励贫困女性自谋职业，创造适合她们并且可以长期或者较为长期维持下去的有收入的"工作岗位"，从这个意义上说，中国需要造就一大批以"养人"为目的但又有自我生存

---

① 蒋永萍. 关注劳动力市场中的性别平等——"中国妇女就业论坛"综述［J］. 妇女研究论丛, 2003（2）: 51-58.

② 纳列什·辛格, 乔纳森·吉尔曼. 让生计可持续［J］. 国际社会科学杂志（中文版）, 2000, 17（4）: 123-124.

和发展能力的"饭碗型"的小型经营实体。这可能就是有中国特色的城市居民中的"可持续生计"的概念。中国的服务市场尚有太多空白有待填补，只要肯动脑筋，就会有收获。

对贫困女性的自谋职业，政府和社会要给予一定的资金支持。借鉴天津市妇联和联合国计划开发署联合创造的城市"小额贷款"的成功经验，把小额贷款的目标首先放在一家一户的"可持续生计"上。待其发展起来后，有更大潜力时，再发展成小企业，让更多的人就业。①

四、实行"性别就业调节费"和"自由产假制度"

应该将生育成本社会化。生育行为是人类社会繁衍和人类文明延续的基石，具有极为重要的社会价值，是事关一个国家和民族的大事，是全社会都应给予关注和支持的系统工程。这就必然要求国家采取有力措施将女性生育成本社会化，至少是部分社会化，而不应该全部由雇主承担，更不应该成为用人单位的包袱。保护女性的平等就业权，给女性相同的待遇，是一个国家和民族文明的标志之一。国家应注重从经济价值取向上切实解决问题，如将生育成本纳入社会保障体系，建立女性生育基金，对因女性生育发生的成本给予（部分）补偿，进一步建立和完善退休职工的养老保险制度，特别是退休女职工的养老保险制度，并在法律上给予切实的保障，正如阿马蒂亚·森所说的，"当饥饿现象发生时，社会保障系统尤为重要"，以最大限度地减轻用人单位雇用女性员工的负担。②

为了减少生育对女性职业发展的负面影响，西方国家也采用过许多办法，但并非完全适合中国国情。方刚认为从我国的实际情况出发，实行"性别就业调节费"和"自由产假制度"可以在一定程度上对当前中国女性在就业机会上所受的不平等待遇起到缓解作用。

"性别就业调节费"的具体做法是在全面考虑不同行业的特性、不同地区的人口性别比、不同性别受教育程度的比例、不同专业人才中的性别比例等因素的背景下，全面、综合地衡量，由专业部门制定出不同行业用人单位雇用男女职工的"理想性别比"，而对于同这个比例偏差较大的用人单位，按年度强行加收"性别就业调节费"。这就使用人单位对女性的就业歧视必须付出代价，而这个代价是以一个清晰的量化标准来规范的。但它也有许多不足，比如不可能有绝对合理的性别比例，而且具体操作如果不得当，会影响人才的自由流动及竞争。所

---

① 唐钧. 城市低保制度、可持续生计与资产建设 [C] //高鉴国, 展敏. 资产建设与社会发展. 北京: 社会科学文献出版社, 2005: 140 - 148.
② 赵友宝, 曹靖宇. 反用人中的"性别歧视"：一种经济学分析及对策 [J]. 经济体制改革, 2005 (1): 29 - 33.

以，具体制定制度时应全面考虑这些因素，还应特别强调只对"偏差较大"的单位实行，但是什么样的"距离"算"偏差较大"，也应该有科学的量化标准，否则，或者达不到目的，或者对用人单位不公平①。

这一制度的制定其实也充分尊重了用人单位的自决权。如果一个用人单位坚持只雇用男性，那么也是可以的，但它必须每年都付出一定的经济补偿，而这笔补偿将由国家支配，纳入"自由产假基金"，用于维持"自由产假制度"。

"性别就业调节费"制度的实施，绝对要避免误导出这样一种观念：只需要付出金钱，女性的权利就是可以被忽略的。相反，这一制度的建立是基于下述理念：保护女性生育与哺乳的权利，补偿她们因此受到的损失，是全社会义不容辞的责任。"自由产假制度"正是对女性这一权利的充分尊重，也是征收"性别就业调节费"的动机之一。

90天的产假太短了，一个长产假则具有如下优点：①有助于婴幼儿成长；②减轻母亲工作、育儿、家务的三重负担；③使企业不因"妈妈职工"的"分心"而使工作受损。但是，它的缺点也是明显的。比如，长产假后女性重返职业岗位时能否适应工作？是否会使女性在职场上处于更加不利的地位？对此，可以考虑通过制度化的"再就业培训"等手段加以弥补。

方刚建议使用的"自由产假制度"并不是硬性规定一个一年半或者三年的长产假。因为每个母亲、每个家庭都有权利自由地决定自己的生活方式，既可以选择冒着在职场上更加不利的风险休长假养育婴幼儿，也可以选择最基本的90天产假，甚至不休产假。但"自由产假"并不意味着无止境地延长，最长期限可考虑为三年，在此期间享受性别产假基金的支持。

对于选择歇长假的家庭，"自由产假制度"可为其提供充分的社会保障：①由国家从"自由产假基金"中对休产假期间的女性发放"养育及家务劳动工资"，使之可以不低于就业期间的收入。与此同时，还可发放生育津贴和儿童补贴，而用人单位在此期间可以不负担休假女性职工的工资，从而减少用人单位因女职工生育而增加的运营成本。②对于重返工作岗位的女职工，规定一定的"复就业培训期"，不同行业、不同地区、不同工作性质的女性"复就业培训期"可以不同，在这期间由"自由产假基金"和用人单位分担其工资。③在哺乳期（如一年）之后，如果母亲返回工作岗位，父亲也可以申请回家带孩子，并同样享受"自由产假基金"。这同样将有助于更新性别观念，并可促进两性真正平等的实现。

"自由产假基金"除了来自"性别就业调节费"之外，还应该考虑多种渠道

---

① 方刚. 城镇职业女性弱势地位与相关社会政策的思考［J］. 南开大学学报（哲学社会科学版），2003（6）：116－121.

的集资，如对违反计划生育政策者加收更高额的罚款，并将罚款纳入此基金，再如广泛接受社会各界捐款，对其不足部分，则应该由国家财政承担。

第二节 福利政策

从经济学的角度看，社会福利制度是一个再分配的过程，其主要功能是通过政府按照福利原则对社会财富进行再次分配，从而达到抵消市场中初次分配对贫困人口的不利影响。尽管我国现有的福利政策制度在制定时的初衷是保护女性弱势群体，但是实施的结果不仅不是保护，相反还成为限制女性发展、有损女性利益的政策。

一、消除养老金制度的性别盲视

现行养老金制度对城市女性人口的影响主要是受劳动就业领域的性别差异，特别是男女劳动力退休年龄的差异的影响。从20世纪50年代开始实行的男女退休年龄的区别在很大程度上受到苏联的影响，是一个出于保护女性的初衷而事实上成为实现男女平等障碍的政策规定。随着社会经济的发展、妇女解放事业的进展和男女在健康寿命方面的改善，男女在退休年龄上的差别已经基本上失去了其存在的依据。女性并没有希望比男性少缴纳养老金和少做对其他社会福利的贡献，但是现行的政策剥夺了她们为社会做出贡献的机会。

经济结构调整对女性就业的影响是多层次的，呈现出显著的年龄、地区、行业和女职工本身素质的差异。将女性作为一个整体来进行研究常常会将问题过于简单化和概念化，也不利于对不同的女性群体实施因人制宜的对策措施。应该让社会各种不同的人口群体都能公平地分享社会发展成果。

目前的就业概念显然只包括了部分的经济活动内容，而现行的就业统计则强化了这种狭隘的定义，这使得大量由女性从事的经济活动被排除在就业的范畴之外。新的劳动力市场在对女性劳动力提出更高的知识和技能要求的同时，还未能为女性获得这些知识技能创造必要的社会环境和制度安排。对女性人力资本的投资远不如男性，这不仅表现在家庭和社会对教育投资的性别差异，也表现在在业女性的岗位培训、职务升迁乃至整个就业环境方面。

彭希哲教授认为，解决女性再就业的短期需求的政策措施，与在整个社会转型时期保护并推动女性社会经济地位提高的战略措施之间有相同的方面，也存在明显的区别。由于在解决就业问题时常常以安置为主，而以就业为主导的政策措施也常常忽视社会平等，自觉或不自觉地通过降低女性就业层次和强化某些女性为主的职业发展的途径帮助下岗女工重新就业。许多以解决当前失业问题为目的的经济政策和社会政策对女性不利，比较明显的如提前退休措施。非正规就业正在成为解决失业问题的主要对策措施之一，大量中年女性劳动力目前在非正规部门就业，这一趋势将进一步强化。但非正规就业不仅会影响到女性目前的经济地位，也影响到她们在一个较长时期内获得养老金等社会保障的权益。现实中存在着可能正在强化社会性别不平等的就业基础的风险，有可能会使得更多的女性职工边缘化，这在未来的养老金问题上将充分表现出来。

目前，政府部门已经认识到社会政策在整体社会经济发展中具有与经济政策同样重要的作用，社会性别的平等观念也正在逐渐进入决策的主流。但是，这种观念和认识上的提高还不会自然而然地保证公平、合理、有效的社会政策的制定和实施。从总体上讲，女性发展只有在与男性的共同发展中才能以最小的代价、最短的时间取得最大的成果和进展。中国在社会转型时期社会政策的制定和执行应当充分考虑社会性别因素，平衡长期目标与短期措施、个人利益和社会整体利益的关系，采用更为整合的政策制定和实施方式，探索在市场经济条件下有效保护女性就业权益和促进女性发展的机制。①

二、贫困女性资产建设政策

资产建设是美国经济学家迈克尔·谢若登 20 世纪 90 年代初在其著作《资产与穷人：一项新的美国福利政策》中提出的。迈克尔·谢若登认为："如果家庭想要长久地改善其生活条件，就必须就教育、住房、产业等方面进行投资和积累。这个道理对所有的家庭都是一样的，无论是贫困家庭还是富有家庭。有人错误地认为收入非常低的家庭不能或者不应该积累资产。其实，即使小额的资产积累也能够对家庭发展产生不同的影响。资产积累除了延迟消费以外，很有可能产生其他积极的作用，包括更远的未来取向、家庭更加稳定、更注重人力资本的投入、更关心和致力于个人资产、更多的社区参与等。"②

资产建设是一个含义十分广泛的概念，目前最具创新意义的概念是"个人发展账户"。迈克尔·谢若登提出：个人发展账户应该是可选择的、可增值的和有税收优惠的账户，设立在个人名下，但限于指定的目的。资产应该在这个账户中进行长期的限制性的积累而不管其来源于哪种劳动报酬或哪项福利政策，在使用

---

① 彭希哲. 社会政策与性别平等——以对中国养老金制度的分析为例 [J]. 妇女研究论丛, 2003 (2): 25-30.

② 迈克尔·谢若登. 资产与穷人: 一项新的美国福利政策 [M]. 高鉴国译. 北京: 商务印书馆, 2005.

时，只要符合限定的目的，政府就给予资金匹配。2004年8月在山东大学举行的"资产建设国际研讨会"上，国际专家介绍，美国的现行政策是，如果将积累的资金用于个人发展（如上大学继续深造），则政府给予1∶1的资金匹配（个人从账户中拿出1元钱政府给匹配1元钱）；如果将积累的资金用于购房，政府将给予1∶7的资金匹配（个人从账户中拿出1元钱政府给匹配7元钱）等。①

孙炳耀对资产社会政策有非常深入的研究。他认为，资产社会政策的直接目标是个人资产，通过公共援助促进人们形成和扩大自己的资产。一般来看，资产包括财物、各种投资、有价证券、住房等，资产当中也有实物形态的，例如住房就是如此。但它与实物形态的福利产品不同，后者强调它的使用价值及使用者，而前者强调它的价值及所有者，两者的政策目标是完全不同的。资产与收入既有区别又有联系，收入表现为市场购买能力，资产不表现为购买能力，但它可以在一定条件下转变为收入，形成购买能力。

传统的福利政策几乎都放在收入保障、实物及劳务福利上，资产社会政策表现为国家干预环节的前移，不仅从最终福利目标前移到实物及劳务产品，不仅前移到收入，还前移到资产环节。资产社会政策中的"资产"并非一般意义的资产，而是在福利制度框架内所界定的资产，服从于社会保障的目标。因此，资产社会政策可以定义为：是针对资产设立的政策，目的是通过影响人们的资产而提升他们获得收入、实物和服务的能力，以保障人们的生活需要。

资产社会政策迅速发展的根本原因在于其能以较低的成本获得较大的成果。资产社会政策的机制是由国家通过单向转移支付形成激励，个人选择参加，进行资产积累，以提高自己的生活保障能力，从而减轻国家在社会保障方面的转移支付责任。其特点是由个人选择，国家只是引导，不承担生活保障的全部成本，只承担小部分起激励作用的成本，大部分成本将由个人承担。可见，关键的要素是积累、个人选择、激励、成本和保障能力。

资产社会政策的作用之一是促进个人资产积累。在没有国家干预的自然状态下，人们会自觉进行储蓄，其目标是应付可预见的大宗支出，例如结婚、购房、子女上学、养老等。自觉储蓄更高的目标是应付不时之需，如医疗需要。储蓄对于人们的生活稳定十分重要，是资产社会政策所追求的目标之一。然而，在自然状态下，人们在处理当时消费与未来消费的关系时，有可能偏重于当时而忽视长远，于是给国家干预留下了空间。

资产社会政策最明显的特征是个人资产积累，从社会角度看，则为扩大再生产提供更多的资源。资产社会政策的外部性不仅表现为对经济的影响，还表现为

---

① 唐钧. 城市低保制度、可持续生计与资产建设［C］//高鉴国，展敏. 资产建设与社会发展. 北京：社会科学文献出版社，2005：140-148.

对社会发展的影响。在个人行为层面，它有利于推动个人积极行为，增进其社会参与。在单纯收入社会政策下，受益人往往处于被动状态，对贫困者的救助，往往还带有名誉损失，有的贫困者因此而自行放弃权益。资产社会政策在一定程度上可以缓解这些问题。建立个人发展账户不是援助的终结，而是建立了个人与社会保障制度的新的联结。于是人们可能主动关心个人发展账户的投资，更积极地运用这个工具以安排以后的生活。资产社会政策提供了一条新途径，加强社会包容，减少社会排斥。

从社会角度看，可以利用资产社会政策影响个人，从中贯彻社会价值观念，加强个人的社会责任。资产社会政策工具为个人提供了各种援助，但这些援助是有条件的，受助人必须履行一定的社会责任。以往的收入转移支付特别是贫困救助强调的是公民权利，甚至从人权角度加以解释，没有把权利与义务结合起来；而资产社会政策有可能将权利与义务相结合，有条件地提供援助。[1]

第三节 小额信贷等金融政策

小额信贷（Micro-finance）是指通过一定的金融中介为具有一定潜在负债能力的穷人提供信贷服务的一种制度化的特殊信贷方式。小额信贷是为低收入贫困人口提供信贷服务的一种制度化的信贷方式。小额信贷自20世纪70年代出现以来，在很多国家得到了推广。中国的小额信贷是20世纪80年代初由国际机构以项目的方式引进来的。从1997年起，中国政府将小额信贷作为一种有效的扶贫方式进行推广。小额信贷可以为贫困女性进入金融市场提供可能。小额信贷是建立在以下假设条件上：一是绝大多数具有正常智力和体能的穷人存在一定的有效资金需求，为他们提供信贷服务在经济上是值得的；二是由于穷人的技术素质和管理能力很差，如果不能从外部对他们使用贷款进行严格的制度约束，穷人很难有计划地管理和使用好贷款；三是为单个穷人提供信贷服务具有风险大、交易费用和管理费用高的问题，而穷人之间一定形式的组织有助于增强穷人承担风险的能力、实现信贷交易的规模经济，降低信贷机构的交易费用和管理费用；四是穷人之所以很难进入正规金融机构，一方面是由于穷人不具备正规金融机构所要求的贷款条件，另一方面是因为从正规金融机构贷款常需要更高的交易费用，而且会在交易过程中受到歧视。[2]

---

[1] 唐钧. 资产建设与社会保障 [J]. 江苏社会科学, 2005 (2): 217-221.
[2] 吴国宝. 扶贫模式研究——中国小额信贷扶贫研究 [M]. 北京: 中国经济出版社, 2001.

第七章 缓解城市女性贫困的经济社会政策

中国自20世纪90年代初引入孟加拉乡村银行（GB）模式以来，首先，在农村局部地区开展实验，小规模的实验取得了良好成果；其次，通过本土化的改造，以扶贫到户、小组联保型的小额信贷在中国广大农村的贫困地区推广，逐渐成为农村扶贫的一种制度创新并与农村金融改革进程日渐融合，受到政府的高度重视以及中央银行相应的政策支持。① 目前小额信贷已覆盖了全国80%以上的省、自治区、直辖市，保守估计国家小额信贷的名义累计投入的资金在100亿元人民币以上，有近3000万人口从中受益。② 近年来，小额信贷试验和推广进一步延伸到大、中城市，如天津、开封、洛阳、包头和石嘴山等城市进行了城镇小额信贷的试验性探索，并取得了一些经验。

小额信贷作为一种金融形式与贫困女性脱贫有天然的联系，因为它存在的合理性就在于帮助有进取心的"弱者"，而在贫困群体中，女性作为贫者中的弱者必然成为小额信贷的目标群体。资金稀缺是限制贫困女性发展的主要因素。小额信贷在提供贷款给贫困女性的同时，通过资金载体要素向贫困女性提供自我就业、自我发展的机会，提高她们的知识技能水平和综合发展能力，提高贫困女性的社会经济及家庭地位，从而摆脱贫困，走向全面发展。女性在小额信贷项目的参与中也获得了决策的权力，学会了自己管理资金的方法和专业技术。

实践表明，广大贫困女性并非没有发展能力，而是缺乏呈现发展能力的机会和条件。用有效的形式把贫困女性组织起来，采取适当的方式，向她们直接提供稳定持续的生产性经营贷款，且有适宜的技术服务体系以及严格的纪律和制度保证，她们能在有效利用贷款资金及其开展项目经营活动中转变观念，增加知识和技能，提高市场适应能力和综合发展能力，从而促进其家庭经济状况的根本改变及其区域整体经济的持续发展。

小额信贷途径有效主要是由于以下原因：①有效地打破了资本不有效积累的恶性循环；②充分调动了女性的潜能，因为从来没有机会的贫困女性非常珍惜这难得的机会和信任；③女性对资金的直接拥有与使用彻底体现了参与式所追求的宗旨，使得资金得到可能的最好的利用。

实践表明，小额信贷是帮助贫困女性脱贫的一种行之有效的办法。不仅意味着信贷资金本身，更意味着社会对女性自身价值的认同和给予获得控制的资源。但小额信贷扶贫项目设计上存在的性别缺陷使小额信贷扶贫方式也对女性产生了一些负面影响：①项目设计仍承袭了传统的社会性别角色定位，着重于经济的增

---

① 见国务院《中国农村扶贫开发纲要（2001－2010年）》（国发〔2001〕23号文件），中国人民银行2000年初颁布的《农村信用社农户联保贷款管理指导意见》《农村信用社农户小额信用贷款管理暂行条例》以及中国农业银行总行1999年出台的《中国农业银行"小额信贷"扶贫到户贷款管理办法（试行）》。

② 吴国宝. 扶贫模式研究——中国小额信贷扶贫研究［M］. 北京：中国经济出版社，2001.

长,并未充分注意到女性自身利益的需求,女性的劳动负担因参加小额信贷活动而增加;②项目设计中并没有考虑改变家庭内部的权力关系,出现女性出面借贷,男性经营使用的情况,如果经营失败,女性承担还贷责任,结果女性承受小额信贷增加的经济风险和心理负担而又无法支配使用,不同程度地损害贫困女性的身心健康;③承担风险的代价往往是放弃个人的其他福利,减少个人生活的需要,例如女性靠牺牲吃鸡蛋的次数而省钱还贷。①

从实践来看,小额信贷引入城市女性反贫困的意义在于:①促进就业的意义不可低估。小额信贷是以市场化的方式支持下岗、失业人员自谋职业、自主创业,并与就业培训和项目选择结合起来,较之由政府部门直接安置性的就业有更佳的效果,更能激发其参与项目的积极性,也赋予了她们对项目选择的机会和权力,并且市场化的操作更提高了市场意识以及管理能力,提升了劳动者自主就业的能动性。②城市在经济、社会、文化等方面的良好条件为小额信贷的推出提供了可行性。城市在经济、科技、信息、教育、交通、通信、供电、供水等社会化生产和生活方式方面具有先天的区位优势,也是各类金融机构的聚集地,为小额信贷应用于城市女性减贫工作创造了条件,因而城市小额信贷的组织化程度的起点也可能高于农村,有可能尽快从非政府组织操作形式进入金融机构操作层次;而从城市国有、企事业单位中分离出来的下岗职工、失业人员,也应该比农村贫困人口拥有更多的知识、信息和管理技能,对他们中具有自谋职业或自主创业愿望而资金缺乏的人员,在设立专门的机构来确认目标人群和相应执行项目,并有组织地对目标人群进行就业培训和贷款投资项目的可行性选择之后,小额信贷在城市的运作应该具备可行性。

目前城市小额信贷需要进一步解决的问题主要在于:①资金来源。现在小额信贷的来源不稳定,缺乏持续性,有的来源是解困资金,有的是失业保险金,有的是地方财政出资或社会捐助,并且运作机构不统一,有的是政府部门(劳动局、扶贫办),有的是非政府组织(妇联、互助社),其放贷的合法性受到质疑。因此,解决资金来源的思路还是要将小额信贷转入正规金融机构,完成从试验性机构向可持续性机构的过渡,通过自愿储蓄和基础货币发行从根本上解决问题。②担保方式。城市小额信贷的对象是无业的贫困者,正是因为贫困者无财产可抵押,才设计了小额信贷这样的"无财产抵押贷款"的形式。但是,无财产抵押并不等于没有抵押担保。城市社会关系与农村不同,贷款人之间并不熟悉,难以像农村那样通过小组形式建立相互信任和监督的制约关系,小额信贷担保方式的选择在试验中十分有限,像资产抵押、有固定职业和收入的担保、贷款人原企业

---

① 黄承伟. 中国农村扶贫开发社会性别问题分析与对策研究 [J]. 学术论坛, 2005 (7): 54 – 58.

担保等形式都不理想,甚至有的形式还弱化了小额信贷的扶贫功能,使其有滑向纯营利性银行贷款的倾向,造成小额信贷担保难的局面。因此,选择适合而又有效的担保方式成为现实问题,通过社区来试验探索灵活多样的担保方式不失为一条可行的路子。地方政府也可考虑利用一定的失业保险基金以及下岗与失业并轨后拿出再就业服务中心的部分资金建立担保基金,为下岗、失业女性的小额信贷提供担保。③还款机制。城市小额信贷由小额信贷操作机构直接放收款,工作量很大,还款拖期的现象比较普遍。这是潜在的风险,运转时间越长,面临风险越大。因此,城市小额信贷也要通过法定的合同形式对贷款人确立严格的还款期限,还款期可视贷款人投资项目灵活确定,并且要建立贷款人信用等级档案,实施初贷小额、还贷加额、拖期停贷的约束机制,积极探索构建城市小额信贷的分期还款机制。①

第四节 社会政策

一、社会政策与社会性别公正

"社会政策"(德语为 Sozialpolitik,英语为 Social Policy)一词为德国人首创,其目的不在于论述社会思想,而在于讨论如何解决各种实际的社会问题。社会政策一词自诞生之日起,就与社会行政、社会资源分配和社会公平原则有着密不可分的联系。迄今为止,各国学者对社会政策的定义众说纷纭,莫衷一是。美国《社会学辞典》称"社会政策是对社会控制方向的一贯态度,不论其目标与方法"。② 费舍尔在其所编的《国家政治词典》中将社会政策定义为:"人类努力与行动措施的综合,旨在调整所得的分配与平衡社会经济生活的负担。"③ 还有一些学者认为,"社会政策乃是社会行政的计划,是政府在社会福利方面的措施的最高指导原则和指导方针,是政府或政党为实现其在社会福利方面的目标而采取的具体的行动路线、基本原则和基本方针。也可以是一个国家依据立国精神及当前社会需要而制定的一种有系统解决或预防社会问题,协调社会关系,革新社会制度与指导社会进步的施政方针、基本原则和具体的行动路线"④。

从政治的角度看,社会政策是一种政治抉择,反映着社会不同阶层和不同团

---

① 王朝明. 中国转型期城镇反贫困理论与实践研究 [D]. 成都:西南财经大学,2004.
②③④ 陈国钧. 社会政策与社会立法 [M]. 台北:三民书局,1985:3.

体之间的权力,甚至是"权力关系的声明书"①。该政策是"关系政府生产和分配的,影响社会福利的社会资源序列的原则和价值。这些社会资源序列包括收入、财产、安全、地位和权力等"。这种声明背后的信念或理念,就是福利哲学。

从社会发展的角度看,社会政策是一个不断探索与完善的过程。该政策是"将我们在社会福利的生产、分配与消费中的社会的、政治的、思想的和制度的内容,放入到一个我们所期望达到的具有活力的道德与政治结果的标准框架中进行探索"② 等。

吴忠民认为社会政策是指以公正为理念依据,以解决社会问题、保证社会成员的基本权利、改善社会环境、增进社会的整体福利为主要目的,以国家的立法和行政干预为主要途径(但不是唯一途径)而制定和实施的一系列行为准则、法令和条例的总称。③ 社会政策的理论基础是"国家责任"理论和"国民权利"理论。无论哪种理论,都是为了实现以下两个目标:一是满足社会的需要;二是实现社会的公平。但前者满足的不是公民的全部需求,而是其基本需求;后者实现的不是社会全体成员的绝对平等,而是在向弱势人口、贫困人口倾斜基础上的相对平等。④

吴忠民对公正与社会政策问题进行了深入探讨,他认为公正与社会政策密不可分,公正是社会政策的基本理念依据。公正是在自由、平等、社会合作等理论依据的基础之上,强调"给每个人他所应得"。性别公正是制度安排的一种基本价值取向和规则,需要通过一定的载体,如社会政策体系才能具体体现。从这个意义上讲,社会政策是公正在社会领域的具体化,公正的社会功能在很大程度上是通过各种各样的社会政策来实现的。社会政策既要维护社会成员的基本生活状态,又要维护其基本的权利。社会成员基本权利状况,既反映出社会成员自身生存和发展的具体处境(结果)如何,也是造成社会成员未来生存和发展状况的一种十分重要的条件(原因)。

首先,拥有基本权利是社会成员平等融入社会最起码的条件。只有在基本权利得到有效维护的条件下,社会成员才谈得上平等地融入社会,进行平等的社会互动,才谈得上消除社会隔离,消除某些社会群体的边缘化现象,实现社会融合。其次,拥有基本权利也是社会成员形成基本的生存和发展能力的必要前提。就绝大多数社会成员基本生存和发展能力的潜质而言,其差别并不是很大。只要

---

① 托巴斯·丁·赖斯. 美国公共政策的形成与实施 [M]. 哈尔滨:黑龙江人民出版社,1992:216.

② Alock P., Erskine A., May M. The Student's Companion to Social Policy [M]. Wiley-Blackwell, 2012.

③ 吴忠民. 从平均到公正:中国社会政策的演进 [J]. 社会学研究,2004 (1):75-89.

④ 严幸智. 西方社会政策的历史沿革及其理论基础初探 [J]. 社会,2001 (10):34-37.

社会能为其提供起码的义务教育和基本的职业培训,绝大多数社会成员能具备基本的谋生和发展能力。基本的生存和发展能力至关重要,它不仅可以保证社会成员最基本的生活和发展状态,而且可以使机会平等以及按照贡献进行分配的公正规则得以充分兑现。社会政策是公正理念的具体化,公正的基本含义是"给每个社会成员所应得"。这里所说的"应得"不只是社会成员指望社会的无偿赠与,更为重要的是,社会成员应当通过自己对于社会的实际贡献而取得的一种收入。因此,从社会一方来说,保证每个社会成员具有起码的生存和发展能力就显得更加重要。这有助于最大限度地冲淡社会上强势群体和弱势群体之间的界限,并减少弱势群体成员的总数。①

虽然我国在妇女发展纲要中包括了性别平等的许多方面,但是其他发展政策中却没有将性别作为一种视角,或者说作为一个侧面包括在内,比如说"农业发展纲要""科技发展纲要""21 世纪发展议程"、土地使用权的改革等。所以从政策角度看,仍然是仅仅把性别作为一项特定的内容来讨论,而没有将其主流化,即没有将其融入政策目标及政策措施中。②

在当今经济全球化趋势下,社会政策不能仅仅成为维持社会稳定的工具,还必须发挥更为重要的作用,应该起到保证和提高国家的经济竞争能力、为国家经济和社会发展的具有战略意义的作用。西方福利国家强调,社会政策不应仅仅是被动应急的,而应具有预防和发展的作用,所以在经济发展中要先行一步,这值得我们借鉴。改革开放以来,中国在应对稳定与发展的矛盾过程中,一直将社会政策用来解决社会变革或经济发展过程中所产生的社会问题。因此,既有的社会政策主要是围绕缓解社会成员的传统权益受到损失而引发的社会震荡来展开的。然而,中国同样面临的一个更长远的挑战是如何在国际竞争中保持较强的经济竞争能力和实现可持续发展。要从长远的视角来评估发展的资本和代价,政府需要重新审视现行的针对女性的社会政策取向。

二、中国社会政策对女性解放的推动意义

封建社会女性的地位非常低,生活状况悲惨。女性没有财产所有权和继承权,甚至出嫁时的嫁妆也不得完全归自己所有,更谈不上人格的独立。1949 年以后,中国共产党和中国政府特别注重女性的社会平等地位和基本权益。中国政府围绕女性解放制定和实施了许多社会政策,产生了深远的影响。国家通过相关社会政策的制定与实施,使中国女性的生存境况发生了巨大变化。

---

① 吴忠民. 从平均到公正:中国社会政策的演进 [J]. 社会学研究, 2004 (1): 75 - 89.
② 齐顾波. 政策干预与性别公平——扶贫政策对性别公平的影响分析 [J]. 贵州农业科学, 2003, 31 (3): 64 - 68.

首先，女性享有与男性平等的法定权利。废除了中华人民共和国成立前包办强迫、男尊女卑、女性婚姻父母做主，只有听天由命，"嫁鸡随鸡、嫁狗随狗"，从一而终的婚姻制度，实行男女婚姻自由、一夫一妻、男女权利平等、保护女性和子女的合法利益。这从法律上保障了女性的婚姻自主权，提高了女性在家庭中的地位。国家的法律法规规定：女性享有与男性平等的政治权利、文化教育权利、劳动权利、财产权利、人身权利、婚姻家庭权利等。

其次，女性就业人数大幅度提高。1949年以后的近30年，中国女性的就业人数迅速增加。以全民所有制单位为例，1949年女职工的人数为60万人，1957~1960年，全民所有制女职工从328.6万人增至1008.17万人，增长了237.2%。而同期全民所有制职工增长幅度是90.2%。女性这一超常增长较大地改变了城镇职工的性别结构，使全民职工中女性的比例从1957年的13.4%提高到20.0%。1961~1963年经济困难时期，国家精简职工，女工人数也相应减少了656.6万人，但是全体职工中女工比重并没有下降，依然保持在20%左右。1977年剧增至2036万人①。

最后，女性参政议政的能力和水平有了明显提高。女性有了全面参与国家和社会事务的管理的权利和机会，能够参加人民代表大会、政治协商会议、人民政府和司法机构的活动。女性参政议政是女性地位提高的一个重要方面，是一个国家社会发展和进步的重要标志。

这一时期中国女性的解放有着巨大的历史意义，这既是真正人道主义的体现，也是平等、自由理念在现实社会中的实现，还是对中国女性人力资源的挖掘，这种积极的影响一直延续至今。2000年，中国女性经济活动参与率高达72.7%，居欧亚各个国家之首。在众多的后发国家中，中国在女性解放方面的成就明显居于领先位置。②

三、消除中国经济政策和社会政策的性别盲视

性别平等和女性发展是社会发展的重要组成部分，也是衡量社会进步的基本尺度，社会发展不能只看GDP的增长，男女两性的发展差距同样是影响我国社会发展的重点、难点问题。就我国贫困政策而言，在我国现有的贫困人口中有60%是女性，女性贫困人口基数大，无论是在城市还是在农村，遭受贫困的深度和广度相对于男性贫困人口都较为严峻。特别是由于产业结构调整和向市场经济转轨的过程中，国家减少福利和公共服务开销使部分女性较多受到负面影响，女

---

① 国家统计局社会统计司. 中国劳动工资统计资料（1949-1985）[M]. 北京：中国统计出版社，1987：32.

② 吴忠民. 从平均到公正：中国社会政策的演进[J]. 社会学研究，2004（1）：75-89.

性比男性较易于陷入贫困,女性的收入总体上少于男性。① 但是,社会性别平等问题并未充分纳入国家扶贫政策的主流。除了《中国妇女发展纲要(2001—2010)》强调"使贫困妇女成为扶贫资源的获得者和扶贫成果的直接受益者",其他发展政策和纲要都没有充分考虑社会性别的内容②;在扶贫规划中缺少有关减少全球化、市场化对女性发展产生不利影响的措施;在扶贫政策发展中缺少对城市贫困现象以及女性与城市贫困问题、农业女性化、劳动力流动中的女性劳动力等问题的关注;缺少有关贫困的分性别数据;扶贫的福利政策往往以户为单位,家庭内部资源分配的不平等没有得到充分关注。③ 我国纳入性别视角的政策研究明显不足。中国2006年首次发布的《妇女绿皮书》认为,目前在经济领域有几种情况值得注意:一是越来越多的女性进入非正规就业领域,众多女性从事不稳定、无保障、不安全的工作;二是由于保障劳动力市场的公平、平等机制不健全,劳动力市场上的性别歧视、年龄歧视等贬低女性人力资源价值的现象不同程度地存在;三是社会保障制度不够完善,用人单位缺乏社会保险等的支持,国家和单位开办的托儿所和幼儿园不断减少,逐步市场化和私有化的托儿机构的收费节节攀升,加大了女性就业的机会成本。

从我国经济政策和社会政策的制定和执行角度看,存在明显的性别无意识现象。由于我国社会仍然是男权为主的社会,男权思想和男性意识是发展的主流,在中国社会发展的过程中,男女不平等问题是一个不容忽视的现实。在政策的制定、修改、执行、评估等方面无视女性的利益,政策的制定者和执行者缺乏性别意识,因此,不会从各个不同的层次、从宏观上运用性别意识研究和分析问题,考虑其决策对男女两性分别会产生什么影响,经济政策和社会政策的性别盲视现象大量存在。女性虽然意识到性别利益被侵犯,但是要消除主流社会的男性视角与社会主流中男权结构产生的性别盲视,消除或预防产生性别不平等的现象却显得力不从心,这和女性代言人缺位有关。经济政策和社会政策的制定者和执行者应从全局出发,从男女两性的共同利益和同步发展出发,消除性别歧视,增加决策的公平合理性。

从全国妇联妇女研究所研究员肖扬所做的《高层决策者社会性别平等意识调查研究报告》可以看出,我国经济政策和社会政策制定者的社会性别平等意识不

---

① 第二期中国妇女社会地位调查课题组. 全国妇联第二期中国妇女社会地位抽样调查主要数据报告[J]. 妇女研究论丛, 2001 (5): 4-12.

② 齐顾波. 政策干预与性别公平——扶贫政策对性别公平的影响分析[J]. 贵州农业科学, 2003, 31 (3): 64-68.

③ 中华全国妇女联合会,中国妇女研究会. 中国非政府妇女组织对中国政府执行《行动纲领》和《成果文件》的评估报告——中国非政府妇女组织《紫皮书》[R]. 北京:中华全国妇女联合会,中国妇女研究会, 2004.

容乐观。调查对象为推进我国性别平等、人口与生殖健康方面具有关键作用的全国人大、全国政协、卫生部、国家人口和计划生育委员会以及全国妇联五个机构中的242位决策者。国家级机构的决策者掌握着政策资源和物质资源的配置,他们的性别平等意识对于男女平等基本国策的贯彻实施具有关键作用。男女平等基本国策是中国政府推进性别平等主流化的集中体现和升华,高层决策者如何看待、评价性别平等在促进社会发展中的作用关系到国策的贯彻与实施。调查结果显示,在妇联以外的192位被调查者中,知晓或认同男女平等基本国策的占44.8%,认为男女平等是"一项重要举措"或"一项公共政策"的占55.2%。这一结果说明,虽然距男女平等基本国策的提出已过去了二十余年,虽然高层决策者也赞同男女平等的原则,但还是有相当一部分决策者没能从基本国策的高度来认识男女平等在促进社会发展中的作用。高层决策者是否会在社会发展进程中有意识地推进性别平等,是否能够为妇女发展配置合理的资源,这取决于他们对我国性别平等形势的了解和判断,也是影响他们落实男女平等国策意愿与行动的重要变量。①

由于男人和女人分属于不同的阶层和集团,经济政策和社会政策的制定也不能建立在一个假设上,即男女人口是同质的,并有相同的需求。任何经济结构本身,必然有其社会性别的结构,劳动的性别分工特征、产业的性别集中趋势、工资收入的性别差异等都是这种社会性别结构的主要内容。经济政策和社会政策基本上是维持这一社会性别结构的。女性作为个体要求与男性在各方面的完全平等,以及作为一个处于相对脆弱状态的群体希望得到保障是一个客观存在的事实。如果忽视这一性别现实,那么,看似对男女都一视同仁的经济政策和社会政策,却恰恰可能是对女性的不公平。

过去的半个世纪中,我国一直实行男女平等的就业政策,经济改革虽然为职业女性提供了同男性一样的发展前景,创造了更多的就业形式和就业机会,但同时导致劳动力市场上供求关系的巨大变化和大量的结构性失业现象。在就业市场上,女性往往面临比男性更大的冲击。

许多以解决当前失业问题为目的的社会政策对女性不利,如提前退休措施。非正规就业正在成为解决失业问题的主要对策措施之一,这一趋势将进一步强化。但非正规就业的特点不仅会影响到女性目前的经济地位,也会影响到她们在一个较长时期内获得包括养老金等社会保障的权益。现实中存在着我们可能正在强化社会性别不平等的就业基础的风险,有可能使得更多的女性职工边缘化。

目前政府部门已经认识到,社会政策在整体社会经济发展中,具有与经济政

---

① 吴晨光. 两百余名高层决策者回答中国男女平等真相[N]. 南方周末,2004-09-12.

第七章 缓解城市女性贫困的经济社会政策

策同样重要的作用，社会性别的平等观念也正在逐渐地进入决策的主流。但是，这种观念和认识上的提高还不会自然而然地保证公平、合理、有效的社会政策的制定和实施。从总体上讲，女性发展只有融入与男性的共同发展中，才能以最小的代价、最短的时间取得最大的成果和进展。

总之，中国在社会转型时期，经济政策和社会政策的制定和执行，应当充分考虑社会性别的因素，平衡长期目标与短期措施、个人利益和社会整体利益的关系，采用更为整合的政策制定和实施方式，探索在市场经济条件下有效保护女性就业权益和促进女性发展的机制。①

第五节　家庭政策

当代西方发达国家的社会政策正在经历一个改革的过程。在这一改革过程中，家庭对经济和社会发展的作用重新受到重视，因而很多社会政策转向了对家庭的支持或投资②。面对全球化的挑战，只有以人为本、保障和支持人的发展需要，一个国家的经济和社会发展才会具有强劲的动力和可持续性；家庭对人们的生存质量和发展机遇都具有决定意义；政府用于增强家庭功能、保障儿童发展需要的投入实际上是对社会未来的投入。无论是过去还是现在，作为人类社会最基本的社会单位，家庭在所有的国家中，都是社会成员最重要的福利资源。任何在家庭以外建立起来的正规的社会保护制度都不能取代家庭的功能和责任，而只是政府在不同程度上、用不同的方式对家庭责任的分担，这已经成为一种共识。美国著名社会学家詹姆斯·S.科尔曼认为，现代工业社会中存在两种平行的组织结构：一种是原始性结构，以家庭为基础发展而成；另一种是新型结构，由完全独立于家庭、具有目的性的法人行动者组成，后者不能取代前者。③ 建构发展型家庭政策的关键，是在全社会形成一个支持家庭、投资儿童的社会环境和制度体系，形成一个政府、市场组织、社区及公民社会组织等都有责任、动机和行动来支持家庭、帮助家庭更好地行使其责任的制度框架。在这一框架中，政府的作用是最重要的，因为对家庭和儿童的支持是从社会的长远发展目标和整体利益为出发点的投资，所以，只有政府才有能力促成这一框架的建立，并在这一框架中发

---

① 彭希哲.社会政策对妇女地位的影响［N］.中国妇女报，2003-04-22.
② 张秀兰，徐月宾.建构中国的发展型家庭政策［J］.中国社会科学，2003（6）：84-96.
③ 詹姆斯·S.科尔曼.社会理论的基础（下）［M］.邓方译.北京：社会科学文献出版社，1999：679.

挥主导作用。

发展型家庭政策还致力于帮助父母实现工作与家庭责任的平衡。因为工作对于大多数人来说都是最重要的收入保障,对家庭功能和家庭责任的实施非常重要。很多家庭中的父母面临既需要工作又需要时间来照顾其家庭成员的矛盾。不少国家的家庭政策有缓解这类矛盾的内容。在英国,一个重要的解决措施是政府鼓励雇主制定有利于职工行使家庭责任的工作安排,如家庭休假制度和弹性工作时间等,这样做既可以使在职者有时间参与家庭照顾工作,也可以减轻家庭照顾者的压力。职工遇有紧急家事时,可以请假处理家务;如果有新生婴儿或新领养子女,还可享受三个月的无酬亲职假期。事实上,很多为家庭提供支持的服务如日托和家政服务等力图通过家务劳动的市场化而使父母实现工作和家庭责任的平衡,特别是使女性参加劳动的需求和愿望得到支持或满足。

一、鼓励女性参加有报酬的社会生产

在鼓励女性就业时,女性的角色冲突成为人们关注的焦点。20世纪80年代关于女性就业问题的讨论中,一些人提出了"女性回归家庭"的主张,认为这样既可以消除女性的角色冲突,提高家庭生活质量,又可以发挥男女两性的各自所长,优化资源配置,提高劳动效率。

这一主张因忽视女性的社会价值和女性的发展,受到了来自各个方面的批评。实际上,"女性回家"的主张在西方国家的特定历史时期也曾出现过,特别是第二次世界大战后传统家庭主义观念复活,许多国家的社会政策中有或公开或隐含地鼓励女性专注家庭,做好家庭主妇,而由男性承担养家责任的倾向,如提高男性的工资水平和男性的就业率,调整社会保障制度,引入并充实家庭工资和家庭津贴以支持基于一方就业条件下的家庭生活等。但这种情况到20世纪60年代便发生了变化。由于对人口增长的担忧,特别是受第二次女性运动的影响,支持女性就业重新成为社会政策讨论的焦点,女性的自由、独立、平等作为政策目标受到重视,消除在雇用机会和工资福利中的性别歧视,提高女性就业率,为缓解就业女性的工作角色和家庭角色的冲突提供政策支持成为此后社会政策发展的方向。

陈卫民认为,从历史发展的趋势看,为女性更广泛地参与社会经济活动创造更加宽松有利的环境,将是未来各国政府和女性发展组织致力的方向。中国的社会保障制度具有明显的工作福利的特点。福利权利与就业状况密切相关,特别是各种社会保险项目,覆盖的对象仅限于在正式部门就业的雇员,失业同时就意味着失去享受各种社会保险的权力。在这种现实条件下,女性回归家庭只会增强女性对男性的依赖性,同时女性将失去自由和独立,导致女性在社会和家庭中的地位更加不平等。从社会层面分析,缓解女性的角色冲突,不能靠"女性回归家庭",而应靠女性就业环境的改善。一方面,应大力发展家政服务业,推进家务劳动社会化,减轻女性的家务负担;另一方面,政府应制定有利于女性选择就业模式的社会政策,鼓励实行弹性就业制度,改革社会福利制度,切实保障女性在就业和福利方面享受与男子平等的权利。①

二、公正评价家务劳动的价值

传统家庭的生产、消费、生育、抚养与赡养、教育等基本职能的完成,都需要家庭成员从事相应的劳动,而女性在家庭中承担着沉重的专门和特有的劳动。随着社会的进一步分工,许多家庭劳动逐步从家庭中分离出来,由社会的专门部门来从事,工业革命以来形成了许多新的社会产业,饮食业、纺织业、服装业、洗染业、修理业、幼托、幼教、社会福利、妇幼保健、养老等社会保障事业,这些都是从传统的家庭职能中分离出来的。家务劳动的社会化为女性走出家门参加社会劳动和发展自我创造了重要条件。②

当今社会几乎所有的劳动都被纳入了市场经济体系,都具备交换价值,并有自己的货币形态。可是女性在家庭内从事的生产,即用于自给的家庭副业、家务以及孩子的生育抚养等却不能取得可交换的价值。家务劳动在分配上不能得到应有的回报,抹杀了家务劳动的贡献,造成了社会和家庭的事实上的不平等。这减弱了女性的社会性价值,也降低了女性在家庭中的价值。联合国第四次世界妇女大会有关资料显示,仅一项没有报酬的家务劳动的价值就占世界国民收入总值的10%~35%。因此,充分肯定家务劳动的地位、作用和价值,并在法律上和制度上加以保障是十分必要的。很多发达国家在家务劳动社会化的基础上,把"家务劳动有偿化"作为基本国策之一。法国、德国制定了关于家务劳动价值和报酬的"劳务协定",并设立专门的经济法庭实施管理。

解决家务劳动的问题,既要公正评价家务劳动的价值,也要解决家务劳动的社会化问题,实现家务劳动的现代化。1979 年联合国通过的《消除对妇女一切形式歧视公约》为解决家务劳动问题建议男性与女性分担家务劳动。为了实现男女平等需要,同时改变男性和女性在社会上和家庭中的传统任务,社会应当承认并分担女性的家务劳动。鼓励提供必要的辅助性社会服务,特别是通过促进建立和发展托儿设施系统,使父母得以兼顾家庭义务和工作责任并参与公共事务。1995 年第四次世界妇女大会通过的《行动纲领》等一系列文件,关于男性和整

---

① 陈卫民. 中国城镇妇女就业模式及相关的社会政策选择——社会性别视角的分析 [J]. 中国人口科学, 2002 (1): 59-65.
② 沙吉才, 熊郁. 当代中国妇女家庭地位研究 [M]. 天津: 天津人民出版社, 1995: 362-363.

个社会分担传统规定的给女性的家务劳动的呼吁得到进一步加强,女性的家务劳动价值受到肯定和承认。①

三、完善公共的托儿设施和服务

家庭是人们在不同生命阶段(儿童、青少年、成年人、老人等)相关问题的交汇点,而且对儿童尤为重要。这是因为:第一,研究证明,为家庭提供支持是满足儿童成长需要的最为有效的途径。在所有国家中,保护儿童、改善儿童的成长环境是政府及社会成员最早致力的社会福利之一。但在过去,人们往往将儿童与家庭割裂开来,并只致力于对失去家庭依托或受到伤害的儿童的"救助"工作。随着科学的发展,特别是心理学、社会学和医学等领域的研究显示,人类生命的最初三年对其今后的发展和成功机遇具有决定性的影响。基于这些认识,人们逐渐懂得,对儿童最好的救助办法是为他们的父母提供帮助。换言之,儿童的需要与家庭的需要是不可分割的,帮助家庭即是帮助儿童,不能帮助家庭就不能有效地帮助儿童。第二,大量经验材料证明,良好的家庭环境不仅有助于儿童的身心健康、学业表现以及未来的发展,还会减少儿童出现各种不良行为的机率,如逃学、吸毒或犯罪等。相反,家庭功能一旦削弱而无法行使其正常职能,往往会产生一些影响更为广泛和深远的社会问题。②

照料儿童和老人是女性家务劳动的重要内容。有的国家通过提供服务和设施直接减轻女性的家务负担,有的则通过经济援助对女性因照顾家庭造成的损失给予一定程度的补偿,对于缓解女性就业时的角色冲突具有积极意义。北欧国家的相关政策值得我国借鉴。

北欧国家主要以促进男女在劳动市场和家务劳动方面的性别平等为目标,既为女性平等地参与劳动市场提供支持,也为男性更多地分担家务提供便利。其政策措施重点放在提供完备的公共托儿设施和服务,允许父母双方有平等的育儿休假权利等方面。③ 北欧国家一般反对向就业母亲提供特殊保护,认为这样会不利于女性就业,也违背性别平等的目标。

法国的家庭政策则把为女性更好地承担养育子女的责任提供支持作为重点,适应女性就业增长的趋势,建立以帮助就业女性承担家庭责任为主要内容的政策体系,除了发展公共托儿设施和服务外,还对因抚养孩子休业的母亲提供优厚的

---

① 姜爱军. 妇女与家务劳动 [J]. 中华女子学院学报, 1996 (3): 40 - 41.
② 张秀兰, 徐月宾. 建构中国的发展型家庭政策 [J]. 中国社会科学, 2003 (6): 84 - 96.
③ 陈卫民. 中国城镇妇女就业模式及相关的社会政策选择——社会性别视角的分析 [J]. 中国人口科学, 2002 (1): 59 - 65.

津贴。各种名目的儿童津贴和父母抚养津贴形成了法国家庭政策的特色。①

瑞典自 1974 年起实行了父母育儿假制度。该制度规定，孩子出生后，父母都有权选择照看儿童的育儿假，照看儿童的父母一方可得到 270 天的现金津贴，1980 年增加到 360 天的现金津贴。又规定其中产后 60 天的假期仅限于母亲一方使用，在母亲分娩后 29 天里津贴无论如何只付给母亲，而后才付给双亲中真正照料孩子的一方。父母育儿假给予的条件与女工服务年限有关，她们产前必须在本企业工作 6 个月，或在近两年内工作了 12 个月。②

为了保护儿童权利，挪威政府单独设立了儿童与家庭事务大臣。挪威所有孕妇在围产期内均享受免费的产前检查，并得到有关方面的关注，如未来的父母均有机会参与培训班学习育儿常识。孕产妇在医院产科生育，生育时男性可以在场。女性生育后也得到多方关心。政府将就业同对孩子的照料结合起来，而且从法律条文中体现了男女共同分担育儿和料理家务的责任。如产假从 1986 年的 18 周增加到当前的 42 周（领取 100% 工资）或 52 周（领取 80% 工资）。这样的假期包含了父母育儿假的成分。法律条文规定，假期前六周必须由妇女休假，其余的假期则由夫妇双方中的任何一方商定后来利用。由于迄今只有 2% 的父亲选择使用父母育儿假，从 1993 年起，政府又开始实行父亲至少休 14 周的改革，使父亲和家庭保持密切关系。为了减轻女性就业的后顾之忧，政府建立了足够的幼儿园，自 1984 年起每年增加 3500 个幼儿园，仅 1992 年一年即增加 9000 个幼儿园，全部由政府出资。③

我国改革开放以前实行女性普遍就业政策，通过"单位"制度为就业女性提供完备的托儿等方面的服务。虽然中国很少使用家庭政策这个概念，但实际上具有一套相对完备的家庭政策体系，女性的角色冲突得到有效的缓解。这是与当时采取女性与男性无差异的就业模式的状况相适应的。改革开放以后随着就业模式的多样化，人们与单位的关系由固定转变为相对松散。单位也在逐步改变传统体制下对职工及其家庭承担全方位的责任。在这种背景下，政府的家庭政策对女性就业特别是弹性就业无疑会产生重要的影响。从中国的国情来看，应该大力建设公共的托儿设施，积极推进社会化、社区化养老事业的发展，为女性就业创造良好条件④。

正像哈耶克所指出的，"各种各样的制度和习惯，是透过长期的试错演化而

---

① 谭琳，陈卫民. 女性与家庭——社会性别视角的分析 [M]. 天津：天津人民出版社，2001.
②③ 蔡磊. 平等·发展：当代国际妇女的目标与实践 [M]. 太原：山西经济出版社，1995：30 - 33.
④ 陈卫民. 中国城镇妇女就业模式及相关的社会政策选择——社会性别视角的分析 [J]. 中国人口科学，2002（1）：59 - 65.

逐渐形成的，且构成了我们所承袭的文明"。一个理想的社会，"在很大程度上将永远是一个与传统紧密相连并受传统制约的社会"①。因此，作为一种满足社会需要的工具，社会政策要想更好地实现其目标，就必须建立在家庭这一传统制度或功能的基础之上，并以增强其原有的功能为目标。

---

① 弗里德里希·冯·哈耶克. 自由秩序原理（上）[M]. 邓正来译. 北京：生活·读书·新知三联书店，1997：71.

后 记

这本著作的出版首先要感谢我的博士导师施国庆教授。导师在得知我对贫困问题感兴趣后就要求我把女性贫困问题作为研究重点，从选题到逻辑结构、框架设计每一部分都渗透了导师的心血和教诲，导师豁达的为人、敏锐的学术眼光、严谨的治学精神、深厚的学术造诣、开阔的学术视野和不怕吃苦的顽强毅力，都令我敬佩不已。导师的教诲和指导使我在学术研究的道路上终身受益。

感谢申永锋、王国栋、徐青等很多同学，是他们和我一起不是冒着瓢泼大雨就是顶着炎炎烈日在各个居委会完成了调查工作，还帮助我做了大量的数据录入和整理工作；感谢吕方教授帮忙查找相关数据；感谢陈竹同学帮忙做了大量参考文献的整理工作；感谢经济管理出版社的编辑们，非常热心地帮忙处理大量的出版事务，没有他们的帮助，我的著作难以如此顺利地出版。

感谢我的父母、姐弟和其他亲人给予的支持！感谢我的先生，帮我一起带领学生进行调查，在我才思枯竭时和我讨论分析，在我无数次想要放弃时给予我支持和鼓励，为了节省时间经常和我一起吃食堂而毫无怨言！

感谢所有曾经关心和帮助过我的朋友！

吴玲
2019 年 10 月